로스쿨에
가고 싶어졌습니다

서울대 로스쿨 학생들이 직접 말하는 지금 로스쿨 이야기

로스쿨에

LAW SCHOOL

가고 싶어졌습니다

김성윤, 김용길 외 서울대학교 법학전문대학원 재학·졸업생 14인 지음

메가스터디BOOKS

대기 타석에 선 후배들에게
작은 용기가 되길 바라며

책 원고 수정과 2학기 대비 공부로 바빴던 7월, 2024학년도 리트 (LEET, 법학적성시험) 시험이 전례 없는 불시험이었다는 기사를 보았습니다. 마침 생각보다 할 일이 많아 지치던 차에 그런 뉴스를 접하니 작년의 나는 어땠는지를 돌아보게 되었습니다. 코로나가 완전히 끝나지 않았던 2022년 겨울부터 맞는 방향으로 노력하고 있는지 감도 안 오는 로스쿨 입시를 붙잡고 리트 공부, 학점 챙기기에 전전긍긍하면서도 로스쿨에 가면 어떤 사람들이 있고 무엇을 하는지에 대해 전혀 몰랐던 제 자신을 되돌아보면, 그 당시에는 '좋은 로스쿨만 가면 다 된다'고 마냥 생각했었는지도 모르겠습니다.

그렇게 돌아보니 이 책의 대표 저자를 맡기를 잘했다는 생각이 들었습니다. 1학년 1학기 개강 직전, 출판 제안을 받았을 때 뭔가 멋진 일을 해보고 싶다는 생각보다는 과거의 나처럼 뭐부터 해야 할지 감도 못 잡고 있는 사람들에게 도움이 되는 일을 본격적으로 해보고 싶다는 생각에 무모하게 일을 벌였던 것 같습니다.

로스쿨 1학년 학생으로 적응하기 위해 해야 하는 공부를 하면서 발로 뛰며 원고를 부탁하고, 읽고, 다시 수정하는 일을 병행하는 것이 로스쿨 첫 학기를 숨 쉴 틈 없이 바쁘게 만들었지만, 결과물을 놓고 보니 로스쿨이 무엇인지 작은 관심이 있는 중·고등학생들과, 로스쿨 입시를 본격적으로 준비하면서도 로스쿨이 대체 뭐 하는 곳인지 모르는 대학생들에게 조금이나마 도움이 될 내용들을 담았다고 생각하니 가치 있는 노력을 한 것이라는 생각이 들었습니다.

로스쿨 입시 경쟁이 너무도 치열해진 지금, 학생 독자들이 이 책을 읽는 동안이라도 편안하게 글을 읽을 수 있기를 바랐습니다. 그래서 원고를 써주실 분들을 섭외하면서 "자유롭게 글을 써주시되 친한 동생이나 후배가 로스쿨에 대해 궁금해할 때 해줄 법한 이야기를 글로 써달라"라는 딱 한 가지 부탁을 드렸습니다. 합격 수기 같은 글보다는, 조용한 카페에서 아끼는 후배에게 자기 이야기를 들려준다는 느낌이 드는 글을 책에 담기 위해 노력했습니다.

이 책의 원고들은 모두 서울대학교 로스쿨 재학생들 및 졸업생들께서 작성해주셨습니다. 그렇다고 서울대 로스쿨을 가고자 하는 학생들만을 위해 쓰인 책은 아닙니다. 로스쿨에 가야겠다고 결심하게된 다양한 계기들, 로스쿨에서의 삶과 여러 특별한 활동들, 그리고 로스쿨 졸업 직후에 만나게 되는 진로에 대한 글들은 서울대 로스쿨뿐만 아니라 어느 로스쿨을 목표로 하고 있더라도 유익한 내용이될 거라고 생각합니다.

미처 로스쿨에 적응하기도 전에 불쑥 책의 원고를 써줄 수 있겠냐는 부탁을 받았음에도 흔쾌히 원고를 써준 덕규, 시현, 성은, 지윤, 문주, 재용, 유신이를 비롯한 서울대 로스쿨 15기 동기들, 새파랗게어린 후배의 당돌한 부탁에도 "의미 있는 프로젝트에 참여하게 해주어 고맙다", "언제든 편하게 요청해도 된다"라고 하시며 물심양면으로 도와주신 서울대 로스쿨 14기 및 졸업생 선배님들께 진심으로감사드립니다. 마지막으로 얼굴 익힌 지 한 달도 안 된 동생이 같이대표 저자를 맡아달라며 덥석 내민 제안에 "뭐부터 하면 될까?" 하고 말해준, 그리고 함께 일하는 즐거움을 알려준 김용길 누나에게 고맙다는 말을 전합니다.

　로스쿨에 다니는 것이나 치열한 로스쿨 입시를 치르는 것, 세상의 어느 것 하나 쉬운 게 없다는 생각이 듭니다. 어엿한 사회인이 되는 길은 평탄하지만은 않은 것 같습니다. 그렇지만 야구에서 타자가 자신 없다고 스윙을 하지 않으면 홈런이나 안타를 칠 수 없듯, 불리하고 어려운 상황이라고 해서 도전하지 않으면 아무것도 이루어낼 수 없다고 생각합니다. 이 책이 독자 여러분이 불리한 카운트, 불리한 상황에서도 자신 있는 풀스윙으로 보란 듯이 도전할 수 있는 용기를 심어줄 수 있기를 바랍니다.

대표 저자 김성윤

일러두기
- 좀 더 자유롭게 글을 쓰고자 하는 필자들의 뜻에 따라 가명을 사용하였습니다.
- 학부는 원하는 필자만 명기하였습니다.

CONTENTS

PROLOGUE_ 대기 타석에 선 후배들에게 작은 용기가 되길 바라며   4

Why Lawschool
왜 로스쿨이었나

CHAPTER 1

주저하는 중·고등학생들을 위해   13

'자연' 대신 '사람'을 선택하다   27

대학원 2회 차, 내가 다시 대학원에 온 이유   41

로스쿨 입시에서의 성공과 방황의 상관관계   56

아이에서 어른이 되는 것과 직장인에서 로스쿨생이 되는 것   71

로스쿨 QnA   85

로스쿨 관련 간략 정보   91

Studying for Lawschool
로스쿨에서 살아남기

CHAPTER 2

How to LEET?   95

리트 공부, 하면 된다?   112

내가 뭐라도 된 줄 알았다   127

비긴 어게인: 다시 시작하는 로스쿨 생활　　　　　143

영어와 법조계에 대한 모든 것　　　　　157

드라마 '로스쿨'과 현실 '로스쿨'　　　　　172

로스쿨의 시험공부　　　　　177

Life in Lawschool
로스쿨에서의 삶

CHAPTER 3

로스쿨의 일상으로 초대합니다_Ver. 1　　　　　185

로스쿨의 일상으로 초대합니다_Ver. 2　　　　　202

로스쿨 3년 톺아보기　　　　　220

사람을 위해 일하는 변호사가 된다는 것　　　　　238

법정에서의 가슴 뛰는 추억을 원한다면　　　　　249

소중한 경험이 된 군법무관 생활　　　　　262

어느 펌변의 사내변 일기　　　　　275

어느 로스쿨생의 책상　　　　　296

EPILOGUE_ 99퍼센트 시간의 동력이 될 1퍼센트 고민의 시간　　　　　300

CHAPTER 1

Why Lawschool

왜 로스쿨이었나

_____ 세상에 대해 알아가는 것을 좋아하는 사람이 로스쿨에 적합하다. 로스쿨에서 하는 공부와 수행하는 과제들은 대체로 세상살이에서 일어나는 문제들의 해결과 관련되어 있다. (…) 로스쿨에 오지 않았더라면 몰랐을 세상을 공부하고, 그 세상에서 발생하는 문제를 파악하고, 문제에 해결책까지 제시하는 경험을 할 수 있었다. 짧은 시간에 이러한 작업을 해내는 게 버거웠지만, 너무 재미있어서 가족들에게 전화를 걸어 내가 하고 있는 공부와 과제가 얼마나 재미있는지 자랑하곤 했다. 그래서 이렇게 현실 속 문제들을 마주하고, 법학 전문 지식을 기반으로 해결책을 제시해보고 싶은 사람이라면 로스쿨에 잘 맞겠다는 생각이 든다.

주저하는 중·고등학생들을 위해

서울대학교 법학전문대학원 15기 덕치
서울대학교 정치외교학부 졸업

법조인이라는 직업을 발견한 중학교 시절

나는 서울대학교 법학전문대학원 1학년에 재학 중인, 이제 새 학교와 환경에 거의 적응 완료한 새내기이다. 꽤 오래전부터 법조인의 꿈을 갖고 중·고등학교 시절을 보냈고 나름대로 왜 공부를 열심히 해야 하는지에 대한 나만의 뚜렷한 동기나 확고한 목표의식을 갖고 학업에 임했기에, 이 이야기는 비교적 어릴 때부터 이 길을 고민하는 중·고등학생들에게 조금이라도 도움이 되지 않을까 기대한다. 물론 이 글의 대부분은 나의 특수한 배경과 맥락에서 법조인의 꿈을 꾸고 그 진로를 준비했던 지극히 '개인적'인 수기에 불과하므로, 하나의 상대적인 참고 자료로 편하게 봐주면 고마울 것 같다.

사실 나는 정확하게 언제부터 법조인의 꿈을 꾸게 되었는지는 잘 모른다. 영어 선생님이신 어머니는 어렸을 때부터 내게 외교관의 꿈을 심어주셨는데, 요즘 말로 일종의 '가스라이팅' 내지는 좋게 포장해서 말하자면 '셀링(selling)'을 하셨다. 한창 '글로벌 시대'의 '글로벌 인재'가 트렌드였던 터라 일찍부터 영어도 배워야 했는데, 그렇다 보니 나의 외국어 실력을 만천하에 뽐낼 수 있는(?) 외교관이 하나의 고려 대상이 되었던 것 같다. 그렇지만 언제부터인지, 그리고 무슨 이유인지 몰라도 외교관이라는 꿈에 흥미가 없어졌다. 아무래도 다른 사람에 의해 생겨난 꿈은 내가 왜 공부를 하는지에 대한 명분이 되어주었을 뿐, 마음에서 우러나오는 진짜 꿈이 되기는 어려웠던 것 같다.

중학교 때 우연히 헌법 전문을 읽은 적이 있다. 어렸을 때부터 할아버지와 함께 KBS 9시 뉴스를 보아왔던 나는 뉴스 오프닝 BGM만 들어도 가슴이 설렜다. 정치 뉴스에도 워낙 관심이 많았던 터라 헌법 전문의 추상화된, 사실상 선언에 가까운 문장들이 멋있어 보였다. "유구한 역사와 전통에 빛나는 우리 대한국민은…"으로 시작하는 헌법 전문의 문장들은 읽고 또 읽어도 명문이라는 생각이 들었다. 심지어 중학교 2학년 여름방학 때는 헌법 전문을 하도 읽어서 어느 정도 외우는 경지에 이르렀다. 그렇다. 나는 정치가 좋았다. 국회에서 국회의원 아저씨들이 싸우는 장면을 보면 '저 사람들은 나이를 많이 먹었는데도 왜 저렇게 어린 애들처럼 싸울까?' 하는 생각에 책이나 뉴스로 자세한 사정을 알아보기도 했다.

법조인이란 직업을 명확히 인식하게 된 것은 아마 중학교 시사·토론 동아리에서 영화 〈변호인〉을 본 시점부터가 아닐까 싶다. 배우 송강호가 "대한민국 헌법 제1조 2항, 대한민국 주권은 국민에게 있고 모든 권력은 국민으로부터 나온다"라는 대사를 소름돋는 연기와 함께 내지르는 장면에서 카타르시스를 느끼고 말았다. '와, 변호사는 저런 직업이구나. 불의에 맞서 싸우는 정의의 투사이구나' 이런 생각을 했던 것 같다. 무엇보다 변호사란 직업이 폼나는 직업으로 나에게 다가왔다. 이렇게 어느 정도 법조인이라는 진로에 대한 명확한 인식을 갖고 나는 인근 인문계 고등학교로 진학하게 되었다.

법조인의 꿈을 본격적으로 꾸기 시작한 고등학교 시절

동기부여를 위한 휴식과 관련 체험

고등학교 공부는 힘들었다. 사실 어느 공부가 안 힘들까? 혈기 왕성한 10대 후반의 고등학생을 매일 늦은 시간까지 열람실에 모아놓고 책만 들여다보게 하는 것만큼 비인간적인 일이 어디 있을까? 그럼에도 나는 매일같이 마지막까지 열람실에 남아 책을 들여다봤다. 그렇다면 공부만 했느냐? 그렇다. 공부만 했다. 내가 재수없게 느껴져서 당장 책을 덮고 싶다는 생각이 들 것 같아 사실 거짓말임을 알려야겠다.

나 또한 죽기보다 공부하기 싫은 순간들이 많았다. 하루는 너무 공부하기 싫어서 아프다는 핑계로 저녁 7시에 기숙사 침대에 누워 다음 날 아침 8시에 일어난 적도 있었다. 그런 예외를 제외하고는 거의 대부분의 시간 동안 공부를 했다. 혹자는 내가 기계처럼 공부한 것은 아닌지 의심이 들 테지만, 그렇지는 않다. 나는 보통 쉬는 시간에 법조인이나 재판을 다룬 책이나 영화, 드라마를 봤고 스스로 왜 공부해야 하는지, 어떤 법조인이 되고 싶은지를 끊임없이 자문했다. 이러한 잠깐의 꿀 같은 휴식은 나에게 공부할 동기를 가득 채워주었다.

그 외에도 남는 시간을 활용하여 교내 토론 동아리나 지역 청소년들의 인권 신장 및 진로 문제나 고민, 요구에 부응하는 정책들을 개발하는 대외 활동에 적극적으로 참여했다. 그리고 1학년 여름방학을 활용해서는 사법연수원이 주최한 고등학생 법 교육 프로그램에도 참여했다. 이때 판사, 검사, 변호사와 대화도 해보았고, 한편으로는 같은 꿈을 꾸는 또래들과 모의재판을 준비하고 토론도 해보며 말을 잘하는 사람이 정말 많다는 점에 잠시나마 주눅이 들기도 했다.

고교생 법논술경연대회

대회 소개

사실 어떤 대회든 일단 나가보는 게 좋은 경험이 되리라고 생각한다. 준비가 미진한 상태에서 대회에 출전하여 망망대해에서 표류하더라도 다른 참가자들 역시 거의 대부분 별다른 준비를 하지 않았을 가능성이 높기 때문이다. 설령 입상하지 못하더라도 이는 다음 대회의 입상을 위한 밑거름이 될 것이다.

내가 고등학교에 올라와서 나간 첫 번째 교외 대회는 '고교생 법 논술경연대회'였다. 매년 법의 날을 기념해 대구지방법원, 대구지방검찰청, 대구지방변호사회가 공동으로 주최하는 행사로, 각 기관에 대한 소개 및 견학이 이뤄지고 마지막으로는 사례 논술 시험을 통해 대구 지역 고등학생들의 논술 실력을 평가, 포상했다. 내 기억으로는 내가 고등학교 1학년 때 나간 이 대회를 마지막으로 더 이상 열리지 않았다고 알고 있다. 만약 이런 대회에 참가하고 싶다면 거주 지역의 법원이나 검찰청 홈페이지 공지 등을 항상 살펴보면서 기회를 놓치지 말기를 바란다.

참가 계기

거창한 참가 계기는 없다. 사회탐구를 담당하던 선생님께서 나를 부르셔서 법이나 시사에 관심이 있는 것 같으니 이 대회에 나가보라고 권유하셨다. 일단 나가겠다고 말씀을 드리긴 했는데, 수업을 빠지고 대회에 나가야 한다는 걸 뒤늦게 알고 나서 후회를 했었다. 그렇지만 지금 생각해보니 나가길 정말 잘했다는 생각이 든다.

당시 나는 법원이 각 학교로부터 학생을 추천받아 논술대회를 여는 만큼 수상을 하게 되면 교내외에서 관심을 많이 받을 수 있지 않을까 약간의 헛된 기대를 품은 채 대회 참가를 결정했었다. 어떤 대회나 프로그램에 참여할지 말지 지나치게 망설이고 결정을 잘 못 하는 사람이라면 일단 참가 신청부터 하고 나서 뒷감당을 해보는 것도 좋은 방법이 될 것이다.

개인적으로는 '재밌겠는데? 상금이 얼마야?' 또는 '상 타면 주위 사람들로부터 많은 관심과 칭찬을 받지 않을까?' 하는 기대를 갖는 것도 대회에서 좋은 성적을 거두는 데 중요한 전제 조건이라고 생각한다.

준비 과정 및 팁

매년 열리는 대회이다 보니 법원, 검찰, 변호사회 각 부문 대상 수상자들의 글은 그해의 대구지방변호사회지에 실린다. 그래서 작년과 재작년에 출제된 문제 몇 개를 풀어보며 출제 경향이 어떠한지 살펴보고, 판사님들과 검사님들의 매년 강평을 대충 보면서 우수작과 비교해보았다. 대회이든 아니면 학교 시험이든 출제 위원들의 구성이 그리 크게 달라지지 않는다는 전제하에 기출 및 족보를 통해 어떠한 내용과 질의 답안을 요구하는지, 그리고 출제 경향은 어떠한지를 메타적으로 분석해보고, 이를 스스로만의 단어 및 구조로 체계화하고 정리하는 것은 도움이 꽤 많이 된다.

  바로 앞에서 언급했던 내용과는 모순될 수도 있으나, 내가 배정받은 대구지방검찰청의 문제는 이전의 기출과는 완전히 상이한 내용이었다. 그래서 결국 적용되는 법조문과 판례의 판시를 참조하여 나만의 생각과 결론을 일종의 '뇌피셜'로 풀어야 하는 상황에 직면하게 되었다.

  당시 출제된 문제를 요약해보자면, 건강한 이미지로 인기를 얻은 유명 연예인 A가 필요하지 않은 관절 수술로 병역을 면제받았다는 소문이 났고, 이에 대해 B가 명예훼손의 성격이 있는 내용의 댓글을 달자, A가 B를 명예훼손으로 고소한 사건이다. 이에 대해 명예훼손과 관련하여 형법 및 정보통신망이용촉진및정보보호등에관한법률에 있는 조항, 그리고 헌법재판소 결정례를 참조하여 B를 명예훼손죄로 처벌해야 하는지 여부에 대한 나의 의견을 논해야 했다. 나는 이 사안을 '공적 인물에 대한 명예훼손의 한계'로 보아, 쟁점을 A의 인격권과 B의 표현의 자유가 대립하는 사안, 나아가 '공적 인물'인 A에 대한 '공적인 관심사'라는 특수한 상황으로 보았다. 나는 헌재의 결정례에 따라 공적 인물의 공적 활동에 대한 명예훼손적 표현은 제한이 완화되어야 하며, B의 댓글이 아직 진실 여부를 따질 수 없는 사안을 근거로 하므로 이것을 과장의 범위를 넘어서는 명백한 허위사실로 치부하기에는 무리가 있고, 따라서 형법 제310조의 규정에 따라 위법성이 조각된다고 보고 피고인의 무죄를 주장했다.

법정을 나오면서 논리적으로 글을 썼다고 생각하기는 했다. 그런데 막상 검찰 부문 대상을 수상했다는 문자를 며칠 뒤에 받고서는 꽤 놀랐다. 검찰 부문은 무죄가 아니라 유죄를 써야 대상을 줄 것이라고 생각했었기 때문이다. 검사님의 강평에 따르면 정답이 없는 가치의 충돌 및 선택의 딜레마 상황에서 사실관계를 최대한 풍부하게 포섭하면서도 논리적으로 일관성이 있는 논거와 결론의 구조로 피고인의 무죄를 입증한 점이 긍정적으로 평가되었다고 한다.

상을 탄 것은 스스로에게나 부모님에게나 당연히 큰 기쁨이었다. 그러나 이 대회를 통해 수상 그 자체보다 더 큰 수확을 얻었다. 바로 대구지방변호사회 제2부회장인 고등학교 선배님께서 나를 따로 부르셔서 "이 대회에서 상을 탄 학생들은 다 훌륭한 법조인이 되어 있으니 너도 꼭 그렇게 되렴"이라고 말씀해주신 것이었다.

사실 객관적으로 보았을 때 들인 노력이 많지는 않았으나, 나름대로 법학 논증을 즐기고 또 거리낌 없이 새로운 사안과 구조에 적응하여 답안을 쓰는 나 자신을 발견함으로써 법조인으로서의 적성이 없는 게 아님을 알게 되어 안도했다. 나아가 변호사 선배님께서 해주신 말씀에 큰 감명을 받고 학업에 더욱 정진하게 되었다.

고교생 모의재판경연대회

대회 소개

사실 이 대회만큼 열심히 준비한 대회는 없는 것 같다. 법조인을 꿈꾸는 학생들이 동아리를 구성하여 한 번씩은 준비해본다는 모의재판대회! 나 역시 법논술경연대회에서 이미 수상도 했으니 모의재판대회에도 족적을 남기자(?)는 근거 없는 자신감을 갖고 1학년 때부터 모의재판 동아리에 참여했다.

이 대회로 말할 것 같으면 대구·경북 지역 고등학생 5~10명이 팀을 꾸려 판사, 검사, 변호사, 증인 등의 역할을 나누고 대본을 준비하여 일종의 연극을 하는 것이다. 내가 속한 대구시의 고교생 모의재판경연대회는 참가 부문을 민사·형사로 나누고, 대본 심사로 먼저 본선 진출 팀을 선정한 뒤 본선에서 판사님들 앞에서 모의재판을 보여드리는 것이었다.

참가 계기

앞서 얘기한 것처럼 근거 없는 자신감으로 모의재판 동아리에 참여했고, 1학년 때에는 선배들이 만든 대본에 맞추어 수도 없이 연습을 한 뒤 검사 역할을 맡아 2017년 대회에 참가했다. 솔직히 말하자면 대본을 완벽히 외우지도 않았고, 내가 말하는 대사에 있는 구체적인 법리나 법률적 쟁점에 대해서도 무지한 채 그냥 연습을 반복한 것뿐이었다. 물론 그렇게 해도 당시에 나는 후배 기수였던 데다 심사위원들이 따로 해당 사안에 대해 질문을 하지는 않기에 별 탈 없이 넘어갔다. 결과는 대구 지역에서 3등. 첫 기수의 전설적인 선배가 전국 대회에서 대상을 탄 이후로 기수가 내려올수록 수상 실적이 좋아지지는 않고 나빠지기만 하는 상황이었다. 그래서인지 선배들도 그다지 좋아하지 않았고, 나는 역시 눈치껏 내심 실망한 기색을 보이지 않으려 했다. 같은 기수 동기들과 택시를 타고 학교로 오던 중에 한 말이 기억이 난다. "야, 우리 내년엔 진짜 부수자." 언제나 그러하듯 경쟁심은 사람을 끓어오르게 만든다. 책임감도 적고 그만큼 준비도 덜한 터라 할 말은 없지만, 2학년이 되는 내년에는 직접 형사팀 대본을 짜고 구체적인 사실관계나 법리도 창작해야 하는 막중한 책임하에 꼭 대상을 타겠다는 일념으로 대회를 준비했다.

준비 과정 및 팁

모의재판에서 좋은 성적을 거둘 수 있는 팁을 줄 만한 수준은 되지 않지만, 한 학기 이상을 모의재판에 투자했던 만큼 여러분은 나와 같은 실수를 범하지 않길 바라는 마음에 나의 실패 경험을 바탕으로 몇 가지 조언을 적어보려 한다.

우선 자기만의 세상에 갇히면 안 된다. 이것이 내가 실패한 결정적인 원인이다. 당시 나는 대본을 쓸 때 대중매체에 나온 과격한 시위 장면과 국가보안법 위반이라는 측면에 지나치게 몰두했었다. 헌법 제21조 제1항의 표현의 자유와 국가보안법 제7조의 찬양·고무 조항 등이 어떻게 충돌하는지, 그리고 그에 관해 내가 주장하고 싶은 바는 어떠한지에 대해서 너무 명확한 기준이 설정되어 있었다. 동아리 동기들이나 선후배들은 이러한 나의 대본 작성 방향에 대해 딱히 이의를 제기하진 않았다. 나보다 훨씬 경륜 있는 동아리 지도 선생님이나 법조계 선배 변호사님 등에게 따로 도움을 요청하지도 않았다. 그 결과, 대본은 방향을 잃었고 중간에 큰 어려움을 겪기도 했다.

두 번째, 극적인 요소도 꽤 중요하다. 물론 따로 연습실을 빌려 여러 번 후배들과 합을 맞추고 어떻게 하면 좀 더 극 중 인물에 빙의할 수 있을지에 대해 많은 토론과 회의를 거치기는 했으나, 칼을 갈고 나온 다른 학교들에 비해 턱없이 부족함을 많이 느꼈다. 예컨대 노조위원장 역할을 맡았다면 노란 띠를 머리에 두르고 노란 조끼를 입는 것과 더불어, 긴장이 고조되는 장면에서는 증언대의 책상을 쾅 친다거나 검사의 말을 끊는 등 보다 극적인 요소들도 가미함으로써 역동적인 리듬감을 심사위원들에게 전달해야 한다.

마지막으로 앞의 법논술대회에서 했던 조언과 일맥상통하는 바가 있는 것 같은데, 심사위원인 판사님들이 어떤 부분에 초점을 두고 심사하고, 또 무엇을 중요하게 생각하는지 선배들을 통해 대충이라도 파악하고 있어야 한다. 내가 창작한 대본에서 피고인은 국가보안법의 찬양·고무죄뿐만 아니라 내란선동죄, 집회및시위에관한법률 위반죄, 도로교통법 위반죄 등 수많은 죄목으로 기소되었다. 그런데 판사님께서 재판을 다 보신 후 하는 평가에서 "음, 판사들이 제일 싫어하는 점이 바로 기소된 죄목이 너무 많은 사건입니다. 충분히 다루어야 할 쟁점도 놓치게 됩니다."라는 말씀을 해주셨다. 이것이 의미하는 바가 무엇일까? 결국 기소된 죄목이 많을수록 각 쟁점에서 드러나는 중요한 법리적 다툼은 간과되기 십상이라는 것이다. 실제로 과실치사죄 하나만 하더라도 이것을 법리적으로 제대로 다투려면 살인의 고의가 있었는지, 없었다면 과실은 있는지, 과실이 인정된다면 과실과 결과의 발생 사이에 인과관계는 없는지 등등 다루어야 할 쟁점들이 많고 이것만 해도 주어진 시간을 다 쓰고도 모자랄 것이다.

결과 및 내게 끼친 영향

변호사 역할을 맡아 새로 양복도 맞추고 기대에 부푼 채 법원에 들어갔지만, 본선 결과는 작년보다 못한 무수상 탈락이었다. 일단 이 경험은 나의 근거 없는 자신감이 정말 근거가 없었다는 귀중한 교훈을 내게 주었다. 그리고 결과 자체는 '탈락'이었지만, 순수 창작 작품인 대본과 더불어 재판을 준비하는 과정에서 형사 절차와 관련 법률을 깊이 공부하며 양측의 법리 판단을 구성했고, 이를 통해 어느샌가 법과 친숙해진 나 자신을 발견할 수 있었다. 나아가 모의재판 동아리 활동을 하며 법이 공정한 대화의 질서를 보장함으로써 국민의 기본권인 표현의 자유를 보호한다는 점도 새롭게 알게 되었다. 이는 올바른 절차를 통한 합리적 대화와 상호 관용의 원리를 내포하는 헌법정신을 구현해 약자의 의견이 존중되는 환경을 조성하는 법률가가 되겠다는 다짐으로 이어지기도 했다.

법조인의 길을 걷고 싶다면

법조인 내지는 로스쿨에 뜻이 있다면 일찍부터 독해력이나 사고력을 기르는 훈련이나 연습을 하는 것을 추천한다. 매년 로스쿨 입시가 어려워지고 있고, 로스쿨 입시의 핵심인 리트는 비교적 수준 높은 독해력과 사고력을 요하므로 잠깐의 노력만으로는 안 된다는 것이 중론이다. 중·고등학교 때부터 이런 점을 생각하고 책을 열심히 읽은 것은 아니지만, 나는 수능이나 내신 공부도 하고 나름대로 재미도 있어서 분야를 가리지 않고 다양한 책들을 읽었다. 이렇게 일찍부터 어려운 텍스트를 접한 것은 로스쿨 입시와 리트, 나아가 로스쿨에서의 공부에도 도움이 되는 것 같다.

이는《수학의 쎈》문제집 B단계를 반복해서 풀며 빠른 문제 풀이를 돕는 스킬을 체득하는 것과는 다르다. 보다 호흡을 길게 두고, 교양 수준에서부터 시작해서 고전까지 다양한 분야의 책들을 읽으며 배경 지식을 쌓는 것은 앞으로 큰 자산이 될 것이라 확신한다. 물론 처음에는 많이 고통스러울 텐데, 토마스 쿤의《과학 혁명의 구조》로 시작해보는 건 어떨지 조심스레 추천해본다.

고등학교를 졸업하고 나는 그토록 바라왔던 서울대학교 정치외교학부에 진학할 수 있었다. 정치외교 전공에서 마주친 법은 약자를 소외시키는 제도에 대한 문제의식과 더불어 주인-대리인 구조를 통해 정치에 약자의 권리를 반영되게 하는 대안적 제도의 구성에 관한 것이었다. 고백하자면 나 역시 학부에 와서 약간 방황하긴 했으나, 결국은 법조인으로서의 진로에 확신이 공고해지는 과정을 거쳤다.

여러분도 미리 왜 법조인이 되고 싶은지, 어떤 법률가가 되고 싶은지에 대한 자기만의 답을 준비하기 바란다. 대학교나 로스쿨 입학을 위한 자기소개서를 작성할 때 도움이 되기 때문에 고민하라는 것은 아니다. 다만 그러한 축적된 고민의 결과가 어디에서 어떤 활동을 하든지 그 활동의 이유를 제공하고 합리화할 수 있는 동기가 되며, 나아가 대학교 학부에 진학하든 로스쿨에 가든 주변의 영향에 흔들리지 않고 담담하게 자기가 하고자 하는 바를 이룰 수 있을 것이기 때문이다.

'자연' 대신 '사람'을 선택하다

서울대학교 법학전문대학원 15기 오월
서울대학교 화학부 졸업

진로 고민과 '원동력'

"오늘날 '직업'이 가지는 의미는 단순히 생계 유지를 위한 수단이 아닙니다. 삶의 대부분을 직장에서 근무하며 보내는 만큼 직업은 자아실현의 수단으로도 기능하며, 그것이 현대인들이 평생토록 진로를 고민하는 이유입니다."

위의 구절은 내가 로스쿨에 들어와서 가입한 학회에서 얼마 전에 쓴 글의 일부이다. 매주 인권과 관련된 기사를 소개하는 학회인데, 나는 많은 난민이 본인의 적성에 맞는 직업은 꿈도 꾸기 어려운 현실을 다룬 기사를 소개했었다. 그리고 그 과정에서 나에게 '직업'이 가지는 의미는 무엇인지도 함께 곱씹게 되었다.

진로를 결정함에 있어 고려해야 하는 요소는 무척 많다. 적성, 급여, 워라밸, 흥미, 외부적 평가, 신념…. 어느 것 하나 쉽게 포기되는 것이 없다. 한창 치열하게 진로를 고민하던 시기에 친구들과 농담 섞어 나눴던 이야기가 있다. "모든 게 다 좋은 직업은 세상에 존재하지 않아." 진부한 이야기이지만, 그렇기에 자신에게 가장 중요한 기준이 무엇인지를 선택해야 할 것이다. 나에게는 그게 '원동력'이었다. 어느 날은 힘들어 무너지더라도, 다음 날 일어나면 되돌아가고 싶은 마음이 들 만큼 나에게 동기부여가 되는지가 중요했다. 나의 진로 고민이 여전히 현재진행형이기는 하지만, 그 범위를 법조계로 좁히기까지 좌충우돌했던 과정을 솔직하게 공유해보려고 한다.

적정기술을 접하다

나는 어렸을 적에 수학을 참 재미있어했다. 논리적으로 해결되는 명료함이 좋았고, 고민 끝에 문제를 풀어냈을 때의 성취감이 좋았다. 지금보다도 더 문·이과를 뚜렷하게 구분하던 시절이다 보니 수학을 좋아하는 나는 당연히 이과라고 생각했다. 자연스럽게 고등학교도 과학을 주로 공부하는 곳으로 진학했는데, 대학 입시를 앞두고 희망하는 학과를 고민해야 할 시점이 오자 덜컥 두려움이 앞섰다. 화학을 좋아해서 화학부에 진학하려고 했지만, '내가 연구에만 전념하며 살아갈 수 있을까?'라는 의문에 선뜻 답을 내리기가 어려웠다. 물론 화학을 전공한다고 해서 평생 연구자로만 살아가야 하는 것은 아니다. 그러나 고등학생 시절에는 화학부로 진학한 많은 학생이 대학원에 진학하여 연구에 몰두한다는 사실이 버겁게 느껴졌다.

그러던 와중에 수업 시간에 '적정기술'을 접했다. 적정기술은 사회 공동체의 정치적·문화적·환경적 조건을 고려해서 지속적인 생산과 소비를 돕는 인간 중심형 기술을 말한다. 예컨대 병원과 멀리 떨어진 마을에서도 사용할 수 있는 보자기 형태의 인큐베이터나 태양열 전지를 이용한 저렴한 보청기 등이 있다. 적정기술을 접하면서, 저런 결과물을 만드는 것이 목적이라면 기쁜 마음으로 연구에 열중할 수 있으리라고 생각했다. 그때부터 나에게는 '사람을 위한 일'을 하겠다는 꿈이 생겼다. 굉장히 추상적이기는 하지만 나는 이러한 마음가짐으로 이공계에 진학하게 되었다.

적정기술에 대한 관심은 대학에 입학해서 적정기술 동아리에 가입하는 것으로 이어졌다. 동아리에서 2년간 활동하면서 여러 프로젝트에 참여했는데, 그중 하나가 환경미화원의 전단지 청소를 돕는 빗자루 보조 장치를 개발하는 것이었다. 길거리에 버려진 전단지는 그 양이 어마어마할 뿐만 아니라, 바닥과 밀착된 상태라 환경미화원이 청소하기 가장 어려운 쓰레기 중 하나라고 한다. 그래서 기존에 사용하던 빗자루에 추가로 장착하면 전단지를 빠르게 쓸어 담을 수 있도록 돕는 보조 장치를 팀원들과 함께 개발해보기로 했다.

프로젝트를 진행하는 동안 팀원들과 머리를 맞대고 여러 문제들을 해결해 나갔던 과정이 지금까지도 행복한 기억으로 남아 있다. 그런데 해당 프로젝트에 대한 만족도와는 별개로, 적정기술에 있어 공학의 중요성을 깨달으면서 진로를 다시 고민하는 계기가 되었다. 당시 우리 팀은 공학적 지식이 전무하다고 보아도 무방한 상태였다. 그래서 빗자루 보조 장치에 대한 아이디어를 실물로 구현하려니 앞이 캄캄한 지경이었다. 심지어는 보조 장치 구현은 둘째 치고 그것을 빗자루에 결합하는 부위의 구조를 생각해내는 것만으로도 두 달이 훌쩍 갔다.

1년이라는 기한이 정해진 프로젝트였기에 보급은커녕 시제품 제작마저도 완전히 마치지 못한 채 마무리해야 했다. 이러한 경험을 통해 적정기술 '제품'을 만드는 데는 기본적으로 공학이 주요하다고 느꼈고, 그러자 자연과학도인 내가 적정기술에 기여하는 연구를 할 수 있을지 의문이 피어났다.

자연과학과 적정기술의 연관성에 관한 고민은 대학교 1, 2학년 때 참여한 라오스 봉사단에서도 이어졌다. 당시 우리 학교에서는 적정기술 활동을 진행하는 해외 봉사단을 분기마다 파견하고 있었다. 나는 해외에 나가 주민들 곁에서 적정기술 활동에 참여할 수 있다는 점에 매력을 느껴 단원에 지원했고, 두 번의 파견을 다녀왔다. 라오스 봉사단은 '나봉'이라는 지역에서 여러 농·축산업 적정기술 활동을 했는데, 그중 당밀요소블록을 제작하여 보급하는 활동이 있었다. 당밀요소블록은 쉽게 말하면 소를 위한 영양제이다. 한우와는 달리 나봉 지역의 소들은 대부분 발육 상태가 좋지 않다. 그래서 봉사단에서는 영양제를 만들어 보급해서 해당 지역 축산업의 경쟁력을 강화하고자 했다. 당밀요소블록에 관해 공부하면서 공학 외에도 적정기술에 기여하는 연구 분야가 있음을 확인할 수 있었으나, 그마저도 자연과학보다는 실생활에 관련된 분야였기에 고민은 한층 깊어졌다. 나의 전공인 '화학'은 자연과학의 특성상 실생활보다는 자연에 가까운 학문이기 때문이다. 적정기술을 하겠다며 이공계에 진학했는데, 그 뿌리가 흔들리는 느낌이었다.

노파심에 언급하자면, 적정기술에는 공학 기술뿐 아니라 그것을 도입하는 비즈니스 모델 등 다양한 요소들이 모두 포함된다. 그렇기에 공학자가 아니더라도 충분히 적정기술에 기여할 영역이 많다. 다만, 나는 자연과학 전공자로서 기여할 수 있는 길이 떠오르지 않아 다른 분야를 탐색하게 되었다. 그리고 그 길을 찾아내지 못한 것은 실제로 길이 없어서라기보다는 나의 부족함 때문임을 밝혀둔다.

한계를 느끼며 도전하다

화학 외의 다른 분야를 탐색하던 중에 라오스 봉사단에서 참여했던 교육 나눔 활동이 떠올랐다. 라오스 봉사단은 기술 나눔뿐 아니라 교육 나눔과 문화 나눔 활동도 함께 진행했는데, 그중 교육 나눔 활동은 현지 초등학교를 방문하여 며칠간 수업을 진행하는 것이었다. 원래부터 아이들을 워낙 예뻐했던 터라 아이들을 살갑게 잘 대할 수 있으리라고 생각했는데, 막상 아이들을 실제로 대면하니 쭈뼛거리는 내 모습을 발견하게 되었다.

봉사단이 수업을 진행하기 전날에 학교 현장을 익히기 위해 찾아갔다가 학교에 남아 있는 아이들 몇 명을 마주친 것이 아이들과의 첫 대면이었다. 그런데 반가운 마음과는 다르게, 아이들을 어떻게 대해야 좋을지 몰라 말문이 막혀버렸다. 이를 통해 아이들을 대하는 일, 나아가 '교육'하는 일은 충분한 준비와 공부가 필요함을 깨달았다. 그것이 내가 교직 이수를 신청한 계기가 되었다.

교생 실습은 내가 사람들 틈에 있을 때 행복하다는 사실을 새삼 깨닫게 해준 경험이었다. 코로나19로 인해 대면 교생 실습 기간이 단축되면서 짧은 기간 내에 예전과 동일한 횟수의 수업을 진행해야 하는 상황이었기에 체력적으로 많은 부담이 되었다. 하루에 30분씩 자면서 출근하는 일상을 반복했는데, 극한의 수면 부족에 시달리면서도 학생들과 교류하다 보면 다시 힘이 나고는 했다. 우리 반 학생들 한 명 한 명이 모두 너무 예뻐 보였고, 쉬는 시간에도 쪽잠을 포기하고 교실을 찾아갔다.

2주뿐인 대면 실습 기간이었지만 수많은 추억이 생겨서 지금까지도 힘들 때마다 떠올려보는 기억 중 하나가 되었다. 그중 한 가지를 슬쩍 꺼내보자면, 스승의 날 아침에 조례를 하러 갔더니 풍선이 가득한 교실에 아기자기한 그림과 문구로 꾸며진 칠판이 기다리고 있었고, 파티셰를 꿈꾸는 반장이 직접 만든 케이크와 초콜릿을 선물로 준비해 왔다. 전날부터 "선생님, 내일 기대하세요"라며 신나서 귀가하더니 뿌듯한 표정으로 조례를 기다리고 있던 학생들의 표정이 지금까지도 생생하다. 선물로 받은 케이크와 초콜릿은 종일 쳐다만 보게 되었고, 교실에서 챙겨 온 풍선은 바람이 빠져 쪼그라들 때까지 내 방에 모셔져 있었다.

학생들이 너무나 예뻤음에도 교직이 아닌 다른 진로를 택하게 된 이유는 조금 더 실천적인 일을 하고 싶다는 갈망이 생겼기 때문이다. 교직 이수를 위해서는 교육 봉사 교과목을 필수로 이수해야 하는데, 우리 학교에서는 대개 주변 학교에서 방학 프로그램을 담당하게 한다. 나 또한 멘토링 프로그램의 선생님으로 교육 봉사를 했다.

당시에 방학 프로그램을 총괄하는 선생님께서 학생들이 교육과정상 아직 학습하지 않은 내용은 절대 다룰 수 없다는 점을 몇 번이고 당부하셨다. 흔히 선행학습금지법이라고도 불리는, 약칭 공교육정상화법 때문이었다. 그런데 직전 학기에 배운 내용으로 수업을 진행했더니 일부 학생은 다른 친구들이 학원에서 선행을 많이 하고 있다며 불안해하는 모습을 보였다. 자신이 뒤처질까 걱정하는 학생을 앞에 두고도 계속 복습만 시켜야 하는 상황이 줄곧 마음에 불편함을 남겼다. 이를 비롯한 몇 가지 경험을 하면서 한층 더 실천적인 역할을 꿈꾸게 되었다.

그렇지만 그때까지만 해도 화학과 전혀 관련 없는 진로를 택하게 될 것이라는 생각은 못 했다. 내내 과학을 공부해왔을 뿐만 아니라 화학이라는 학문을 무척 좋아했기에 당연히 그와 관련된 직업을 가질 것이라고 믿었다. 교직을 택한다고 하더라도 과학 선생님이 되는 것이었으므로 영 근거 없는 믿음도 아니었다.

이런 이유로 화학을 한층 심도 있게 탐구해보고 싶다는 생각을 갖고 대학교 3학년 때 화학부 연구실 인턴에 지원했다. 인턴으로 생활하는 동안 주체적으로 논문들을 찾아볼 만큼 흥미와 열정이 생겼지만, 평생 연구를 하며 살아간다면 어디에서 원동력을 찾을 수 있을지가 고민스러웠다.

이런 고민을 안은 채 지도교수님께 화학을 연구하는 동기가 무엇이 되어야 할지 여쭤봤던 기억이 난다. 물론 사람마다 원동력은 다르기 마련이고, 실험실의 환경에 따라 연구의 성격에도 차이가 있겠으나, 교수님께서는 기본적으로 자연에 대한 호기심이 있어야 하는 듯하다고 답해주셨다. 화학이 실생활에 응용되는 경우가 많다고 해도 근본적으로는 '자연'을 탐구하는 학문이기에 미지의 자연에 대한 궁금증이 연구의 기본이라는 것이었다. 그 말씀을 듣고 나는 자연보다 사람을 더 궁금해하는 편이라는 사실을 떠올렸다. 나는 자연에 관한 새로운 지식을 알게 되었을 때보다 사람들 틈에서 그들과 교류할 때 더 큰 기쁨을 느끼고는 했다.

이러한 계기로 사람들 사이에서 실천적인 일을 할 수 있는 직업을 탐색하다 법조계를 기웃거리게 되었다. 적정기술 동아리에서 활동하는 동안 우리 사회에 기술만으로는 돕기 어려운 사회적 약자들이 많고, 그들이 마주하고 있는 어려움은 제도적 문제에서 기인하는 경우가 많음을 깨달았던 기억 때문이었다.

적정기술 프로젝트를 진행해보면 주로 장애인이나 육체노동자 등 물리적·신체적 어려움을 겪고 있는 이들이나 경제적 어려움을 겪는 이들을 대상자로 선정하는 경우가 많았다. 동아리 부회장을 맡았을 때 동아리에서 진행되는 프로젝트들이 주로 장애인들에게 집중되는 상황에 문제의식을 느끼면서 대상자의 범위를 확대하고 싶다는 바람을 품었던 적이 있다. 그러나 난민이나 탈북민과 같은 사회적 약자들이 겪는 근본적인 어려움은 기술만으로는 해결할 방법을 찾기가 어려웠다. 난민들이 한국 문화에 적응하는 과정을 돕는 제품이나 서비스를 구상해보았지만, 난민 지위를 인정받기가 너무나 힘들고 설사 인정받더라도 생계가 막막한 우리 사회에서는 실질적인 제도적 지원이 무엇보다도 시급하다는 생각이 들었다.

'법'이라는 종착점에 도달하다

나에게 법조계는 굉장히 생경한 분야였기에 선뜻 전공을 바꾸겠다고 결정하기가 두려운 마음이 컸다. 그래서 우선 법과 가까운 곳으로 가야겠다는 생각에 무작정 인터넷 검색창에 '학부생 법 인턴' 등의 키워드를 치고, 법과 관련된 활동을 했다는 후기가 올라온 블로그에는 댓글을 달아 지원 경로를 물어보기도 했다.

그러던 중에 공익 법률 지원을 하는 재단법인을 알게 되었는데, 그곳에서 하는 일을 살펴보니 내가 꿈꿔왔던 '사람을 위한 일'이라는 생각이 들었다. 난민, 장애인, 탈북민, 여성, 청소년, NPO 등에 법적인 조력을 하는 곳이었기 때문이다. 홈페이지를 통해 해당 단체에서 1년에 두 번씩 인턴을 선발한다는 사실을 접했고, 무작정 자기소개서를 작성해서 지원했다. 그 결과, 대학교 4학년 때 그곳에서 근무하면서 법조계에 대한 확신을 가질 수 있었다.

인턴으로 활동하면서 세 번의 난민 관련 소송을 도울 기회가 있었다. 난민 불인정 결정 취소소송 등을 하게 되면 국가 정황 정보에 관한 자료를 준비하게 된다. 난민 신청자가 본국으로 돌아가면 박해를 받을 우려가 있다는 사실을 보여주기 위해 본국의 상황을 조사해 자료를 작성하는 것이다.

나는 다른 인턴들과 함께 국가 정황 정보를 조사하는 업무를 맡았는데, 그 과정에서 소송 당사자의 삶을 적극적으로 들여다보며 소송에 어떤 자료가 도움이 될지 고민하게 되었다. 국가 정황 정보 조사에서 중요한 것은 당사자가 본국에서 박해를 받을 우려가 있음을 설득하는 것이기에, 인턴들에게 주어진 사실관계를 몇 번이고 뜯어보면서 그분의 상황에 적합한 자료를 찾고자 노력했다.

다른 인턴들과 밤을 새우면서 토론하고, 러시아 법전의 원문을 번역기에 돌려서 끙끙대며 읽다 보니, 내가 소송인에게 가지는 애정의 깊이와 범위가 확장되는 것을 느낄 수 있었다. 소송인의 사정을 들여다볼수록 진심으로 안녕을 기원하게 되었고, 그분을 응원하는 마음에서 자료를 하나라도 더 찾으려고 힘을 쏟게 되었다. 한 사람의 구체적인 삶을 애정으로 들여다보는 일이 나에게 가장 큰 원동력이 됨을 확신하는 순간이었다. 소송을 위해 진심으로 최선을 다하는 변호사님들의 모습을 옆에서 지켜보면서, 나 또한 한 사람의 삶을 위해 열정을 쏟으며 살아가고 싶다는 소망도 품어보았다.

그렇지만 로스쿨에 진학하기로 결정을 내리자, 과학에만 집중해왔던 그간의 시간이 무용하게 느껴져 허무함이 밀려왔다. 내가 참 많이 좋아했던 학문을 전공으로 삼고 학업에 몰두할 수 있었던 것만으로도 행운이라며 마음을 정리해보았지만, 공허함이 쉽게 사라지지는 않았다. 그런데 기가 막힌 타이밍에 그런 생각을 불식시켜주는 업무를 하게 되었다. 북한 이탈 주민 2세의 친생자 관계 확인 소송을 보조하는 업무였다. 나는 소송 과정에서 DNA의 특정 부위인 SNP 마커를 이용하여 방계 혈족 관계의 존재를 검사한 논문을 번역하는 업무를 담당하게 되었다. 원고가 친모의 고종사촌과 새로운 방식의 유전자 검사를 진행했는데 그 검사의 신뢰도에 관한 논문이었다. 나는 논문의 이해를 돕기 위해 번역과 더불어서 DNA의 구성과 SNP의 개념, 통계 처리 방법에 관한 배경 지식을 추가로 서술해보았다.

이 경험을 통해 내가 학부 시절에 쌓은 과학 지식이 과학적 증거를 적절히 평가하고 사용하는 데 유용하게 사용될 수 있다는 사실을 깨닫게 되었다. 아직은 구체적으로 어떤 사건에서 어떤 지식이 활용될지 뚜렷하게 예상하기 힘들지만, 법조인으로 성장했을 때 언젠가 과학적 지식이 필요한 순간이 찾아올 수 있음을 확인할 수 있었다. 그때 나의 역할을 충실히 해낼 수 있기를 기대하며 후회 없이 로스쿨 진학을 결심했다.

치열하게 살아가는 우리를 위하여

로스쿨에 입학하고 벌써 한 학기가 지났다. 법학이 그동안 내가 해왔던 공부와는 성격이 달라서 낯설기도 하고, 로스쿨 생활에 적응하는 과정에서 여러모로 힘들 때도 많다. 그런데 누군가가 내게 한 학기를 보낸 소감을 묻는다면, 공부를 그만하고 싶다며 푸념하다가도 잠시 후에 다시 책을 펴고 있는 내 모습이 신기하게 느껴진다고 대답할 듯하다. 그렇게 꿋꿋하게 다시 책상에 앉을 수 있는 이유는 내가 특별히 성실하거나 의지가 대단해서가 아니라 치열하게 진로를 고민했던 시간이 있었기 때문이다.

입학 후 첫 시험 기간에 체력적으로 힘들어하다가, 앞서 언급한 친생자 관계 확인 소송에서 승소 판결을 받았다는 소식을 듣고 온종일 신났던 기억이 난다. 인턴 활동이 종료된 후에도 한 번씩 생각나던 사건이었기에, 반가운 소식에 그날은 피곤한 줄도 몰랐다. 이외에도 공익에 관련된 학회에서 함께하는 동기들과 고민을 나눌 때나, 잠시 시간을 내어 이전에 일했던 공익법재단에 방문할 때, 관심 분야의 세미나에 참석할 때 등 내가 로스쿨에 진학한 이유를 상기하게 되는 순간들이 있다. 그러한 순간들이 내가 지친 와중에 한 글자라도 더 읽겠다고 책을 펴는 이유가 되어준다.

인턴 연구원으로 생활하던 당시에 지도교수님께서 해주신 말씀이 있다. 만약 내가 '야구'를 좋아한다는 확신이 있다면 야구 선수를 하다가 그만두게 되더라도 야구 전문 기자 등의 직업을 찾아갈 수 있다면서, 인생이 어떻게 흘러갈지는 알 수 없어도 그 가운데에서 등대가 되어줄 중심점을 찾았으면 좋겠다는 말씀이었다.

그 말씀을 떠올릴 때마다 '사람들 틈에서 그들의 구체적인 삶을 세심하게 들여다보고 그들을 위한 일을 하며 살아가는 것'이 나의 궁극적인 꿈이라는 사실을 다시금 되새기게 된다. 나는 여전히 한없이 부족하고, 힘들다고 주저앉을 때도 많다. 그럴 때마다 다시 일어나서 내 등대를 따라 묵묵하게 나아갈 수 있기를 바라본다. 그리고 각자의 자리에서 고군분투하고 있는 한 사람으로서, 이 글을 읽고 있는 독자들께도 응원을 보낸다.

대학원 2회 차,
내가 다시 대학원에 온 이유

서울대학교 법학전문대학원 15기 달항아리
서울대학교 기계공학부 졸업

10년 코스 둘레길을 돌아오다

문과적 성향이 51퍼센트, 이과적 성향이 49퍼센트. 중학교 3학년 부장 선생님께서 나에 대해 내린 진단은 칭찬에 가까웠지만, 기분 좋게 들리지만은 않았다. 한 가지를 특출나게 잘해서 진로 고민의 여지가 없는 친구들이 부러웠다. 무엇 하나 뛰어나게 잘하는 것이 없었던 까닭에 중학교 때부터 20대 중반까지 끊임없이 진로에 대해 고민을 해왔다. 그 결과 지금의 위치까지 일직선으로 순탄히 달려오지 못하고 둘레길을 돌아 돌아서 왔다. 중학교 때는 변호사를 꿈꿨고, 고등학교 때는 물리학에 푹 빠졌다. 대학에서는 기계공학을 공부하다가 갑자기 정치학에 끌렸고, 다시 기계공학 대학원에서 석사 학위를 취득한 뒤, 결국에는 10년 전에 꿈꿨던 대로 로스쿨에 입학하게 되었다.

기계공학 대학원에 다니다가 로스쿨 입시에 도전하기로 마음먹은 것은 '공학자'라는 진로가 나에게 맞지 않는 옷이라는 생각이 강하게 들었기 때문이다. 학부에서는 수업을 무리 없이 잘 따라가며 꽤 괜찮은 학점을 받았기에 자연스럽게 머지않은 미래에 훌륭한 공학자가 되리라 의심치 않았다. 그러나 기계공학 이론 공부와 대학원에서의 연구는 정말 달랐다. 필요로 하는 성향과 능력이 매우 달랐다. 연구실에서는 내가 가지고 있는 장점과 능력을 100퍼센트 발휘할 수 없겠다는 생각이 들어서 연구에 도무지 몰입할 수가 없었다. 그래서 공학 연구보다 잘할 수 있는 일을 탐색해야겠다고 결심했다. 내가 어떤 순간에 재미와 성취감을 느끼는지를 고민한 끝에 진행하고 있던 연구와 로스쿨 입시를 버겁게 병행했고, 운 좋게도 공백 없이 로스쿨에 입학할 수 있었다.

충동적으로 시작한 사회과학, 이게 맞아?

공학과 사회과학은 비슷하면서도 참 다르다. 둘은 인간의 삶을 편리하게 하고자 하는 목적을 가지는 실용적인 학문이라는 점에서 결을 같이한다. 그러나 그 목적에 다가가는 접근 방식은 매우 다르다. 솔직히 사회과학을 깊이 있게 공부해본 적 없어 사회과학에 대해 평가하는 것이 부끄럽다. 그래도 대학에서 기계공학 주전공과 정치학 부전공을 했던 경험을 바탕으로 공학도로서 처음 접했던 사회과학에 관한 개인적 생각을 공유하고자 한다. 공학을 전공하다가 로스쿨 진학에 관심을 두게 되었다면, 본인이 공학만큼이나, 아니 공학보다도 사회과학을 재미있게 공부할 수 있을지 고민해보기를 권한다.

정치학 부전공을 시작한 것은 자기소개서에 한 줄 추가하기 위한 정성평가 요소를 만들기 위함이 아니었다. 그저 충동적 호기심 때문이었다. 존경하던 유체역학 교수님에 대한 팬심 때문이기도 했다. 한여름의 나른한 오후 수업 중, 학생들이 졸고 있다는 걸 알아채신 교수님께서는 관내 유동(pipe flow)에 관한 이론 설명을 잠시 중단하고 천연가스 파이프라인을 중심으로 한 EU와 러시아의 외교 관계를 다루기 시작하셨다. 금시초문이라는 표정을 하고 있는 학생들에게 교수님께서는 평소 뉴스를 챙겨 보는 사람이 있는지 물으셨다. 전체 학생 중 한두 명만이 손을 들자 교수님께서는 놀라셨고, 흥분한 어조로 공학도가 사회과학에 관심을 기울여야 하는 이유에 대해 역설하셨다. 공학자가 되어 아무리 뛰어난 과학기술을 개발하더라도 그 기술이 정부의 정책 방향성 혹은 대중의 니즈와 맞지 않는다면 하등 쓸모가 없어지기 때문에 항상 세상이 어떻게 돌아가는지 파악하고 있어야 한다는 것이었다.

교수님의 말씀을 듣자 가슴이 두근거리기 시작했다. 이과적 재능과 문과적 재능이 반반 섞여 애매했던 내가 잘할 수 있는 일을 드디어 발견한 것이었다. 쿵쿵대는 심장 소리에 뒷부분 수업 내용은 귀에 들어오지 않았다. 수업이 끝나고 나서 곧장 정치학 부전공에 진입 신청을 했다.

기대와는 달리, 처음 몇 학기 정치학 수업을 듣는 동안 사회과학이라는 학문 전반에 대한 의구심이 스멀스멀 피어올랐다.

첫째로는, 정해진 답이 없다는 사실이 큰 스트레스 요소였다. 교수님의 말씀에 완전히 집중하여 시간이 가는 줄 모르다가도 '그래서 결국 정해진 답은 없다. 여러분의 생각은?'이라는 질문이 담긴 수업의 마지막 PPT 슬라이드를 보는 순간 몰입이 와장창 깨지며 허무해졌다. 아니, 오랫동안 세상의 온갖 천재들이 논의해왔음에도 결론이 안 내려졌는데, 내 보잘것없는 생각 따위가 중요하긴 한 건가? 모두가 함께 기계 효율의 극대화에 이르는 것을 목표로 발전해 나아가는 기계공학이 그리워지는 순간이었다.

둘째로는, 새로운 무언가를 창조하는 것이 아니라 이미 발생한 사회 현상을 사후적으로 분석하는 데에 그친다는 생각에 마음에 들지 않았다. 게다가 그 사후적 분석의 과정에서 21세기 현대사회와는 동떨어진 시대에 살았던 플라톤이니 왕양명이니 하는 사상가들의 말을 인용하는 것이 허무맹랑하게 느껴졌다. 지금 생각해보면 수박 겉핥기도 아니고, 지구의 지각 핥기 정도의 깊이로 공부해서 그런 오만한 생각을 할 수 있지 않았나 싶다.

조금 더 공부해보니 답이 없는 문제를 둘러싸고 왜 열띤 토론이 계속되는지 알 것 같기도 하다. 애초에 사회과학은 모두가 동의할 만한 정답을 찾는 데에 목적을 두고 있지 않다. 서로 다른 생각과 이해관계를 일치시키는 것이 아니라, 다름을 그대로 인정하되 한쪽으로 쏠리지 않도록 끊임없이 균형을 잡는 법을 배우는 과정이라는 생각이 들었다. 그리고 고대의 사회든 현대의 사회든 개인 간, 집단 간의 이해관계 상충은 언제나 존재해왔기 때문에 과거의 갈등 해결 방법은 참고할 가치가 있다. 이렇게 말이야 쉽게 하지만, 정답 혹은 이전보다 더 나은 답을 찾는 데에 익숙해져 있는 공대생이 사회과학의 특성을 온전히 받아들이기는 쉽지 않았다.

학문의 목적이 다르므로 공부하는 방법도 당연히 달랐다. 기계공학을 공부할 때 내가 가장 중요하게 생각했던 것은 주요 공식들을 '이해'하는 것이었다. 기계공학 학부 과정에서 배우는 대부분의 공식은, 물체의 운동을 설명하는 뉴턴 공식인 F=ma로부터 연쇄적으로 유도되므로 그 유도 과정과 의미를 완벽하게 이해하는 데에 시간을 투자했다. 이해의 과정에 오랜 시간과 노력이 필요했지만, 한번 깨달음을 얻은 뒤에는 비교적 쉽게 문제가 풀렸다.

반대로 정치학을 공부하면서는 각각의 이론을 이해하는 데에는 큰 어려움이 없었으나 그 이후의 '사고' 과정에 공을 들여야 했다. 정치 현상에 대한 여러 관점의 해석을 비판적으로 받아들이고 학자들의 논리를 토대로 나만의 논리를 구성해야 했다. 그래서 기계공학

전공 수업과 정치학 전공 수업을 동시에 수강하는 학기에는 계속해서 뇌를 갈아 끼워야 하는 고충이 있었다.

정치학 공부를 하는 짧은 기간 동안 짜릿한 순간들이 꽤 많았다. 기계공학을 공부하며 느꼈던, 복잡한 수식의 유도 과정이 반나절의 고민 끝에야 이해가 되었을 때와는 다른 류의 짜릿함이었다. '서양 정치사상'에서 배운 서양에서의 정치적 논의를 '한국정치사'에서 우리나라 4차 개헌에서의 논의와 비교해보았을 때, '한국정치사'에서 배운 분석 기법을 응용하여 '정당론'에서 우리나라의 투표 경향을 나름대로 분석하는 시도를 했을 때, 정치적 현상을 오랜 시간 공들여 분석하여 내 논리를 구성하고 줄글로 담아내어 만족스러운 결과물이 나왔을 때 벅찬 뿌듯함을 느꼈다. 정치학 공부를 한 경험은 소중하고 의미 있긴 했지만, 진로를 급격하게 전환할 만한 용기를 주기에는 충분치 않았다. 나는 대학원에 진학하여 기계공학을 조금 더 공부하는 선택을 했다.

온전한 나의 선택으로 온 로스쿨, 이건 맞아!

공학 연구자로서의 커리어를 시작하게 될 연구실은 신중하게 정해야 했다. 중·고등학교 때 문과와 이과 중 어디를 갈지 선택하는 것도 어려웠고, 대학 입시를 위해 진학할 학과를 정하는 것도 어려웠다. 그런데 대학원 연구실 결정은 그때의 고민보다도 더 어렵고 부담이 되었다. 대학원 연구실 선택으로 인해 향후 몇십 년간 직업적으로 몸담게 될 세부적인 분야가 결정되기 때문이었다. 게다가 선택지가 너무 많았다. 해외로 유학을 갈지 국내 대학원에 진학할지부터 시작해서, 국내에 남는다면 국내의 수많은 대학 중 어느 학교를 지망할지, 그 안에서 어떤 세부 분야를 연구하는 곳을 지망할지 정해야 했다. 판단 기준도 너무 많았다. 연구 내용, 연구실 분위기, 교수님의 지도 스타일 등 여러 요소를 고려하느라 오랜 시간 머리를 싸맸다.

주변의 조언을 많이 듣고 나름대로 고민을 거듭한 끝에 들어가게 된 연구실은 연구 내용이 흥미로워 보였고, 지도 교수님은 '기계공학과 3대 천사 교수님'으로 꼽힐 만큼 인품이 좋은 분이었으며, 논문 실적도 월등했기에 후회 없을 만한 최선의 선택을 했다고 생각했다. 그러나 1년 정도 지난 시점부터 그것이 옳은 선택이었는지 자꾸만 되묻는 나 자신을 발견했다.

대학원에서 마음에 쏙 드는 연구를 하기 위해서는 꽤 긴 시간 동안 지루하고 단순한 일들을 버텨내야 한다. 구구단을 외우는 귀찮은 과정을 버텨내야 미적분을 할 수 있는 것처럼, 연구에 필요한 단순 업무에 능숙해져야 참신한 연구를 시작할 수 있는 것이다. 예컨대, 내가 속했던 연구실에서 개발하는 웨어러블 센서를 만들기 위해서는 광학현미경의 조작 방법을 손에 익히고, 화학약품별 특성을 구별하고, 각종 레이저의 사용 방법을 알아야 하고, 소스미터나 멀티미터 등의 측정 장비를 다룰 수 있어야 하고, 납땜도 할 줄 알아야 하고, CAD 프로그램도 사용할 수 있어야 하고… 당장 생각나는 것만 해도 이렇게나 많은 일이 있다.

이런 단순한 업무를 배우고 논문 몇 편을 읽다 보니 1년이 순식간에 지나갔다. 돌아보면 모두 연구를 하기 위한 기초가 되는 중요한 작업인데 그때는 사소하게만 느껴졌다. 연구하고 논문을 쓰려고 대학원에 온 건데, 이런 잡무를 하며 허송세월해도 되나 하는 회의감이 들었다. 새로운 학기가 시작되고 후배들이 들어올 때마다 조급해졌다.

이전까지는 기계공학이 내 흥미와 적성에 맞는 진로인지 진지하게 생각해본 적이 없었다. 그저 물리학이 좋아서 역학을 좀 더 공부할 수 있는 기계공학과에 진학했고, 공부해보니 나쁘지 않아서 대학원에 진학했을 뿐이었다. 그런데 대학원에서 내가 잘해내지 못하고 있다는 생각이 들자 그제야 이 길이 맞는지에 대한 걱정이 생겼다. 그 걱정을 잠재우기 위해서는, 지금 내가 가고 있는 길보다 더 나은 길이 없다는 확신이 필요했다.

내가 재미와 성취를 느끼는 순간들이 언제인지 떠올렸다. 첫째, 나는 사람을 만나는 순간에 행복을 느낀다. 잘 아는 사람과 함께 있으면 편안해서 좋고, 새로운 사람은 알아가는 과정이 즐거워서 좋다. 혼자 있는 시간보다는 사람들과 대화하는 시간을 즐긴다. 그런 나에게 연구자의 길이 잘 맞을까?

둘째, 나는 글을 쓰고 말하는 것을 잘하고, 좋아한다. 학창 시절 시험에서 좋은 점수를 받을 때보다 만족스러운 리포트를 완성하거나 발표를 해냈을 때 이루 말할 수 없는 성취감을 느꼈다. 대학원에서 가장 설렜던 기억은 랩 세미나에서 연구 진행 상황을 발표하고 선배들로부터 피드백을 들은 순간이었다. 연구자도 자신의 연구를 세상에 알려야 하므로 때때로 글 쓰고 말할 일이 있기는 하겠지만, 그것으로 충분하지 않겠다는 생각이 들었다. 그렇다면 연구자의 길이 잘 맞을까?

셋째, 나는 세상에 대한 호기심이 많다. 깊이 있는 연구로 지식의 지평을 넓히는 것 혹은 새로운 기술을 개발해 세상을 변화시키는 것은 분명 가치 있는 일이다. 그렇지만 나는 그보다 지금 우리가 살아가는 사회가 어떻게 구성되고, 그 속에서 사람들이 어떠한 방식으로 관계를 맺는지 탐구하는 것에 더 큰 관심이 있다. 그런 나에게 공학 연구자의 길이 맞을까?

살면서 가장 오랜 시간 동안, 깊이, 진지하게 나를 들여다보는 시간을 가졌다. 원래 나는 내가 어떤 사람인지 관찰하는 것을 즐기는 편은 아니었다. 나를 알아간다는 것은 내 단점을 직시해야 함을 의미했기 때문이기도 했고, 평생을 함께한 나 자신에 대해 따로 시간을 내어 고민할 필요성도 못 느꼈다. 오히려 타인을 알아가는 시간이 의미 있다고 여겨졌다. 그래서인지 평상시 어떤 선택을 함에 있어서 내 생각에 확신을 가지기보다는 주변 사람들의 조언에 크게 영향을 받는 편이었다. 그런데 로스쿨에 진학하겠다는 결심을 할 때에는 나를 충분히 들여다본 후 결정을 내렸다. 내부적으로 단단했기에 외부에서 반대의 목소리가 들려도 흔들리지 않았다. 이 선택이 온전한 내 것이라는 생각이 처음으로 들었다.

지금보다 더 나은 길이 없다는 확신이 필요해서 시작한 고민은, 더 나은 길이 있겠다는 확신으로 마무리되었다. 법학을 공부하여 변호사가 되면 사람을 끊임없이 만나고, 글 쓰고 말하는 것을 업으로 삼고, 세상의 다양한 면모를 알아갈 수 있겠구나! 이제 막 로스쿨에 입학해서 이 길이 정말 나에게 맞는 길일지는 모르지만, 기계공학과 대학원에 입학할 때보다 훨씬 치열한 고민의 과정이 있었으며, 그를 통한 성장의 과정도 있었기에 이번에는 확실히 전보다 자신감에 차 있다.

두 번째 대학원, 이번에는 자신 있는 이유

어쨌든 로스쿨도 대학원인데, 이번에도 잘 맞지 않으면 어떻게 해야 할지 걱정이 없었던 것은 아니다. 그런데 실제로 로스쿨 생활을 해보니 이곳은 나에게 훨씬 잘 맞을 것 같아 다행스럽다. 공과대학 대학원과 로스쿨을 둘 다 다녀본 사람으로서 경험적으로 어떠한 성향의 사람들이 각 대학원에 잘 맞아 보였는지 내가 생각한 바를 공유해보고자 한다.

일단, 공대 대학원과 로스쿨은 수행하는 과제의 호흡 길이에 있어서 많은 차이가 있다. 공대 대학원은 수업이 아니라 연구가 주를 이룬다. 하나의 주제로 연구를 시작하면 논문 또는 학회 발표로 마무리되기까지 짧게는 반 년, 길면 박사과정 전체 기간이 걸리기도 한다. 그래서 공대 대학원에 잘 적응하는 친구들은 대체로 긴 호흡의 과제를 수행하면서도 중심을 잘 잡는 능력이 있었다. 실험에서 예상과 다른 결과가 나와 잠시 낙담하더라도, 이내 실험 과정을 되짚어보며 그 원인을 분석해냈다. 그 친구들이 계속해서 중심을 잡을 수 있게 하는 원동력은 이전까지 세상에 알려지지 않은 새로운 지식을 보물처럼 발견하는 데서 오는 기쁨이었다. 남들이 모르는 사실을 처음으로 알게 됨에 성취감을 느끼고, 그를 위해 긴 호흡의 과제를 인내심을 가지고 수행할 수 있는 성향의 사람들이 공과대학에 잘 맞는 것 같다.

반면 로스쿨은 법학 전문가를 양성하는 전문대학원이다 보니 대학과 같이 수업이 중심이 되고, 수업에서 주어지는 과제와 시험을 잘 수행해내는 것이 중요하다. 과제 하나하나의 호흡은 짧지만, 쏟아지는 일정을 퀘스트처럼 격파하는 능력이 필요하다.

로스쿨 첫 학기를 돌아보니 정말 하루하루가 정신없었다. 입학의 기쁨도 잠시, 곧바로 중간고사를 준비해야 했고, 중간고사가 끝나자마자 수업별로 판례평석, 서평, 서면 등을 과제로 내야 했고, 과제를 빠듯하게 제출하자 기말고사 기간이 되어 다시 공부하러 책상에 앉아야 했다. 그 와중에 짬을 내어 판례평석발표대회도 나가고, 평소 관심 있던 분야의 학회 세미나에 참여해 발제문을 작성해 발표하고, 법학을 중학생들에게 소개하는 봉사 활동에도 참여했다. 일정을 시간 단위로 기록하느라 캘린더가 빼곡히 찼다.

내 가장 큰 장점 중 하나가 해야 할 일을 미루지 않는 것이라고 자부해왔는데, "분명히 매일 성실히 사는 것 같은데, 왜 매번 마감 직전에 벼락치기를 하고 있지?"라는 말을 입에 달고 살았다. 그래도 내 삶이 단단하게 차오르는 느낌이 들어 진심으로 행복했다. 이렇게 바쁜 생활 속에서도 해야 할 일을 놓치지 않고 책임감 있게 해낼 수 있고, 나아가 그 생활을 즐길 수 있는 사람이라면 로스쿨에 잘 맞을 것 같다.

또, 세상에 대해 알아가는 것을 좋아하는 사람이 로스쿨에 적합하다. 로스쿨에서 하는 공부와 수행하는 과제들은 대체로 세상살이에서 일어나는 문제들의 해결과 관련되어 있다. 예를 들어, 이번 학기에 들은 '자본시장법'이라는 수업의 과제로 가상화폐시장에 대하여 일반적인 증권시장을 규제하는 법을 적용하는 것이 타당한지에 관한 서면을 제출해야 했다. 나는 이전까지는 주식이나 가상화폐에 크게 관심을 둔 적이 없었다. 그래서 과제 해결을 위해 가상화폐의 원리를 공부하고, 가상화폐에 관한 최근의 뉴스를 읽으며 문제가 되는 상황이 무엇인지 파악한 뒤, 그 문제의 해결을 위한 내 의견을 글로 작성했다. 로스쿨에 오지 않았더라면 몰랐을 세상을 공부하고, 그 세상에서 발생하는 문제를 파악하고, 문제에 해결책까지 제시하는 경험을 한 것이다. 짧은 시간에 이러한 작업을 해내는 게 버거웠지만, 너무 재미있어서 가족들에게 전화를 걸어 내가 하고 있는 공부와 과제가 얼마나 재미있는지 자랑하곤 했다. 그래서 이렇게 현실 속 문제들을 마주하고, 법학 전문 지식을 기반으로 해결책을 제시해보고 싶은 사람이라면 로스쿨에 잘 맞겠다는 생각이 든다.

경험은 내공이 되어 불쑥 도움의 손길을 내민다

고등학교, 대학교, 대학원 총 10년에 가까운 시간 동안 과학, 물리학, 그중에서도 역학, 그리고 그중에서도 열역학과 유체역학으로 관심 분야를 좁혀가며 파고들었건만, 인생의 절반에 가까운 세월을 공부한 끝에 다다른 지점은, 허무하게도 공학이 나에게 맞지 않는 옷이라는 결론이었다. 그 사실을 인정하기가 무척이나 어려웠다. 지금 돌아보면 학부 때 이미 공학이 내 길이 아님을 어렴풋이 인지했던 것 같기도 하다. 오랜 기간 차곡차곡 쌓아온 지식과 경험을 뒤로하고 새로운 길을 탐색하기가 낯설기도, 그 뒤에 찾아올 패배감이 두렵기도 해서 애써 무시했는지도 모르겠다. 그런데 대학의 울타리를 벗어난 친구들이 하나둘 자신의 꿈을 찾아가는 모습을 보면서 정신이 번쩍 들었다. '지금까지 투자한 시간이 아깝다는 이유로 도전을 주저하기에는 내 남은 인생이 너무 긴데?' 하는 생각으로 나는 새로운 도전을 선택했고, 그건 내 인생에서 손꼽을 만큼 잘한 선택이었다고 생각한다.

다른 사람들에 비해 조금 먼 길을 돌아 로스쿨에 입학한 사람으로서 당부하고 싶은 말이 있다면, 지금까지 해온 일이 무의미해지면 어쩌나 하는 걱정을 버리라는 것이다. 매 순간 최선을 다하다 보면 당장에는 쓸모없어 보이는 경험일지라도 언젠간 그 유산을 꺼내어 쓰게 되는 날이 한 번씩 오게 마련이다. 정치학 부전공을 하며 수강했던 '서양정치사상' 수업의 내용을 리트 지문에서 마주하게 될 줄 몰랐고, 새내기 때 술 마시다가 친구 따라 가입한 봉사 동아리의 활동 내용을 로스쿨 자기소개서에 쓰게 될 줄도 몰랐다.

이렇게 또 변호사의 길을 걷다 보면 어느 순간 예기치 않게 공대에서 쌓은 지식과 노하우가 불쑥 도움의 손길을 내밀지도 모른다. 클라이언트가 공대 출신이어서 그와 시답잖은 이과 개그를 주고받으며 유대감을 형성할 수도 있다. 운이 좋으면 내가 연구했던 분야의 사건을 맡게 될 수도 있지 않을까?

나는 이제 언제 어디서 내가 쌓아온 내공이 반갑게 튀어나올지 내심 기대된다. 설사 나중에 써먹을 일이 없다고 하더라도 뭐 어떤가. 돌고 돌아온 경험으로 내 인생은 좀 더 다채로워졌다. 그러니 진로에 대한 선택은 항상 신중하게 하되, 만약 이전에 했던 선택이 후회되는 순간이 온다면 과감하게 매몰비용을 뒤로하고 새로운 도전을 향해 뛰어들기를 권한다.

로스쿨 입시에서의
성공과 방황의 상관관계

서울대학교 법학전문대학원 15기 김아름
연세대학교 경제학부 졸업

"법학전문대학원의 교육 이념은 국민의 다양한 기대와 요청에 부응하는 양질의 법률 서비스를 제공하기 위하여 풍부한 교양, 인간 및 사회에 대한 깊은 이해와 자유·평등·정의를 지향하는 가치관을 바탕으로 건전한 직업윤리관과 복잡다기한 법적 분쟁을 전문적·효율적으로 해결할 수 있는 지식 및 능력을 갖춘 법조인의 양성에 있다."

법학전문대학원 설치·운영에 관한 법률 제2조의 내용이다. 어려운 말로 되어 있지만, 결국 로스쿨의 목적은 이런저런 다양한 지식과 삶 전반에 대한 경험을 두루 갖춘 법조인을 양성하는 것이라고 이해할 수 있다. 나는 대학교에서 법학이 아닌 경제학을 전공했다. 경제학에 대해 그 누구보다 많이 배웠다고 자신할 정도는 아니지만, 그래도 전공이랍시고 4년 가까운 시간을 붙들고 있었으니 스스로가 나름대로 로스쿨의 취지에 부합하는 '풍부한 교양'을 갖춘 인재상에 해당한다고 호소 정도는 해볼 수 있지 않을까 싶다.

그렇지만 대부분의 대학생들이 전공을 대하는 태도가 그렇듯, 내게도 경제학이 내 대학 생활의 전부는 아니었다. 오히려 나의 대학 생활 대부분은 주로 전공 공부보다는 동아리 활동에 치중되어 있었다. 그것도 로스쿨 입시와는 전혀 관련이 없어 보이는 연극 동아리에 말이다. 어떻게 보면 진로를 정하지 못한 채 한 방황이라 볼 수도 있겠다. 나는 이 글을 통해 대학 생활에서 나의 '방황'의 경험을 나누고, 그 방황이 로스쿨 진학에 어떻게 활용되었는지에 대해 얘기해 보고자 한다.

대학에 입학해 연극 동아리에 가입하다

조금 부끄러운 얘기지만, 대학에 입학한 후 나는 한동안 학업에 열의를 갖지 못했다. 나의 관심은 학업보다는 내가 어떤 사람인지를 알아가는 데 주로 초점이 맞춰져 있었다. 대학이라는 새로운 환경에서 사람들을 만나고 경험을 쌓으며 나는 전에 느껴보지 못한 감정들을 발견했고, 그 과정에서 내가 좋아하는 것들과 싫어하는 것들을 조금씩 구분해가기 시작했다.

나는 내가 재미를 느끼는 것들을 찾아, 그리고 나와 맞는 사람들을 찾아 이곳저곳 기웃거렸다. 농구 동아리에 잠깐 나가기도 했고,

흔히 '술동'이라 불리는, 주로 술을 마시는 동아리에 가입해보기도 했다. 그러다 결국 내가 정착한 곳은, 입학 전까지만 해도 관심조차 없던 연극 동아리였다.

고등학교 때까지만 해도 예체능은 특정 분야에 대한 운명적인 애착을 타고난 사람들이나 하는 것이라 생각했다. 가족들도 전부 예체능과 전혀 관련이 없는 삶을 살아가고 있었고, 그나마 주변에 예체능인이라 할 수 있는 사람들도 죄다 입시를 위한 체육이나 미술을 하는 친구들뿐이었다. 음악을 하는 친구들은 간혹 있었던 것 같기는 하지만, 연기, 특히 '연극'을 하는 친구는 정말 찾아보기 어려웠다. 그런데 대학 입학 후 한창 새내기 생활을 신나게 즐기던 어느 날 과 단톡방에 동아리 홍보가 하나 올라왔다. 단과대학 연극 동아리에서 신입 부원을 모집한다는 내용이었다. 다른 동아리들이 대체로 신입 부원을 모집하는 학기 초가 한참 지난 시점이었기에, 덩그러니 홀로 올라온 홍보 글이 꽤나 민망해 보이기도 했다. 하지만 한편으로는 낭만적이라는 생각도 들었다. '연극'이라는 단어는 왠지 모르게 '대학'이나 '동아리'라는 단어와 비슷한 느낌을 풍겼고, 도대체 왜 그런 생각이 들었는지는 모르겠지만 대학에 들어왔으면 연극을 한번 해봐야 할 것만 같았다. 마침 나처럼 관심을 보이는 동기 형을 꼬드겨서 함께 지원을 하게 되었다. 그렇게 별 생각 없이 지원하게 된 동아리에서 4년에 가까운 시간을 보내게 되리라고는 아마 둘 다 생각조차 못 했을 것이다.

동아리 활동은 기본적으로 매 방학을 연습 기간으로 잡고, 방학이 끝나면 학기 초에 정기 공연을 하는 식이었다. 연습을 위해서는 과 강의실을 대관해야만 했는데, 우리 과 건물은 학교에서 가장 높은 곳에 위치해 있었다. 최고 기온이 40도에 달했던 그해 여름의 기록적인 폭염 속에서 나는 연습을 하러 가느라 매일같이 언덕을 올랐다. 스무 살의 첫 방학을 학교에서 보낸다는 게 한편으로는 아쉽기도 했다. 하지만 두 달간의 연습 끝에 올린 공연에서 느꼈던 성취감, 그리고 함께 공연을 준비한 사람들과의 유대감은 충분한 보상이 되어주었다.

연극에 대한 애정을 키워가다

공연이 끝나고 일상으로 돌아오자 이상한 기분이 들었다. 분명 전과 같은 일상이었지만 모든 것이 너무 단조로워 보였다. 무대 위에서는 나의 모든 말, 모든 몸짓이 의미를 가졌던 반면, 무대 밖에서는 무의미하게 느껴졌다. 나의 말은 대사가 되지 못한 채 어딘가로 흩어졌고, 기승전결을 갖추지 못한 채 반복되는 일상에 나를 붙들어두는 건 쉬운 일이 아니었다. 그렇기에 무대로 다시 돌아갈 수밖에 없었다. 고작 스무 살이었고, 잠시 그 정도 한눈은 팔아도 괜찮을 것 같았다. 그렇게 두 번째, 세 번째 공연에 참여했다.

공연을 계속하다 보니 욕심이 생겼다. 분명 무대 위에서는 굉장히 만족스러웠던 연기도, 충분히 괜찮았다 생각했던 공연도 시간이 지나 다시 보면 너무도 보잘것없었다. 더 좋은 연기를 하고, 더 좋은 공연을 완성해내고 싶었다. 그래서 닥치는 대로 연극을 보러 다니고, 연극 관련 서적을 읽기 시작했다. 그러던 중 교내 문화예술연구소에서 진행되는 워크숍에 대한 소식을 들었다. 전문 배우들이 강사로 참여하여 연기와 극 창작을 지도해주는 워크숍이었는데, 더 수준 높은 연극에 목말라 있던 나는 이끌리듯 워크숍에 참여했다.

워크숍을 진행했던 배우들 중 한 분으로 인해 한동안 연극과 관련된 진로를 선택하고 싶다는 꿈을 꾸기도 했다. 그분은 우리 대학을 졸업한 선배였다. 우리 학교에는 연기와 관련된 전공이 없는데, 그분도 나와 마찬가지로 대학에 입학한 후 연극 동아리를 통해 연극을 시작했다고 했다. 대학을 졸업한 후엔 '한예종'이라는 약칭으로 알려진 한국예술종합학교에 들어가 연기를 배웠다고 했다. 그리고 워크숍이 끝난 뒤에야 알았지만, 공연을 올릴 때마다 모두 매진이 될 정도로 성공적인 활동을 이어가고 있었다. 연극계에서 인정받는 배우로 활동하고 있는 같은 대학 출신의 비전공자 선배가 있다는 사실은 당시 나로서는 꽤나 충격이었다. 나는 연극에 대한 애정은 있었지만, 한편으로는 연극을 업으로 삼으려면 최소한 관련 분야를 전공할 필요가 있다고 생각했기 때문이다. 나름대로의 성취라고 생각했던 나의 학벌과 전공을 버리고 다른 길을 선택하는 것의 기회비용이 지나치게 크다는 생각도 있었다. 그런데 그런 나의 사고방식을 완전히 부정하는, 너무도 분명한 사례가 존재한다는 사실은 나를 묘하게 흥분시켰다.

워크숍이 끝난 후 한동안 나의 머릿속에는 선배 배우에 대한 동경과 함께 어쩌면 나도 그분처럼 비전공자 출신의 배우나 연출가가 될 수도 있겠다는 생각만이 가득했다. 혼자 관련 책을 찾아 읽고, 한 달에 수차례 연극을 보고, 이런저런 워크숍에도 참여하다 보니 동아리의 다른 친구들보다 아는 것도 많았고, 연극을 보는 눈도 높아져 있었다. 그래서 한창 자만하던 시기였다. 관람한 연극이 마음에 들지 않았을 때는 내가 하면 더 잘할 것 같다는 생각을 했고, 연극을 선택하면 경제적으로 풍족한 삶을 살지 못하리라는 사실을 알면서도 왠지 모르게 나라면 배를 곯지 않을 정도의 성공은 이룰 수 있을 것 같았다.

잘할 수 있을 것 같다는 생각보다 더 크게 작용했던 것은, 해도 좋을 것 같다는 생각이었다. 연극을 하면서 느꼈던 행복은 당시까지 내가 느껴본 어떤 감정보다 벅찼다. 연습을 하며 상대방과 감정을 맞춰가는 과정을 통해 나는 실제 삶에서 느낄 수 없는 강렬한 감정들을 느낄 수 있었고, 무대 위에서 조명이 켜지기를 기다리며 느꼈던 긴장감과 떨림은 내가 온전히 살아 있음을 깨닫게 해주었다. 사실 잘하지 못해도 괜찮았다. 그 정도로 재밌는 일이라면 평생 하고 살아도 될 것 같았다. 그래서 군대를 다녀오게 되면 휴학을 하고 한 두 학기 정도 동아리가 아닌 곳에서 연극을 제대로 해보자는 계획을 세웠고, 나는 군대에 가게 되었다.

연극과 관련된 진로를 선택하지 못하다

자, 이 책은 로스쿨에 관한 책이다. 그렇게 연극을 하러 떠났더라면 지금 내가 이 글을 쓰고 있을 일도 없었을 것이다. 나는 연극을 무척이나 좋아했지만 결국 그 길을 선택하지도, 그 길을 가보기 위해 본격적인 노력을 해보지도 못했다. 가장 큰 계기는 연극에 대한 나의 애정이 충분하지 않을 수도 있다는 데서 느낀 회의감이었고, 가장 큰 이유는 군복무를 하며 스스로를 좀 더 잘 알게 되었기 때문이었다.

연극에 대한 회의감을 처음으로 확실히 느낀 것은 과 친구들과 입대 전 다녀온 여행에서였다. 여행지는 한 친구의 아버님이 지내시던 지리산 자락의 작은 별장이었다. 친구의 아버님은 누구나 얼굴을 보면 알아볼 정도로 이곳저곳에 자주 출연하는 배우셨는데, 함께 저녁 식사를 하던 중 내가 연극 동아리를 한다는 얘기가 나왔다. 아버님은 관심을 보이시더니 이내 당신이 연기를 좋아하는 이유를, 배우가 된 이유를 말씀하시기 시작했다.

혼치 않은 기회라 생각하며 말씀을 듣다가 문득 아버님의 눈을 보게 되었다. 그 눈은 중년 남성의 눈이라는 사실이 믿기지 않을 정도로 반짝이고 있었다. 아버님께서 해주신 말씀은 너무도 뜻깊었지만, 그 눈빛은 기억에 남아 나를 혼란스럽게 했다. 결코 부족하다고 생각해본 적 없던 연극에 대한 나의 애정은 너무도 하찮아 보였고, 내가 연극을 선택하고 30년이 지난 후에도 과연 그런 눈빛으로 연극에 대해 얘기할 수 있을지 도무지 확신이 서지 않았다. 그리고 그 정도의 확신이 없다면, 연극을 선택했을 때 뒤따를 현실적 어려움들을 감수할 수 있을지도 의문이었다. 답을 찾기 위해 노력했지만, 결국 고민에 대한 답을 내리지 못한 채 입대를 하게 되었다.

　군복무에서의 경험을 통해 나는 그 고민에 나름대로의 답을 내릴 수 있었다. 군대도 대학과 마찬가지로 새로운 사람들을 만나고 새로운 경험을 할 수 있는 곳이었다. 한 가지 차이점을 꼽자면, 대학 생활은 내 인생에 포함되면 좋을 것들을 찾아나가는 과정이었던 데 반해 군 생활은 내 인생에 포함된다면 도저히 견딜 수 없을 것들을 발견해가는 과정이었다는 점이다. 그리고 내가 가장 견딜 수 없었던 것 중 하나는 타인들로부터 인정받지 못한다는 데서 오는 불쾌감이었다.
　군대에서는 개인을 평가하는 데 있어 사회에서 사용되는 것과는 전혀 다른 잣대가 사용되었다. 한 사람의 지위를 결정한 것은 주로 그 사람이 군대에 온 시기 혹은 그가 맡은 직책이었고, 사회에서 인정받을 수 있는 능력들도 군 생활에 필요가 없다면 거의 의미를 갖지 못했다. 나도 결국 시간이 지나 선임이 되고 감투도 쓰게 되었지만, 그렇게 되기 전까지는 내가 사회에서 이룬 나름의 성취가 군대에서는 전혀 인정받지 못한다는 점을 받아들이기가 어려웠다. 그때 느꼈던 감정들을 통해 나는 나의 인정 욕구가 꽤 강하다는 사실을 깨달았다. 그리고 군대에서 느꼈던 불쾌감을 다시 느끼지 않기 위해서는 사람들에게 보편적으로 인정받을 수 있는 무언가를 지녀야만 한다는 생각을 하게 되었다.

전역이 다가올 즈음 진로에 대한 고민이 시작되었다. 복학을 하면 3학년이었고, 이제는 슬슬 결정을 해야만 할 시기였다. 군 생활을 통해 발견한 나의 인정 욕구는 꽤나 중요한 고려 요소가 되었다. 연극을 업으로 삼았을 때 타인으로부터 일반적인 인정을 받기는 정말 쉽지 않을 것 같았다. 이에 더해 이미 가졌던 회의감도 커져갔다. 내가 타인의 인정에 많은 의미를 부여한다는 사실을 깨닫게 되자, 연극 동아리에서 활동하며 느꼈던 행복도 단순한 자기만족이 아닌, 타 부원들의 인정으로부터 나왔을 수도 있다는 생각을 하게 되었기 때문이었다.

결국 오랜 고민 끝에 나는 연극을 진로 선택지에서 제외했다. 당장에야 인정받지 못하더라도 연극을 하는 것 자체로 충분히 행복할 것 같았다. 군대에서도 연극과 관련된 책을 읽고, 짬을 내서 공연해 보고 싶은 희곡을 한국어로 직접 번역할 정도로 나는 여전히 연극을 좋아했다. 하지만 내가 두려웠던 것은, 언젠가 그 행복이 더 이상 지속되지 않을 때 찾아올 불행이었다. 연극을 위해 나의 가능성을 모두 버려 내게 남은 것이 연극뿐이라면, 내가 더 이상 연극을 사랑하지 않게 되었을 때 도저히 견딜 자신이 없었다. 나는 물질적인 것들도 좋아했고, 풍족한 생활도 꿈꾸었기 때문이었다.

선택지에서 연극을 배제한 후 다시 동일한 요소를 고려하자 내가 선택할 수 있는 최선의 진로는 법조인이라는 결론에 이르렀다. 인정받기 위해서는 전문직을 갖는 편이 좋을 것 같았기 때문이었다. 또 책 읽는 것과 논리적으로 따지고 드는 것을 좋아하는 성격이 법조인이라는 직업에 잘 맞을 것 같았기 때문이었다.

전역 후 로스쿨 입시를 준비하다

결국 전역을 하게 되면 짧게라도 연극을 본격적으로 해보겠다는 예전의 다짐은 모두 잊은 채, 법조인이 되기 위해 로스쿨에 가겠다는 마음가짐으로 복학을 하게 되었다. 그런데 문제가 있었다. 대학에서 했던 활동은 연극이 전부였기에, 로스쿨 입시에 활용하기 위한 자기소개서 소재가 너무 부족했다.

자기소개서에 한 문장이라도 추가하기 위해 다수의 교내 법학회에 지원했지만, 부끄럽게도 나를 붙여주는 곳이 없었다. 다행인지 불행인지 대학 생활의 반을 바쳤던 연극 동아리는 여전히 나를 위해 활짝 열려 있었다. 나는 여전히 취미가 필요했고, 연극은 최고의 도피처였다. 결국 이렇다 할 자기소개서 소재는 쌓지 못하고 연극만 한 학기를 더 하게 되었고, 이때 처음으로 직접 쓴 자작극을 공연으로 올리기도 했다.

코로나19 시기 학점을 후하게 주는 기조로 인해 상대적으로 낮아져 있던 학점도 문제였다. 학점을 높이기 위해 애를 썼지만, 3학년쯤 되어 수강한 과목 수가 꽤 쌓이게 되자 고작 한 학기 좋은 성적을 받는 것으로는 전체 평균 학점을 유의미하게 높이기가 어려웠다. 결국 목표하던 로스쿨을 가기 위해서는 리트에 모든 것을 걸어야 했다.

리트를 두 번 볼 수 있으면 얼마나 좋을까 공상을 하던 중, 불현듯 한 생각이 머리를 스쳐갔다. 실제로 두 번 볼 수 있다면? 리트를 1년 미리 봐서 좋은 점수가 나오면 조기 졸업을 해버리고, 조금 애매한 점수가 나오면 이듬해에 시험을 한 번 더 본다면? 혹시나 해서 계산을 해보니 산술적으로 조기 졸업이 가능했다. 입학했을 때부터 조기 졸업을 노렸던 것은 아니었다. 다만 한 번의 수강 철회를 제외하고는 모든 학기에 18학점씩을 착실히 들었고, 전역일 바로 다음 날이 개강일이었을 정도로 복학을 빨리 했기에 가능한 일이었다.

그렇게 두 번의 기회가 있다는 안도감과 함께 리트 공부를 시작했고, 다행히도 첫 리트에서 좋은 점수를 받았다. 하지만 리트가 끝나고 나자 자기소개서가 다시 문제가 되었다. 당장 자기소개서를 써야 했는데, 복학 학기를 연극을 하며 보낸 후 곧바로 리트 준비에 들어갔기에 자기소개서에 쓸 소재를 쌓아두기가 불가능했기 때문이었다. 혹시나 내가 기억 저편에 묻어둔 활동은 없을지, 아무래도 전공인 만큼 경제학과 관련된 내용을 어떻게든 뽑아낼 방법은 없을지 꽤 열심히 고민했다. 그렇게 짧지 않은 시간이 지난 후에야, 결국 내 자기소개서에는 연극과 관련된 내용이 들어가야만 한다는 사실을 받아들일 수 있었다. 전공 공부를 제외하고는 연극 동아리 활동이 내 대학 생활의 전부였기 때문이었다.

자기소개서에 연극과 관련된 활동을 엮어내야 한다는 사실을 받아들이자, 활용할 수 있는 소재의 선택지가 꽤나 늘어났다. 비록 전공자 수준은 아니었지만 연극과 관련된 활동은 그 누구보다 많이 했다고 자신할 수 있었기 때문이었다. 조금의 고민을 통해 내가 한 활동들을 자소서에 적합한 표현으로 탈바꿈시킬 수 있었다. 그저 연극이 너무 재미있었기에 4년여간 동아리 공연에 참여하며 쌓았던 연기, 연출, 무대장치 등에 대한 이해는 '공연 예술 분야의 전문성'으로 적혔고, 더 좋은 극에 대한 욕심으로 다양한 희곡을 읽은 것, 그리고 그중 하나를 군대에서 남는 시간에 직접 번역하여 번역본을 제작한 것은 '동일한 텍스트가 서로 다른 언어로 표현되었을 때의 효과에 대한 탐구'로 재탄생했다. 그리고 전역 후 한 학기 더 연극 동아리에서 활동하며 직접 썼던 희곡은 '발화 의도의 효과적 전달을 탐구한 경험을 바탕으로 창작한 희곡'이 되어 자기소개서에 적히게 되었다.

실체 있는 결과물로 남은 활동들만 활용 가능했던 것은 아니었다. 공연을 위해, 그리고 동아리에 대한 애정으로 맡았던 다양한 역할들, 사람들과 시간을 보내며 경험했던 다양한 갈등 상황들 하나하나가 모두 소재였다. 꽤 많은 사람이 참여하는 공연의 특성상 다양한 사람들과 오랜 기간 부대꼈던 경험은 다른 사람들과의 협력 또는 갈등 조정 경험으로 활용되었고, 동아리 부회장을 맡아 공연을 기획했던 경험은 리더십을 발휘했던 경험으로 활용되었다.

자소서 덕에 합격했다고는 말하지 못하겠지만, 다행히 연극 위주로 써낸 자기소개서가 나쁘지 않았는지 지원한 로스쿨에 합격할 수 있었다. 합격을 확인한 순간, 나도 모르게 비명을 지르며 여기저기 뛰어다녔던 기억은 아마 오래도록 잊지 못할 것 같다.

방황이 갖는 의미

합격의 기쁨과는 별개로, 나의 로스쿨 입시가 그다지 효율적인 방법은 아니었음을 인정해야 할 것 같다. 결과론적인 얘기긴 하지만, 군대에 가기 전 연극에 빠지지 않고 법조인으로서의 진로를 조금 더 일찍 결정했더라면 입시가 조금 순탄했을지도 모른다. 아마 공부도 조금 더 열심히 했을 것이다. 학부 때 군복무를 하지 않고 로스쿨 졸업 후 군법무관으로 군대를 다녀왔다면 코로나19 시기의 수혜자가 되어 학점이 좀 더 높았을 것이다. 그랬다면 학점을 커버하기 위해 리트를 두 번씩이나 보겠다는 생각은 하지 못했을 테고, 졸업하기 전 마지막 학기도 훨씬 여유롭게 보냈을 것이다.

하지만 그럼에도 나는 연극에 바쳤던 나의 시간들을 철없던 시절의 방황 정도로 치부해버리고 싶지는 않다. 로스쿨만을 바라보며 대학 생활을 했다면 한편으로는 지금 내가 가진 많은 것들을 포기해야만 했을 것이다. 행복한 추억이라거나 좋은 친구들과 같은 뻔한 얘기는 제외하더라도 말이다. 연극은 처음으로 순수하게 내가 하고 싶다는 이유만으로 몰두하며 시간과 노력을 쏟았던 대상이었다. 몰두하는 과정에서 다시없을 행복감을 느꼈고, 그 경험을 통해 나라는 사람을 더 자세히 알아갈 수 있었다. 그리고 그렇게 알게 된 나의 모습을 바탕으로 법조인이라는 진로를 선택하고, 나의 미래를 설계할 수 있었다.

비록 글의 많은 분량을 연극을 하며 느꼈던 감정들에 할애하기는 했지만, 이 글이 연극에 대한 예찬으로만 느껴지진 않았으면 좋겠다. 이 글의 목적은 연극의 재미를 알리기 위함도, 진로를 위한 준비는 제쳐두고 취미 생활이나 열심히 해도 된다는 식의 무책임한 조언을 하기 위함도 아니다. 다만, 단순히 결과만을 놓고 본다면 방황으로 보일 수 있는 활동조차 스스로에게 의미 있는 가치들을 발견하는 수단이 될 수도 있다는 말을 하고 싶다. 그리고 한때 연극에 미쳤던 결과물인 번역물이나 자작극이 로스쿨 입시에 활용되었듯, 오히려 확실한 방황은 로스쿨 입시에 도움이 될 수도 있다는 점도 덧붙이고 싶다.

아이에서 어른이 되는 것과
직장인에서 로스쿨생이 되는 것

서울대학교 법학전문대학원 15기 Stroller
서울대학교 자유전공학부 졸업

나는 왜 '아기'인가?

아기란 태어난 지 얼마 되지 않은 사람, 아직 성장하여 어른이 될 준비를 하고 있는 사람을 말한다. 아기, 나아가 아동 전반은 사회적 보호가 필요하기 때문에 법은 관용적 태도를 보인다. 형법은 만 14세 미만에게 형사상 책임을 묻지 아니하며, 민법에 이르길 미성년자의 법률행위는 취소할 수 있다. 책임이란 무엇이기에 어른에게만 허락되고 아이에게는 면제될까.

책(責)은 조가비(貝), 즉 돈에 가시(束)를 얹어 만든 글자다. 가시 돋친 돈, 갚지 않으면 안 되는 빚(負債)이다. 급할 때 빌리고 나중에 떼먹는 자, 마땅한 의무를 다하지 않는 자는 꾸짖고 나무라며 벌을 준다(責望).

임(任)은 사람(亻)이 베틀(壬)로 베를 짜고 있는 모습을 하고 있다. 고대에 베를 짜는 것은 아무나 할 수 없는 일이어서 '맡기다', '맡다'의 뜻이 나왔다. 따라서 맡은 이상 반드시 완수해야 하지만(任務) 일단 맡고 나선 마음대로 할 수 있다는 뜻(任意)까지도 담고 있다.

둘을 합치면 맡은 바 의무를 다하고 결과를 감당하는 이치가 드러난다. 과거에는 부모에서 자녀로 세습되며 신성한 존재에 의해 정당화되는 반면, 현대에는 스스로 의무에 구속될 자유의지를 인정하는 정도의 차이가 있다.

따라서 어른이 되고 싶은 아이는 스스로 책임을 지는 모습을 보여야 하고, 반대로 자신이 해야 할 일과 저지른 일을 외면하는 이는 어른 대접을 기대해선 안 된다. 말은 쉽지만 행동으로 옮기기는 어렵다. 그래서 책임을 '지다(負)'라고 하지 '얻다(得)'라고 하지 않는다. 권리에 의무가 따르고 자유와 책임은 동전의 양면이라지만, 그렇게 주장한 근대 철학자들조차 스스로 자유주의를 칭했지 책임주의를 일컫지는 않았다. 역사 교과서에 '인권 선언'은 있어도 '책임 선언'은 없다. 그런 의기소침한 이름을 붙였다간 시민혁명의 인기는 떨어지고 추종자는 흩어져, 현대사회를 떠받치는 근간이 되지 못했을지도 모른다.

그럼에도 불구하고 누군가는 책임을 져야 한다. 비용은 지불되어야 하고 의무는 부담되어야 하며 좋든 싫든 그 결과를 감당해야 한다. 좀 더 일상적인 용어로는 똥을 싸면 누군가 치워야 한다. 그러지 않으면 이 세상은 똥으로 가득 차 누구도 살 수 없는 곳이 되어버린다. 책임은 모른 척 외면하면 어느새 사라져버리는 봄날의 눈사람이 아니다.

따라서 책임을 마주한 사람이 할 수 있는, 그러나 실제 책임질 생각이 없는 사람이 할 수 있는 최대한은 미루는 것이다. 어떤 사람은 남에게 떠넘긴다. 권력관계가 작동하면 마치 물이 높은 곳에서 낮은 곳으로 흐르듯 책임 또한 자연스럽게 높은 곳에서 흘러 낮은 곳에 쌓이게 된다. '꼬리 자르기'란 말을 들어보았을 것이다. 자를 꼬리가 없는 사람도 방법은 있다. 뒤로, 나중에, 미래의 자신에게 미루는 것이다. 뭉뚱그려 책임의 전가(轉嫁), 회피(回避), 또는 방기(放棄)라 하여 꺼림칙한 어감을 띠지만 자주 일어나는 일이다.

지난 10여 년을 돌아보니 '결국은 미루고 미루고 미룬 끝에 여기까지 오게 되었구나'란 생각이 들어 장황하게 일반론을 늘어놓았다. 어릴 때부터 오직 법조인의 꿈을 품고 자라 학점과 대외 활동을 철저히 관리하여 결국 용문에 올랐다는 세련된 역경 극복 인간 드라마를 기대한 분께는 송구할 따름이다. 그런 지면이 이 책의 다른 부분에 준비되어 있을지도 모른다. 그러나 나는 그런 삶을 살지 못했다. 나 같은 사람도 여기에 있다는 말을 전하고 싶었다.

대학 입시를 칠 때도, 자유전공학부에 들어가서 전공을 정할 때도, 사회복무와 행정고시를 병행할 때도, 고시에 떨어지고 7급 공채로 갈아탈 때도, 퇴근한 행정주사보가 리트 기출을 펼 때도, 무슨 거창한 청사진이 있어서 그랬던 것이 아니다. 선택을 최대한 미루고 가능한 한 책임이 가벼운 쪽을 고르다 보니 이렇게 된 것이다. 그 결과 자본주의 사회에서 어른의 최소 조건이라고 할 만한 경제적 독립 생계의 유지를 아직도 달성하지 못하고 있다. 내 돈을 벌지 못하고 남의 돈을 쓰고 있다. 그런 점에서 신체 나이나, 주변인에게 같은 말을 했을 때 보일 소름끼친단 반응과는 관계없이, 나는 여전히 아기 로스쿨생이다.

직장을 탈출해 새로운 길을 찾아 나서다

우선 기본적 사실관계를 확실히 하자. 나는 2021년 1년간 7급 공채 공부를 해서 합격했고, 모 중앙 부처의 행정주사보로 2022년 1월부터 12월까지 재직했다. 3월부터 로스쿨 입시를 준비해서 최종 합격 통보를 받고 의원면직을 했다. 2023년 3월부터 서울대 법학전문대학원 15기로 재학 중이다.

어쩌다 정년이 보장된 직장을 던져버리고 로스쿨에 가기로 했는지 물어보는 사람이 많다. 처음부터 그만둘 생각으로 입직한 것은 아니다. 오히려 7급에 처음 붙었을 때는 무척 기뻤다. 수험서를 죄다 재활용 쓰레기장에 내다 버린 것도, 고시 낙방한 나를 받아주는 곳이 있다는 것도, 스스로 노동하여 돈을 버는 사회인이 된 것도, 8년

만에 떳떳한 마음으로 학부 졸업장을 받은 것도. 평생 공무원으로 살다 죽을지는 모르겠지만, 적어도 경력직으로 이직할 수 있을 만큼은 버텨야겠다고 결심했다. 그때는 정말로 더 이상 무언가를 미루고 싶은 마음은 없었다.

앞에서 이미 밝혔다시피 이성적이고 합리적으로 내린 탈출 결정이 아니다. 그래서 무슨 직장 생활의 장단점을 로스쿨과 연결해서 분석할 수는 없다. 그렇게까지 깊게 생각하지 않았고 지금 꾸며내서 갖다붙여도 얼기설기 급조한 변명 이상의 의미는 없다.

남들에겐 흔히 월급이 적어서라고 간단히 얘기했고(실제로 적긴 하다) 다들 쉽게 고개를 끄덕이며 이해해주었다. 그렇다고 고작 몇 달 동안 빚더미에 깔리거나 생계의 위기를 겪은 것은 아니다(정부청사에서 가장 저렴하게 점심 식사를 해결하는 방법이 우유와 시리얼의 대량 비축이라는 사실은 알아냈다. 평균하면 한 끼에 천 원도 들지 않는다!). 인터넷에 다 나와 있는 7급 3호봉 월급을 모르고 들어간 것도 아니다.

나의 선택은 오히려 감정적이고 충동적이었다. 신규 입직자의 적응 및 교육에 별 대책이 없는 조직의 태도, 아무나 와서 아무 일이나 하고 있는 관료제의 현실, 언론과 여론과 정치권에 휘둘리는 행정부의 처지, 시간이 갈수록 점점 내 앞에 쌓이는 업보 등등에 복합적으로 빈정이 상했다고 해도 좋다. 이 모든 것을 포함해서 '내가 지금 이런 대접을 받고 있는데 이게 이래도 되는 건가?' 하는 기분이 임계를 넘은 날 나는 탈출을 처음 생각했다.

물이 100도에서 끓는 것처럼 마음이 바뀌게 된 결정적 순간이 있기는 했다. 세밀한 배경 설명과 용장한 상황 묘사를 동원해 기나긴 서사시를 쓸 수야 있겠지만, 그 과정에서 나의 신상은 반드시 특정될 수밖에 없다. 내가 떠나온 곳에 아직 나를 아는 사람들이 남아 있고, 혹 불필요한 오해나 왜곡을 의도치 않게 자아낼 수도 있다. 한 명의 소시민으로서 이러한 위험 부담은 절대 불가함을 너른 마음으로 양해해주시기 바란다.

한때 몸담았던 곳의 명예를 위해 말하건대 친절한 사람, 재밌고 보람찬 일도 당연히 있었다. 대한민국의 참담한 노동환경에서 평균적 대졸자가 기대할 수 있는 훌륭한 일자리이고 정부 조직 중에서도 좋은 곳이었다고 지금도 생각한다. 직장생활 하다 빈정이 상하는 건 특별히 나만 겪는 일도 아니다. 다른 이들이 현실을 받아들이고 마음을 다잡거나, 자기계발로 연봉 협상이나 이직을 기약할 때 조금 색다른 선택지가 있었던 것뿐이다. 그것이 가장 확실하고 빠른 탈출구였다. 14기로 이미 다른 로스쿨에 입학한 친구가 열심히 권해준 덕분이다. 이 자리를 빌려 무한하고 압도적인 감사를 표한다.

그럴 거면 왜 처음부터 그 친구랑 같이 로스쿨을 가지 않는지 궁금한 사람도 있을 것이다. 동감한다. 기왕 올 거 한 해라도 더 일찍 들어올걸 하고 지금도 날이면 날마다 생각한다. 혹시 이 글을 읽으며 로스쿨 진학을 고민하는 분이 있다면 신체가 조금이라도 멀쩡

할 때, 뇌세포가 하나라도 더 살아 있을 때 시작하는 게 절대적으로 유리하다는 점을 천번만번 강조하고 싶다.

고시에 떨어져 의기소침했던 나는 그걸 몰랐다. 주관식 논술형 시험이 지긋지긋했다. 리트는 객관식이지만 로스쿨 간다고 끝이 아니지 않은가. 50퍼센트에 간신히 턱걸이하는 변호사시험 합격률은 너무 낮아 보였다. 학점도 낮았고 특출난 정성요소가 있는 것도 아니어서 자기소개서를 어떻게 채울지 막막했다.

그러나 시간이 흘렀고 빈정은 상했다. 다시 생각해보니 5급 낙방의 상처는 7급 합격으로 어느 정도 치유가 되었다. 변시 합격률은 로스쿨마다 크게 다르다. 학점은 이제 와서 어떻게 할 수가 없으니 점수에 맞춰 가면 된다. 고시 독학해서 실패했으니 한 기수가 다 함께 공부하는 로스쿨은 더 낫지 않을까 싶었다. 1년간 공공 부문에서 사회생활을 했으니 자기소개서도 그럭저럭 채울 수 있을 것 같았다.

그렇게 나는 마음을 바꿔 먹었다. 마음만 먹으면 합리화는 쉬운 법이다.

회사원의 로스쿨 입시

결심을 먼저 하고 나중에 합리화하더라도 실행에 옮기기 전에 반드시 살펴보아야 하는 것들이 있다. 이걸 대충 하면 나중에 피눈물을 흘린다. 로스쿨을 갈까 하는 직장인에겐 돈과 시간이 가장 큰 문제가 될 텐데, 로스쿨별 등록금은 인터넷 검색을 통해 알 수 있다. 거기에 3년간 생활비와 책값을 더해야 한다. 그래선 안 되겠지만 그보다 더 걸릴 수도 있다. 같은 기간 생업을 포기해야 하는 기회비용도 있다. 거칠게 가늠하면 차보단 많이 들고 집(아파트)보단 적게 든다. 가정 형편이 뒷받침된다면 가장 좋지만, 그렇지 않다면 본인이 신용을 얼마나 확보할 수 있는지, 대출과 마이너스 통장 등등 모든 선택지를 면밀히 살펴야 한다. 각자 사정이 워낙 다르고 또 내가 할 수 있는 말은 그다지 많지 않다.

시간과 관련해선 로스쿨 재학을 위한 시간과 로스쿨 입시를 위한 시간으로 나눌 수 있다. 나처럼 원래 직장으로 돌아갈 생각이 없는 사람은 사표를 던지고 나오기 때문에 로스쿨에 다닐 시간은 별 문제가 없다. 원래 직장으로 돌아갈 사람은 사정이 다르다. 오승훈 아나운서가 회사와 협상해서 3년 휴직을 받은 걸로 유명하고(MBC 역사상 최초), 경찰관 중 휴직과 연가를 활용해 재직 중 변호사시험에 합격한 사례가 있다고 들었다. 보통 결심으로는 어려운 예외적 사례들이다.

로스쿨 입시를 위한 시간은, 개인적으로 퇴직이나 휴직까지 할 필요는 없다고 생각한다. 로스쿨 입시는 1년에 한 번뿐이고 한 번 실패하면 다음 해를 기약해야 한다. 이미 리스크가 적지 않은데 그것을 더 키울 필요가 있을까 싶다. 물론 연가나 유연근무가 비교적 자유로운 전직 국가공무원 입장에서 하는 말이므로 일반화하기는 어렵다.

로스쿨 입시는 5급·7급 공채 또는 회계사·변리사 등 다른 전문 자격 시험에 비해 필요한 시간의 절대량이 적다. 예컨대 5급 공채 일반 행정직을 보려면 경제학, 행정법, 행정학, 정치학 과목에서 나오는 문제에 대해 각각 A4 열 장 분량으로 현출해야 한다. 그러려면 결국 두꺼운 기본서부터 시작해서 예비-1-2-3 순환을 거치며 암기장에서 필요한 내용과 문장을 골라 달달 외워야 한다. 7급 공채는 객관식이지만 과목은 더 많고 여전히 암기력 측정임에는 변함이 없다.

리트는 그렇지 않다. 적성시험은 정해진 범위에서 얼마나 많은 내용을 암기했는지 측정하지 않는다. 정해진 규칙과 시간 안에서 얼마나 독해력과 순발력, 논리력 등을 발휘할 수 있는지를 측정한다. 5급·7급 공무원 공개경쟁채용시험의 1차 시험인 PSAT의 상황판단 과목의 모 강사가 한 좋은 말이 있는데, 적성시험은 과거 시험보다 올림픽 육상 경기에 가깝다. 기술을 체화하고 최상의 컨디션을 갖춘 다음 하루 종일 시합을 뛰면 기록이 나온다. 그 기록에 학점과 자기소개서를 더해 전국 로스쿨 문을 두드리는 것은 선수 본인의 몫이다.

기본적인 독해력이 준비되었다는 전제하에(독해력을 키우고자 한다면 독서의 절대량을 늘려야 하므로 시간이 필요하다) 리트 준비를 위해 내가 본 것들은 다음과 같다. 기출문제집, 《논리퀴즈 매뉴얼》과 《강화약화 매뉴얼》, 더 필요하다면 《잘 고른 300제》 정도? 이 이상의 문제를 푸는 건 비효율적일뿐더러 본래 리트와 너무 멀어진다고 생각한다. 그리고 이 정도의 분량은 하루 8시간 근무하면서도 넉넉잡아 4~5개월이면 모두 볼 수 있다. 최소한 나는 그랬다. 주말 이틀 중 하루는 쉬고 다른 날을 잡아 기출을 풀고, 평일은 이틀을 나누어 한 과목씩 기출을 풀었다. 남는 시간에는 앞에서 말한 《매뉴얼》들을 보았다. 아마 다른 방법도 있을 것이다. 그러나 나는 1년간 수험 준비를 했을 뿐 그 이상의 전문성은 없으므로 직접 겪은 것 이상을 말할 수는 없다.

평일의 공부 시간은 유연근무제로 확보했다. 공무원의 정규 근무 시간은 평일 9시부터 6시까지지만, 예컨대 8시에 출근하면 5시에 퇴근할 수도 있다. 인사권자의 결재를 받아야 하는데, 우리 과장님은 자기 일만 하면 이런 것에 아무런 신경을 쓰지 않는 분이셨기에 엄청난 행운이었다고밖에 말할 수가 없다. 주 120시간 일하며 기본적인 시간조차 나오지 않는다면 당연히 퇴직이나 휴직을 고려할 수밖에 없다고 생각한다.

앞서 말했듯이 리트는 시험이 아니라 시합이다. 머리만 갖고 하는 게 아니다. 몸과 마음도 최상의 상태로 유지해야 한다. 아마 직장인 준비생은 대학생 준비생보다 나이가 많고 여유도 없으리라 생각된다. 그만큼 평소 식사, 수면, 휴식, 회복, 기분, 감정, 건강 관리도 공부만큼이나 신경을 써야 한다. 이에 관해 나는 전문가가 아니고 아마 각자의 방법이 있을 것이다. 다만 리트 당일이 가까워지면 사설 모의고사를 통해서 '시험장에서 보는 시험'을 미리 체험해보기 바란다. 실제 자기 고사장에 들어가 볼 수 있는 모의고사라면 더더욱 좋다. 인간은 낯선 장소에서 긴장하고 당황하며 익숙한 장소에서 편안하고 안정된다. 어느 쪽이 자신의 최대 능력을 발휘할 수 있을까. 모의고사 점수가 어떻고 내용이 어떤지는 아무래도 좋다. 극단적으로는 문제를 풀었으면 채점할 필요도 없다. 시험 당일에는 이렇게 해야겠구나 — 어떤 길로 시험장까지 갈지, 버스를 탈지 지하철을 탈지, 필통과 물통은 어디에 놓고 식사와 화장실은 어떻게 할지 — 감을 잡는 걸로 충분하다. 월드컵 국가대표 축구 팀이 실제 경기장에서 미리 훈련해보는 것과 같은 이치다.

같은 의미에서 리트 전 3~4일 정도는 휴가를 내고 시간표에 맞춰 사는 것도 좋다. 몸과 마음부터 시험을, 시합을 준비하는 것이다. 나는 전날에는 아무것도 하지 않고 수능 예비 소집 하듯 시험장 사전 답사를 다녀왔다. 더운 한여름이지만 당일 긴장을 조금이라도 덜 수 있다면 결코 아깝지 않은 투자라고 생각한다.

리트가 끝났으면 자소서를 쓸 차례다. 자소서를 쓰기 위해서는 먼저 어떤 대학에 지원할지 정해야 하고, 실제 로스쿨 입시에서 원서 전략이 몹시 중요하다고는 하나 나는 별로 할 말이 없다. 아마 이 책의 지면 전체를 통틀어 그럴 것이다. 서울대 로스쿨을 쓸 사람은 애초에 서울대 로스쿨을 쓸 정량을 갖고 있었기 때문이다. 나군 2~3개 후보 중 어디를 쓸지 고민했을 것이다. 고려대 자소서가 증빙이 힘들고 분량도 많길래 그냥 연대로 했다. 그 정도다. 관련해서 많은 사람들이 인터넷 커뮤니티에 '라인을 잡아달라'고 하는데, 개인적으로는 그 효용에 의문을 품고 있다. 그걸 포함해도 인터넷 커뮤니티는 워낙 중독되기 쉬워서 스터디를 구할 때를 제외하고는 아예 접속하지 않는 것을 권하고 싶다.

자소서와 면접은 보통 스터디를 구해서 한꺼번에 해결한다. 날짜, 시간 잘 지키고 시키는 대로만 하면 되니 길게 부연할 필요는 없으리라 생각한다. 유일한 직장인이었던 나를 위해 주말과 평일 늦은 시간을 배려해주었던 분들에게 이 자리를 빌려 깊은 감사를 표한다. 그분들이 아니었으면 나는 결코 합격하지 못했을 것이다.

그렇게, 서울대 로스쿨생이 되다

그래서, 나는 로스쿨 생활에 만족하고 있는가? 로스쿨과 직장을 비교하면 어떠한가?

이런 질문에 나는 대답할 수 없다. 솔직히 말하자면 쓸데없는 무의미한 질문이라 생각한다. 내가 만족을 하든 하지 않든 그것은 전혀 중요하지 않다. 이제 와서 돌이킬 수가 없으니까. 비교를 하려면 의원면직 전에 했어야 했다. 지금 열심히 정당화해도 사후약방문에 불과하니 무익의 소치는 차라리 생략하련다. 함부로 뒤돌아 소금 기둥이 되는 것보단 낫지 않을까. 나는 아직 기나긴 터널을 빠져나오고 있는 중이다. 그것이 내가 작년의 선택에 책임을 지는 길이라 생각한다.

마지막으로, 이런 나를 로스쿨로 이끈 건, 결국 운(運)이었다고 말하고 싶다. 나는 순전히 운수가 좋은 덕에 15동 열람실에 앉아 있다. 어떤 사람들은 맥 빠지는 운명론에 화를 내며 이해를 거부할지도 모른다. 왜 스스로의 노력을 그 따위로 취급하냐고. 그것조차도 일종의 악의적 기만 아니냐고.

하지만 내가 살면서 깨달은 바, 그리고 샌델이《공정하다는 착각》에서 적절히 지적한 바를 종합하면, 개인의 힘으로 모든 변수를 통제할 수 있다는 자신감은 어리석음의 극치에 불과하다. 집안 형편이 3년 학비와 생활비를 감당할 수 없었다면, 내 곁에 로스쿨 진학을 권한 친구가 없었다면, 일하면서 로스쿨 입시에 필요한 시간을 찾지 못했다면, 과연 같은 결과를 얻을 수 있었을까? 리트를 몇 개 더 맞고 덜 틀리는 건 오히려 부차적인 문제.

나는 어쩌다 보니 우여곡절 끝에 이곳에 굴러 들어왔다. 부끄럽지도 자랑스럽지도 않은 사실의 기술이다. 삶에서 불가항력을 인정하지 않으면 생각이 강퍅하고 각박해지며, 남는 것은 만인의 만인에 대한 조롱과 냉소뿐이다. 그런 세상보다는 겸손과 관용이 대접받는 곳에서 여생을 보내고 싶다. 그것이 또한 고난 앞에서 꺾이지 않고 성공 앞에서 교만하지 않을 수 있는 비결이라 믿는다.

　자신감 넘친다고 행운이 나를 기다려주고, 자책한다고 시련이 나를 비껴가던가? 매미가 봄가을을 알지 못할 따름이다(蟪蛄不知春秋).

로스쿨을 본격적으로 준비하는 로스쿨 준비생부터 이제 갓 학부에 입학한 로스쿨 지망생까지 로스쿨과 로스쿨 입시에 대해 궁금해하는 사람들이 많아지면서, 많은 로스쿨생들이 로스쿨 입시나 로스쿨 생활에 대해 질문을 받곤 한다. 로스쿨생들이 주로 받는 질문들에 대해 지금 로스쿨에 재학 중인 학생이 솔직하게 답해보고자 한다.

 로스쿨 입시 결과를 보면 특정 학과 출신이 많은데, 로스쿨 입시에 특히 유리한 학부 전공, 학과가 있는가?

 특정 학과에 로스쿨 입학생이 몰려 있는 이유는 둘 중 하나이다. 첫째, 해당 학과의 정원이 많아 로스쿨 지망생의 비율이 같더라도 절대적인 지원자 수와 합격자 수가 많은 경우가 있고, 둘째, 해당 학과가 로스쿨 입시를 중점적으로 준비하는 학과인 경우가 있다. 전자의 경우는 인문 계열에서 정원 수가 많은 축에 속하는 경영학과, 경제학과, 정치외교학과 등이 있을 것이고, 후자의 경우는 성균관대학교 글로벌리더학부, 중앙대학교 공공인재학부 등이 있을 것이다.

로스쿨 입시에 학과의 영향이 절대적인 것은 아니지만, 다음 두 가지 사항은 고려할 만하다. 먼저 로스쿨 입시에서 GPA, 즉 학점은 환산점수로 입시 첫 단계부터 평가되기 때문에 본인 적성에 맞지 않아 학점 취득이 어렵거나, 애초에 해당 학과의 학점 취득이 어려운 경우에는 불리하게 작용할 수 있다. 가령 수학을 못하고 경제에 하나도 관심이 없고 역사에 관심이 많은데, 굳이 로스쿨 입시 결과가 좋다는 이유로 경제학과를 선택하면 로스쿨 입시에 필요한 학점을 따는 데 애를 먹을 것이다.

그렇다면 통상 수강해야 하는 필수 과목 수가 많은 공대나 자연대는 로스쿨 입시에 불리하냐 하면 그건 또 아니다. 명시적으로 학점에 대한 정량적 재평가를 하지는 않지만, 해당 학과가 높은 학점을 취득하기 어려운 경우라면 정성평가에서 해당 학생의 출신 학과나 학과 내 석차를 고려하는 것으로 알려져 있다. 특히 법학과가 사라지고, 로스쿨 제도의 도입 이유가 다양성 있는 법조인 양성이다 보니, 전공에 대한 깊이 있는 지식이 로스쿨 입시에서도 크게 작용한다. 따라서 관심 있고 적성에 맞는 학과를 선택하는 것이 궁극적으로는 로스쿨 입시에 도움이 된다고 할 수 있다.

Q 로스쿨 입시에 '마지노선 학점'이 있는가?

A 이 질문을 많이 받는데, 일률적으로 답하기 어렵다. 코로나 팬데믹 이후 일시적으로 학점 부여의 기준이 높은 학점을 취득하기 용이한 방식으로 변경되어 지원자들의 GPA 평균이 상승하였고, 로스쿨 입시에 많은 학생들이 유입되어 인해 지원자의 평균 학점이 크게 높아졌지만, 로스쿨마다 학점 평가 방법이 다르고 그 방법은 매해 바뀌기 때문에 학점이 얼마 이상이어야 로스쿨 입시를 할 수 있다고 단정적으로 말할 수 없다.

학점이 낮다면 높은 리트 점수를 바탕으로 학점 반영비가 낮은 학교에 도전하고, 학점이 높다면 상대적으로 학점 반영비가 높은 학교에 도전하는 것이 유리한 전략이다. 각 학교가 매해 3월경 발표하는 입시 요강에는 학점과 리트 점수를 어떻게 반영하는지, 환산식은 무엇인지 정확히 나와 있다. 그보다 조금 이르게 발표되는 전년도 입시 결과는 학교마다 차이가 있지만 대체로 합격자 정량 평균값과 상위 25퍼센트 선, 75퍼센트 선을 공개하기 때문에 본인의 학점과 예상 리트 점수를 넣고 상상의 나래를 펴본다면 어느 곳이 '가능권'이고, 어느 곳이 '원천 불능'인지 알 수 있다.

Q 로스쿨마다 선호하는 인재상이 있다는데, 사실인가?

A 대학 입시 자소서를 쓰는 학생들이 각 대학이나 지원 학과의 인재상을 참고하듯이, 로스쿨도 학교마다 고유의 인재상이 있기 마련이다. 실제로 각 로스쿨은 학교마다 특화 분야를 갖추고 있는데, 가령 서울대학교 로스쿨의 특화 분야는 국제법무와 기업금융, 공익인권이고, 한국외대 로스쿨은 국제지역 법조인 양성, 경북대학교 로스쿨은 IT법을 고유한 특화 분야로 제시하고 있다. 이러한 측면에서 지원 학교를 선택할 때, 물론 우선적으로는 정량적 요소를 고려해야 하겠지만(GPA와 리트), 비슷한 정량요소를 요구하는 학교들 사이에서는 본인이 지금까지의 활동 내역이나 자기소개서에서 강조할 수 있는 특화 분야를 가진 학교에 지원하는 것이 유리할 수 있다.

Q 로스쿨 입시 정보는 어디서 얻어야 하는가?

A 리트 시험을 올해 응시하고 올해 로스쿨 입시를 준비하는 지원자라면, 공동 입시 설명회와 각 학교별 입시 설명회에 참석하는 것을 강력하게 권한다. 공

동 입시 설명회는 학교마다 부스를 차려놓고 1대1, 혹은 2대1(지원자가1) 상담을 해주는데, 여기에 본인의 정량점수와 여러 스펙을 메모해서 보여주면 입시 관계자의 평가를 들을 수 있다. 물론 입시 담당자는 많은 지원자가 자기 학교에 지원하기를 바라기 때문에 조금은 낙관적으로 합격 가능성을 평가하기는 하지만, 실제로는 가능성이 낮으면 낮다, 높으면 높다고 이야기해준다. 내 지인 중 한 사람은 "이 점수로 떨어진 선례는 없다"라는 식의 답까지 들은 적도 있다. 사실상 이러한 기회나 정보는 누구에게 찾아가도 얻을 수 없는 만큼 가능한 한 꼭 참석하기를 권한다.

개별 입시 설명회는 각 학교별로 실시하는 입시 설명회로 자소서 제출 전에 이루어지는데, 여기서는 입시 정보와 함께 본인의 자소서에 무엇을 강조해야 하는지에 대한 힌트를 얻을 수 있다. 익명으로 사전 질문도 할 수 있는데 과감한 질문을 해도 유쾌하게 답변해주는 경우가 많다. 어느 학교에 지원해야 할지 아직 고민하고 있다면 참석해보는 것도 좋을 것이다.

Q 이번 입시에 로스쿨에 합격할 수 있을 것 같은데, 법학 선행을 해야 하나요?

A 법학 선행이 필요하다는 것에 대해서는 이견이 없지만, 그 범위와 정도에 대해서는 의견이 분분하다. 올해 지원한 학교들의 점수가 크게 안정권인 사람들은 학부 마지막 학기와 포스트리트 과정을 선행과 병행하기도 하고, 보통은 최초 합격 발표가 나는 12월 초부터 선행을 시작하는 경우가 많다.

개인적으로 선행은 빠를수록, 많이 할수록 좋다고 생각한다. 로스쿨 안에서 반수생들이 두각을 드러내는 것도 결국 작년 한 해의 공부가 빛을 발하기 때문인데, 같은 맥락에서 선행을 열심히, 많이 해둔 학생은 적응도 수월하고 미리 시행착오를 겪어보았기에 스트레스를 덜(안 받는 것은 아니다) 받을 수 있다. 선행을 너무 과하게 하지 말고 쉬라는 말도 일리는 있지만, 사실 합격 발표 이후에는 선행을 붙잡고 있으려고 해도 합격의 기쁨과 이미 잡아놓은 여행 계획, 붕 뜬 마음 등으로 쉬고 놀게 된다. 그런 시간들을 다 거부하고서까지 선행을 하는 건 과하다고 보지만, 목적 없이 시간을 보내기보다는 당장 1학기 때 마주하게 되는 과목들을 공부해두는 편이 낫다고 생각한다. 무엇을 공부해야 하는지에 대해서는, 우선 민법 예비순환 1회독이 가장 우선되어야 한다. 윤동환 선생님의 《민법의 맥》이든, 정연석 선생님의 《로스쿨 민법의 정석》이든 민법을 처음부터 끝까지 한 번 봐두는 게 도움이 된다. 학기 중에는 민법을 끊어서 배우기 때문에 처음부터 끝까지 볼 기회가 거의 없다. 따라서 무슨 소리인지 도통 모르겠더라도 열심히 가필하고, 완주를 목표로 공부를 해놓으면 그렇게 필기한 책을 1학기 내내 이해 안 되는 내용이 있을 때마다 펴 보는 백과사전처럼 사용하게 되기 때문에 크게 도움을 받을 수 있다. 민법 예비순환 완강만으로도 충분히 유의미한 선행이지만, 다른 과목을 할 시간이 있다면(민법 복습이 우월전략 같기는 하지만), 워낙 난해하고 소위 '학설 파티'라고 부르는 형법총론 부분을 가볍게 듣고 들어가는 것도 도움이 될 것이다.

 로스쿨 입학 전 선행 외에 해둬야 하는 것이 있다면?

운동과 취미 생활을 강력하게 추천한다. 로스쿨에 들어와서 무언가 새로 시작하기란 사실상 불가능에 가깝다. 취미 생활이나 운동을 리트와 로스쿨 준비 때문에 중단한 상태라면, 마지막 학기와 포스트리트 준비하면서 반드시 다시 시작하기를 바란다. 로스쿨 생활이 엄청나게 단조롭고 지루한 일상의 도돌이표이기 때문에, 즐거워하는 일이 없다면 생활 전반이 굉장히 우울해진다. 스포츠를 즐긴다면 로스쿨 내 동아리에 가입해 자주는 아니더라도 일주일이나 열흘에 한 번은 마음 맞는 이들과 운동할 기회가 있다. 꼭 스포츠가 아니더라도 건전한 취미를 가지고 있으면 생활이 덜 우울해진다.

특히 운동을 하면 더 좋은 점이 있다. 로스쿨 생활이란 게 그야말로 건강 파괴자이기 때문인데, 하루 종일 앉아서 모니터와 책만 들여다보고, 식사는 대체로 배달 음식을 먹고, 물보다 커피와 같은 카페인을 많이 들이부어 수면의 질도 최악에 가깝다. 이런 로스쿨 생활은 게임 중독보다 더 건강에 해로울 수 있다. 목과 허리가 차례로 아프다가 어깨와 등까지 아프고, 소화도 안 되고, 불편하지 않은 곳이 없는 지경에 이르기 전에 운동으로 미리 건강을 챙기는 것이 도움이 된다.

로스쿨 도입 이후 법조인 선발 절차

로스쿨
입학시험

학교별 전형

입학 전년도
7월 LEET 응시

로스쿨
3년 이수

졸업자격 요건
갖춘 후
1월 변호사
시험 응시

변호사
자격시험

응시자 중
1,500여 명
변호사
자격 부여

검사/재판연구관

자체 시험을 통해
법원 / 법무부 자체 선발

변호사

변호사 자격시험 통과자에
대한 변호사협회 연수

로스쿨 교육과정 흐름도

다양한
학부
전공의
이수

기본
법학과목

· 공법
· 민사
· 형사

실무 기초 과목

· 기초 법학과목   · 인접과목
· 전문 법학과목   · 임상교육
· 엑스턴쉽   · 역할학습
· 워크샵

변호사
자격시험

직역별
실무연수

로스쿨 전형 요소

LEET	- 법조인의 자질을 평가하는 적성검사. 특정 학문적 지식을 묻지 않음 - 언어이해, 추리논증, 논술 3가지 영역으로 구성
학사교육 평점 평균	- 수학 능력 평가를 위해 학부 평점 평균을 요구 - 반영 기준에 의해 특정 비율에 따라 점수로 환산되어 전형에 포함
외국어능력	- TOEIC, TOEFL, TEPS 등의 공인 영어 성적 요구
면접	- 학교별로 개별, 집단 면접 등 다양한 문제와 상황에 따른 면접 진행
기타	- 장학, 연구 참여, 학생회, 봉사 등 다양한 활동이나 실적이 반영되기도 함 - 지원하고자 하는 해당연도 학교 입시 요강에서 확인 가능

*출처: 메가로스쿨

CHAPTER 2

Studying for
Lawschool

─────── 로스쿨에서 살아남기 ───────

＿＿＿＿＿＿＿＿ 리트는 법조인의 길을 가고자 하는 우리 앞에 있는 작은 문에 불과하다. 당장 리트 바로 앞에 서면 굳게 닫혀 있는 그 문을 내가 열어젖힐 수 있을까 하는 걱정에 사로잡히는 것은 너무 당연하다. 전국에서 리트 점수로는 빠지지 않는 서울대 로스쿨 학생들도, 리트 준비 과정이 너무 수월했다고 하는 사람은 찾아보기 어렵다. 나 역시 시험 직전까지 밥도 제대로 못 먹었고, 시험 생각에 매일 밤잠을 설쳤다. 시험이 걱정되는 건 너무 당연한 일인 만큼 막연한 공포에 매몰되지 말고 자기에게 맞는 공부법을 만들어서 꾸준히 노력한다면 좋은 결과가 있을 것이라고 믿는다.

How to LEET?

서울대학교 법학전문대학원 15기 IMPACT
연세대학교 경영학과 졸업

　로스쿨에 가기 위해 거쳐야 하는 수많은 관문이 있지만, 그중 여러 지원자들을 무릎 꿇게 하는 것이 다름 아닌 리트이다. 법학적성시험, 소위 리트라고 하는 이 시험에 대해서는 정말 오만 가지 소문이 떠돌고, 높은 점수와 그 점수를 받은 사람 간의 상관관계를 찾기 위해 여러 가설이 제시되었지만 아직까지 명확히 증명된 바 없다.

　'언어는 이렇게, 추리는 이렇게 공부하라'는 글은 많기도 하고 개인적으로 '정도'는 없다고 생각하기 때문에, 이번 글을 통해 세간에 리트와 로스쿨 입시에 대해 떠도는 여러 대표적인 가설이나 사람마다 답이 분분한 질문들에 대해 나름의 해석과 해답을 제시하여 독자들의 궁금증을 조금이나마 해소해보고자 한다. 가설이 가설인 이유는 여전히 어느 쪽이 맞다고 확실히 증명된 바 없기 때문이기에, 여기서 내가 제시한 해답도 나의 개인적인 생각이며, 리트에 대해 알아보거나 공부를 막 시작할 때 참고하는 정도로만 활용하기를 권한다.

What is LEET?

아직 로스쿨 준비에 본격적으로 뛰어들지 않은 학부생이나 중·고등학생이라면 리트가 무엇인지 궁금할 것이다. 'Legal Education Eligibility Test'의 앞 글자를 따 리트로 줄여 부르는 이 시험은, 우리말로 법학적성시험이다. 한국에서 법조인을 선발하는 시스템이 과거 사법고시를 통한 방식에서 현재 로스쿨과 변호사시험을 통한 방식으로 변화하면서, 대학원 격인 로스쿨에 입학하기 위해 필요한 여러 요소 중 하나라고 할 수 있겠다.

이름이 법학적성시험이라고 해서 법학 지식을 묻지는 않는다. 사실은 '법 시험'보다는 '국어 시험'에 훨씬 가까운 형태를 가지고 있는 시험이고, 공정성 확보를 위해 출제 기관인 법학전문대학원협의회에서도 특정 전공이나 분야에 유리하게 출제하지 않겠다고 명시한바 있다. 전형적인 적성평가의 일종이지만, 현재 시행되고 있는 적성평가 중 가장 어려운 축에 속하는 시험이라고 보아도 무리가 없을 듯하다.

리트 시험은 딱 하루, 오전 9시에 시작하여 오후 3시 50분에 끝난다. 매년 리트 시험과 관련한 일정은, 일반적으로 응시 및 접수는 5월 중·하순경, 시험은 7월 마지막 주이다. 시험 일자가 한여름에 잡혀 있어 덥기도 한데, 시험 시간이 길어 시험을 치는 입장에서는 정말 고역이 아닐 수 없다. 대부분 시험장은 대형 강의실이 확보되어 있는 대학교나 규모가 있는 고등학교에 마련된다. 응시자가 마음대로 시험장을 정할 수 있는 것은 아니고, 지원 시 1, 2, 3지망 시험장을 제출하면 수험표가 발급되는 날 어디에서 시험을 치는지 알 수 있다. 나의 경우 시험을 두 번 봤는데, 집 코앞에 있는 시험장을 두 번 모두 1지망으로 썼지만 단 한 번도 원하는 곳에서 시험을 볼 수 없었다.

 리트는 세 영역으로 나누어져 있다. 객관식 문제를 풀어야 하는 언어이해, 추리논증 과목과 논술 과목이 있는데, 대체로 당락을 가르는 것은 객관식 과목인 언어이해와 추리논증이라는 것이 통설이다. 논술은 출제 기관에서 채점을 하지 않고 나중에 응시자가 지원하는 로스쿨에서 자체적으로 채점하도록 하는데, 소수의 로스쿨을 제외하고 대부분의 로스쿨은 P/F(Pass or Fail)로 활용하는 경우가 많다. 따라서 언어이해와 추리논증 점수가 높은데도 논술을 못 써서 불합격하는 경우는 극히 드물다. 그렇기에 핵심적인 두 과목은 점심 먹기 전에 치는 언어이해와 추리논증이라 할 수 있다. 점심을 먹고 나서는 논술을 잘 봐야겠다는 생각보다는 오전에 찍은 그 문제가 맞았을지, 막판에 고친 그 문제는 고치지 말걸 등등의 생각으로 가득 차기가 일쑤다.

최근 로스쿨에 대한 관심이 높아지면서 리트 시험 응시자도 큰 폭으로 늘었다. 대학 도서관에서 둘러보면 이 사람도 리트 기출문제, 저 사람도 리트 기출문제를 풀고 있는 정도다. 로스쿨에 절대 관심 없다며 손사래를 치던 친구를 시험장에서 멋쩍게 마주치는 경우도 적지 않다.

로스쿨 제도 및 리트 시행 첫 해를 제외하고 꾸준히 8,000명 전후를 맴돌던 리트 응시자 수는 2018년도에 1만 명을 넘어섰고, 2021년도 1만 2,000명, 2022년도 1만 4,000명에 이르렀다. 올해에는 로스쿨 15기로 입학하기 위해 리트를 본 사람의 수가 1만 5,000명에 육박했다. 전국 로스쿨 정원이 2,000명으로 유지되어 있는 것을 감안하면, 로스쿨 입학을 위한 경쟁률이 매년 높아지고 있음을 리트 응시자 추이로 알 수 있다.

리트신수설, 정말인가요?

아무래도 리트를 공부하고 있는 로스쿨 준비생이라면 '리트신수설'에 대해 어렴풋이라도 들어봤을 것이다. 이름부터 불쾌한 리트신수설은, 마치 야구에서 '야구는 잘하는 사람이 잘한다'는 격언과 같이 '리트는 처음부터 잘하는 사람이 잘한다'는 의미로, 얼마나 노력을 하든, 어떻게 공부를 하든, 처음 본인이 받은 리트 점수에서 일정 수준 이상의 유의미한 점수 상승을 노리기는 어렵다는 의미이다. 이 가설을 지지하는 근거는 꽤나 그럴 듯한데, 결국 글을 읽는 시험이다 보니 지금까지 살아오면서 글을 읽는 방식이 확립되어 버렸다면 그 읽기 방식이 리트에 맞는 사람도 있고, 맞지 않는 사람도 있으리라는 것이다. 개인적으로 이 말이 반은 맞고, 반은 틀렸다고 생각한다.

리트에 사람마다 점수의 '상한선'이 있다는 말은 동의할 수 있다. 그 이유는 여러 가지가 있지만, 가장 큰 이유는 애초에 리트라는 시험이 만점을 노리고 풀어야 하는 시험으로 설계되지 않았기 때문이다. 알려진 바로는 아직까지 언어이해, 추리논증 모두 만점을 받은 사람은 나온 적이 없고, 한 과목 만점도 정말 가뭄에 콩 나듯 나오는 상황이라, 서울대 로스쿨 학생들도 몇몇 학생들을 빼면 만점과는 거리가 있는 점수를 받는다.

만점을 노릴 수 없는 가장 큰 이유는 시간이다. 언어이해는 70분에 30문제, 추리논증은 125분에 40문제를 풀어야 하는데, 두 과목 모두 시간에 크게 쫓기면서 문제를 풀어야 하다 보니 기본적으로 깊게 고민할 시간이 없다. 조금이라도 빨리 읽는 사람이라면 마지막 지문, 마지막 문제를 '읽어라'도 볼 수 있는 것이고, 읽는 속도나 문제 푸는 속도가 느리다면 후반부 문제는 펴보지도 못할 가능성이 높다. '읽고 푸는 속도'는 단기간에 끌어올릴 수 있는 것이 아니다 보니, 마지막 지문을 읽을 정도의 시간을 확보하지 못한 사람이라면 당연히 마지막 지문에 딸린 세 문제는 천지신명의 도움과 20퍼센트의 확률에 의지할 수밖에 없다.

반면 리트신수설의 맹점 역시 그 근거에서 찾을 수 있다. 만점을 노리고 풀도록 설계된 시험이 아니다 보니, 정말 뛰어난 극소수의 학생들을 제외하면 대부분의 수험생들은 시간에 크게 쫓긴다. 점수를 올린 재시생들의 공스타그램 후기나 합격 수기를 보면, 초시 시절보다 푸는 시간을 드라마틱하게 단축한 것이 아니라, 같은 시간 안에서 내 능력으로 풀 수 있는 범위의 문제를 최대한 정확하게 푸는 연습을 해 성적을 올릴 수 있었다. 어차피 열 개의 지문을 다 볼 수 없다면, 본인이 강한 영역과 약한 영역을 구분해서, 가령 경제와 철학 지문은 꼭 풀고, 과학과 기술 지문 중 하나는 아예 쳐다보지도 않는 전략을 취하는 등의 방식으로 본인의 전략을 찾아나가야 한다. 리트신수설 운운하며 처음 받은 점수에 좌절해버리는 것은, 리트 시험 자체에 대한 잘못된 접근이 될지 모른다.

리트신수설을 반증하는 방법은, 본인의 장점과 단점에 맞는 방법을 직접 찾고 체화하는 것이다. 무턱대고 유명 인강 강사나 몇몇 합격 수기에서 추천하는 방법을 따라 하면, 운 좋게 잘 맞을 수도 있겠지만 큰 벽에 부딪히는 기분이 들게 마련이다. 그 방법을 개발한 인강 강사나 합격자는 처음부터 나보다 독해력이 월등히 뛰어나고 문제 풀 시간이 넉넉한 사람들일 수 있다.

리트는 일찍 공부하면 손해라는데, 언제부터, 어떻게 공부하면 되나요?

리트를 일찍부터 공부할 이유가 없다고 주장하는 사람들은, 리트 시험의 본질은 국어 시험이므로 시간을 많이 할애한다고 해서 얻을 게 없다는 근거를 내세우는데, 개인적으로 미리, 일찍 공부하기 시작해서 나쁜 시험은 없다고 생각하고, 리트도 예외가 아니라고 본다. 결론부터 말하자면, 리트 시험을 대비한 기출문제 분석이나 사설 모의고사 응시 등은 시험을 앞둔 해 겨울이나 가을부터 하면 충분하다. 만약 아직 리트에 응시하기까지 시간적 여유가 있는 학부 1, 2학년생이 미리 리트에 도움이 되는 공부를 하고 싶다면, 아래와 같은 방법을 강력히 추천한다.

우선 '집리트'를 일찍 보는 것이 가장 좋다. 이는 앞서 말한 '강점을 살리고 약점을 보완하는 공부'의 첫 걸음인 격이다. 집리트란, 시험 장에서 리트를 푸는 것이 아니라 말 그대로 집에서 시간을 정해놓고 리트 한 회분을 풀어보는 것을 말한다. 일단 리트를 한번 풀어봐야, 본인의 적성과 앞으로의 준비 및 공부 방법의 틀을 잡을 수 있다. 이때 가장 중요한 것은 언어이해는 70분, 추리논증은 125분의 제한 시간에 맞춰 중간에 중단하지 않고 풀어보는 것이다. 많은 학생들이 리트 같은 긴 호흡의 시험에 익숙하지 않다 보니 중간중간 쉬면서 집리트를 푸는 경우가 많은데, 실제 실력과는 다른 왜곡된 점수가 나올 수 있으니 이런 방법은 지양할 필요가 있다.

자, 집리트를 풀고 나면 두 부류로 나누어진다. 처음 푼 리트에서 표준점수 150, 원점수 70 만점에 60 이상이 나왔다면? 그냥 책 다 서랍에 처박아두고 놀러 나가도 아마 로스쿨 입시에는 전혀 문제가 없을 것이다. 리트 직전에 적당히 기출문제 조금 보고 시험을 쳐도 어렵지 않게 초고득점을 얻을 수 있을 것이다. 하지만 이런 부류는 정말 극히 드물다. 이런 사람이 있다고 하더라도 그냥 이탈값 정도로 생각하면 될 일. 내가 이런 부류에 속하지 않는다고 해서 박탈감 느낄 필요는 없다.

몇 년 전의 나를 비롯해 대부분의 학생들이 포함될 부류는, 리트 점수를 보고 진지하게 진로를 고민해보게 된다. 이 시험이 왜 어렵다고 하는지 뼈저리게 알게 되고, 이 점수로 어떻게 로스쿨을 가겠다는 것인가 하는 생각에 눈앞이 캄캄해진다. 정상이다. 충분히 좌절하고 나서 리트 시험지를 찬찬히 들여다보며 지문을 읽고 문제 풀 때 어느 부분이 힘들었는지를 기억해두어야 한다. 여기에 자신의 약점이 그대로 드러나 있기 때문이다. 이렇게 약점을 잘 파악해두면, 독서를 하거나 본격적으로 리트 공부를 할 때 큰 도움이 된다.

이제 집리트도 풀어봤으니, 글을 읽는 것을 추천한다. 어릴 적부터 책 읽으라는 말을 귀에 딱지가 앉도록 들은 사람이라면 '결국 얘도 책무새네' 싶을 수도 있겠지만, 사실 어쩔 수 없는 면도 있다. 냅다 기출문제부터 풀어버리면, 본격적으로 시험 준비를 할 때 풀어볼 문제가 없거나 기출문제의 답이 모두 기억 속에 있어 실력 상승을 정확히 체감하기 어려워진다. 따라서 아직 리트까지 시간 여유가 있다면 집리트 이후에는 많은 글을 접해야 한다.

여기서 글은 두께만 봐도 누가 목을 조르는 느낌이 드는 책만을 지칭하는 것은 아니고, 정보를 담은 글이면 무엇이든 괜찮다. 핵심은, 커피 한잔하고 인스타 DM 답장도 해가면서 여유롭게 책을 읽거나, 이해 안 되는 부분은 '뭐래…' 하며 그냥 넘어가면서 책을 읽어서는 안 된다는 것이다. 리트 시험장에 있다고 생각하고 집중해서 글을 읽는 것이 좋다. 빠른 시간 안에 이 글, 이 페이지, 이 단락에 있는 정보를 정확하게 받아들일 수 있는 연습을 하는 것이다.

나는 스포츠에 관심이 많아서 야구, 축구 등의 분야에서 각 팀의 성공과 실패 원인을 분석한 칼럼 등을 자주 읽었는데, 내가 좋아하는 선수가 칭찬받는 부분을 기분 좋게 음미하며 읽기보다는 빠른 속도로 칼럼을 완독했다. 이후 그 정보를 제대로 이해했는지 확인하기 위해 해당 칼럼의 댓글 칸에 사람들이 남긴 의견이나 비판을 글과 연관 지어 이해할 수 있는지 점검했다. 본격적으로 시험 공부를 시작해 기출 분석하는 것만으로도 벅차게 되면 이렇게 많은 텍스트를 접하고, 빠르고 정확하게 글을 읽는 방법을 훈련하기는 어렵다. 텍스트를 읽는 연습을 할 때는 이런 식으로 관심 분야와 관련된 텍스트를 읽으면 피로감도 덜하다. 점수 상한선을 올릴 마지막 기회일 수도 있는 만큼 시험까지 아직 시간이 많이 남아 있다면 꼭 하기를 권한다.

리트가 목전에 다가왔다면, 이제 본격적으로 리트 공부를 해야 할 시간이다. 공부법은 사람마다 천차만별이고, 나에게 맞는 공부법이라고 해서 여러분에게 맞는 공부법이라고 보장할 수는 없다. 그러나 과목별로 어떤 특징을 가지고 있는지, 지금까지 공부해봤거나 응시해본 시험과는 어떻게 다른지 알아두면 쓸데없이 허비하는 시간을 줄일 수 있을 테니 도움이 될 만한 내용을 정리해보았다.

70분간 비문학 지문 열 개를 풀어야 하는 언어이해는, 얼핏 보기에는 형식 면에서 수능 비문학과 똑같아 보인다. 하지만 수능 비문학 지문 풀듯이 언어이해 지문을 풀면 아마 6, 7번째 지문을 읽기 시작할 때쯤 시험 시간 70분이 종료되는 참사를 겪을 가능성이 높다. 수능은 '꼼꼼하게, 정확하게 읽는 것'이 미덕이었다면, 언어이해는 수능보다 훨씬 촉박한 시간 안에 문제를 풀어낼 수 있을 정도로 지문을 이해해야 하는 타임 어택 시험이라고 할 수 있다.

언어이해의 경우, 지문 하나에 비교적 평이하거나 조금 어려운 난이도의 문제 두 개, 그리고 '보기'와 같이 추가 정보가 제시된 소위 킬러 문제 한 개가 포함되어 있다. 이 '보기'가 딸린 문제가 많은 사람들의 고민거리가 되는데, 초고득점을 노리는 것이 아니라면 이 문제를 풀기 위해 시간을 많이 쓰는 것은 낭비가 될 수 있다고 개인적으로 생각한다. 이 문제에 시간을 더 써서 맞히더라도(사실 몇몇 보기 문제는 시간을 더 써도 맞힐 수 없는 경우가 많다) 여기에 시간을 쓰느라 다른 지문을 보지 못해서 틀리게 된다면 배점이 있는 수능과 달리 맞힌 문제의 개수로 카운트하는 리트의 특성상 오히려 손해가 될 가능성이 높기 때문이다.

따라서 앞서 언급한 대로 글을 빠르고 정확하게 읽는 연습을 하되, 주어진 시간 안에 본인의 능력을 최대한 발휘한다는 생각으로 지문을 읽고 문제를 풀어야지, 완벽하다는 생각이 들 정도로 시간을 쓰면서 지문을 읽고 문제를 풀어서는 안 된다고 생각한다.

추리논증은 125분이라는 긴 시간 동안 문제를 풀어야 한다. 긴 호흡의 시험이다 보니 125분 내내 집중력을 유지하는 것 자체가 굉장히 어렵고, 한 문제에 사로잡혀서 이를 포기하지 못하다 보면 시간 안배에 크게 실패할 가능성이 높다. 내가 유용하게 활용한 방법은 60분이 지나면 펜을 놓아버리는 것이었다.

글을 오래 읽다 보면, 집중력이 떨어졌을 때 눈은 글을 훑고 지나가는데 머리에는 아무것도 남지 않는 경우가 종종 있다. 이 경우에 억지로 계속 문제를 풀어나가는 것은 정답률을 크게 떨어트리고, 한번 잃어버린 집중력은 쉽게 돌아오지 않는다. 나는 과감하게 1시간이 되면 펜을 내려놓고 눈을 감은 채 1분 정도 시간을 보냈다.

이 시간 동안은 문제에 대한 생각은 내려놓고, 후반전을 준비하는 운동선수처럼 잘하고 있다고 스스로 자기최면을 걸었다. 다시 펜을 잡으면, 처음의 집중력을 완전히 되찾지는 못하더라도 다시 집중해서 글을 읽어나가는 데 무리가 없었다. 이 시간 동안 아무것도 안 하는 것이 아깝다면, 포도당 캔디나 초콜릿(작년 시험까지는 코로나로 인해 음료 외 음식 섭취가 제한되었다)을 먹으며 떨어진 당을 보충하는 방법도 유용할 수 있다. 핵심은, 과열된 머리를 재부팅하는 시간을 갖는 것이다.

추리논증 과목의 특징 중 하나는, 좀 극단적으로 설명하자면, '수능이었다면 답이 안 되었을' 선지를 답으로 골라야 하는 상황이 많다는 것이다. 수능 국어 또는 언어 영역을 공부할 때 문학이든 비문학이든 여러 선지를 풀다 보면 '이렇게 생각하면 될 것도 같은데?' 혹은

'이 문장은 이렇게 해석해도 되는데?' 싶은 선지가 있는데, 나는 이런 선지는 답으로 골라서는 안 된다고 배웠다. 아마 여러분도 마찬가지였을 것이다. 하지만 놀랍게도 추리논증의 경우 이런 선지를 제외하면 답을 고를 여지가 없어진다. 지문과 선지 사이에 나의 '추리' 혹은 '논증'이 들어가야 하기에, 처음에는 과감하게 내가 할 수 있는 생각을 많이 해보는 것이 중요하다.

여러 생각을 해보고 많이 틀려보면서, 흔히 말하는 '기출 논리'와 '자신의 추리와 논증'의 간격을 좁히는 방식으로 공부를 해나가는 것을 추천한다. 기출 논리를 머리에 쑤셔 넣으려고 하는 것은, 새로운 문제를 마주했을 때 대처하기 어려울 가능성을 반드시 동반한다. 본인의 추리와 논리를 수정해가면서 습득한 방법이라면, 새로운 곳에 이를 적용하려고 할 때 훨씬 유기적으로 이용할 수 있다.

사설 모의고사, 얼마나 믿을 수 있나요?

3월 중순이 넘어가면, 다양한 기관에서 리트 현장 모의고사를 실시한다. 이 모의고사에 대해서도 로스쿨 준비생들끼리 갑론을박이 많은데, '기출과도 거리가 멀고 표본도 크지 않은 모의고사를 굳이 보아야 하나?' 하는 의견과 '그래도 현장 감각도 익힐 수 있고, 한정된 문제로 공부해야 하는 리트 시험 특성상 유의미하다'는 의견이 항상 대립한다. 개인적으로는 모의고사 응시를 추천하는데, 그 이유는 다음과 같다.

국어, 언어 영역의 시험은 당일 컨디션의 영향을 크게 받는다. 시험 내용에 있어서 어떤 주제로 어떻게 출제되느냐도 중요하지만, 시험 당일의 컨디션과 시험장 환경 등도 적지 않은 영향을 미친다. 집에서 공부하면 시험장에서만 느껴지는 '긴장감'이 형성되지 않는다. 여러 번 모의고사를 본다고 해서 본시험에서 긴장하지 않고 시험을 볼 수 있는 것은 아니지만, 긴장감에 익숙해질 수는 있다. 비싼 가격이기는 하지만 문제를 풀어보면서 실력을 가늠해볼 기회가 한정된 상황에서 검수받은 양질의 새로운 문제를 풀 수 있는 기회는 많지 않다. 또 내가 경쟁자들과 비교했을 때 어느 정도 위치에 있는지 알아볼 수 있기 때문에 활용하기에 따라 동기부여 측면에서 긍정적인 효과를 낼 여지도 있다.

다만, 사설 모의고사 문제 분석에 기출문제 분석하듯 너무 집착하는 것은 지양할 필요가 있다. 정답률도 높고 기출 풀이에서 본 것만 같은 기출 적합성이 높은 문제를 틀렸다면 꼼꼼하게 복기해보고, 지저분한 계산 문제나 도무지 말이 안 되는 것 같은 문제에 대해서는 머리 싸매고 고민하지 말자.

리트 성적이 안 좋으면 로스쿨 못 가나요?

"리트 성적이 나쁘면 로스쿨에 못 가나요?" 리트 시험이 종료되면 많은 사람들이 이 질문을 한다. 물론 리트 점수가 전체의 평균값 아래로 떨어지는 경우라면 합격 확률이 낮을 수 있다. 하지만 목표한 점수를 받지 못했다고 해서 원하는 로스쿨에 갈 수 없는 것은 아니다.

로스쿨 입시에 있어서 리트는 '지원 가능한 학교의 범위'를 정할 뿐 당락을 가르는 것은 그 이후의 과정이라고 한다. 리트 성적은 표준점수와 백분위가 응시자에게 통지되는데, 로스쿨에 따라 표준점수를 점수에 반영하기도 하고 백분위를 점수에 반영하기도 한다. 또 추리논증 과목에 더 많은 비율을 할당해주는 로스쿨과 언어이해와 추리논증을 동등하게 반영하는 로스쿨로 나뉘기도 한다. 따라서 성적에 따라 유리한 학교에 지원하면 되는데, 가령 언어이해 점수는 낮고 추리논증 점수가 높은데 두 과목의 편차가 큰 경우(소위 언저추고), 백분위를 활용하는 방식의 학교에 지원하기엔 불리한 면이 있다. 백분위를 반영하면 사람이 많이 몰려 있는 점수대에 이를수록 한 문제 차이가 엄청나게 큰 백분위 감점을 불러와, 과목 간 점수 편차가 큰 사람들의 총점을 깎는 요인이 되기 때문이다. 이런 케이스는 각 과목 표준점수를 합산해서 반영하고, 추리논증에 가중치를 두는 학교에 지원하는 경우 같은 원점수(언어이해 정답 수 + 추리논증 정답 수)를 가진 지원자보다 유리한 고지를 점할 수 있다.

리트는 여러 입시 요소 중의 하나이고, 이외에도 학점, 자신의 장점 및 대학이나 사회에서의 경험을 담은 자기소개서, 교수님들과 직접 대면해서 주어진 문제에 대해 논리적으로 대답하는 능력을 보여줄 수 있는 면접 등 다양한 요소를 종합적으로 고려해 당락이 결정된다. '특정 로스쿨 진학'을 목표하는 경우에는 일정 리트 점수가 되지 않으면 지원이 어려울 수 있지만, '로스쿨 진학'이 목표라면 리트 점수는 일정 점수만 넘으면 면접을 보고 마지막 반전을 노릴 기회는 충분히 있다. 실제로 주변에서, 혹은 소문으로 그런 경우를 많이 보고 들었던 만큼 아예 뜬구름 잡는 이야기는 아니다.

리트가 '법학적성' 시험이기에 로스쿨에 들어가서 하는 공부를 잘하기 위해서는 리트 점수가 높아야 하는지, 리트 점수가 낮다면 로스쿨에서 적응하기 어려운지 걱정하는 사람들도 있었다. 결론부터 이야기하면, 리트 점수와 법학 공부 사이에는 명확한 상관관계가 없다. 높은 리트 점수는 그 사람이 글을 빨리 잘 읽고 추론할 수 있다는 것을 담보할 뿐, 법학에 관한 다른 능력을 보장해주지는 않는다.

실제로 로스쿨에 들어와서 하는 공부는, 물론 많은 텍스트를 접하고 수많은 글을 읽어야 하지만, 결국 기본적인 판례 법리와 사안에 적용하는 방식을 배우는 것이다. 우수한 독해 및 추론 능력이 이런 공부의 기반이 되기는 하겠으나, 오히려 이보다는 책상에 얼마나 오래 앉아서 버틸 수 있는지가 법학 공부에 훨씬 더 큰 영향을 미친다. 리트처럼 여러 테크닉을 만들고 내가 잘하는 건 챙기고 못하는 건 버리는 식으로 법학 공부를 하면 아마 답안지의 70퍼센트는 백지로 내야 하는 참사를 겪을 수 있기 때문이다. 그러니 리트를 잘 봤다고 해서 로스쿨에서 하는 법학 공부가 수월할 것이라고 믿는 것은 섣부른 예단이고, 리트를 잘 못 봤다고 해서 로스쿨 입학 이후 첩첩산중이 펼쳐지리라고 생각하는 것은 너무 이른 걱정이다.

리트는 법조인의 길을 가고자 하는 우리 앞에 있는 작은 문에 불과하다. 당장 리트 바로 앞에 서면 굳게 닫혀 있는 그 문을 내가 열어젖힐 수 있을까 하는 걱정에 사로잡히는 것은 당연하다. 전국에서 리트 점수로는 빠지지 않는 서울대 로스쿨 학생들도, 리트 준비 과정이 너무 수월했다고 하는 사람은 찾아보기 어렵다. 나 역시 시험 직전까지 밥도 제대로 못 먹었고, 시험 생각에 매일 밤 잠을 설쳤다. 시험이 걱정되는 건 너무 당연한 일인 만큼 막연한 공포에 매몰되지 말고 자기에게 맞는 공부법을 만들어서 꾸준히 노력한다면 좋은 결과가 있을 것이라고 믿는다.

리트 공부, 하면 된다?

서울대학교 법학전문대학원 15기 황시목
서울대학교 경제학부 졸업

　서울대 법학전문대학원에 합격한 후에 여러 수험생으로부터 똑같은 질문을 들었다. "공부한다고 리트 성적이 오를 수 있을까요?" 리트를 처음 접할 때는 그렇게 막연한 시험이 없다. 암기 과목이 아니다 보니 필수적으로 학습해야 할 부분이 없어 무엇을 공부해야 할지부터 막막하다. 더불어 공부를 해도 해도 준비된 게 아무것도 없는 듯한 느낌이 리트를 치기 전까지 지속된다.

　리트는 기본 능력이 차지하는 비중이 100퍼센트에 수렴하기에 처음 리트 성적이 낮으면 로스쿨을 포기하라고 말하는 이들도 종종 있다. 하지만 이는 절대로 사실이 아니다. 막연한 느낌이 있는 건 사실이지만 공부를 해도 성적이 오르지 않는 건 아니다. 만약 성적이 오르지 않는다면 공부 방법에 어떤 문제가 있는지 검토할 필요가 있다. 나는 실제로 학습을 통해 표준점수 135(원점수 언어 24, 추리 30)에서 152(원점수 언어 25, 추리 38)까지 리트 점수를 올렸기에 자신 있게 말할 수 있다. 지금부터는 리트 성적을 올린 과정에 대해 나의 이야기를 풀어보겠다.

실패로 끝난 첫 번째 리트 도전

나는 대학교 2학년 때 코로나 사태가 발생한 탓에 학교생활에서 할 수 있는 게 많지 않았다. 그래서 빠르게 조기 졸업을 하고 법학전문대학원에 가려는 계획을 2학년 여름방학부터 세웠다. 계획상으로는 3학년 내에 50학점을 수강하고 리트 공부도 열심히 하여 학업과 리트 성적 모두 잡는 것이 목표였지만, 두 가지를 모두 챙기는 것은 생각보다 어려웠다.

특히 나는 로드(해당 수업이 학기 전반에 걸쳐 요구하는 시간과 공부량)와 시험 범위를 전혀 신경 쓰지 않고 수업을 선택하는 편이라 학업 부담이 상당했던 데다 리트는 공부해도 성적이 잘 안 오른다는 리트 신수설을 신뢰했던 탓에 리트 공부를 사실상 미뤄놓았었다. 그렇게 시간이 흐르고 시험 직전에야 처음으로 〈법률저널〉 모의고사를 쳐 보았는데, 낙심할 정도의 성적을 받았다. 사설 모의고사는 본시험과는 다르다고 생각하며 스스로를 위로했지만, 결과는 본시험에서도 크게 다르지 않았다. 4점대 초반의 학점으로 서울대 법학전문대학원에 들어가기에는 리트 성적이 턱없이 낮았고, 모의 지원에서도

2배수를 넘어섰다. 자소서와 면접으로 뒤집을 수 있으리라 믿어보 았지만, 결국 서류 전형에서 탈락하고 말았다.

지금 생각해보면 실패의 원인은 두 가지였다. 우선 자신을 너무 과신하고 계획을 짰다는 점이다. 사실 나는 두 가지 일을 한꺼번에 잘해내는 편이 아니었음에도 그런 점을 간과하고 절대적인 시간만 을 계산해서 빈 시간을 모두 활용할 수 있다는 생각으로 계획을 세 웠었다. 결국 학점과 리트 성적 두 마리 토끼 모두 잡지 못했다. 두 번째는 리트 공부를 하지 않아도 된다는 잘못된 판단으로 그에 대 한 공부를 소홀히 한 점이다. 고등학교 때 국어 성적이 안 오른다고 다들 말하지만 노력으로 국어 성적을 올리는 경우가 분명히 있다. 성적이 안 오른 사람들의 말에 귀 기울이지 말고 성적이 오른 사람 들의 이야기를 들어보려 노력했어야 했는데 그렇게 하지 않았던 것 이다.

이 두 가지 이유로 결국 나는 실패의 쓴맛을 보게 되었다. 그나마 다행인 점은 3학년 2학기에 공부를 열심히 하여 다시 4점대 초반의 성적을 만들어놓았었다는 것이다. 3학년 때 총 48학점을 들으며 졸 업 학점을 거의 다 채운 나는 4학년 1학기에 접어들며 다시 한 번 로 스쿨에 도전할 수 있었다.

두 번째 도전, 길을 찾고 달리다

두 번째로 리트를 준비할 때는 졸업까지 남은 학점이 2학점뿐이어서 시간이 충분했다. 첫 번째 리트 실패를 반면교사 삼아 무엇이 문제였는지 돌아보았고, 위에서 언급한 두 가지 문제를 깨닫게 되었다. 첫 번째 문제는 1학기에 3학점만 수강함으로써 해결했지만, 리트를 어떻게 공부해야 할지에 대한 문제는 아직 남아 있었다. 그래서 여러 합격 수기들을 읽었고, 언어이해와 추리논증 문제를 푸는 방법에 대한 많은 조언을 찾을 수 있었다. 성적이 오른 사례들을 통해 나도 성적을 올릴 수 있다는 자신감을 갖게 되었고, 이후 나에게 맞는 리트 공부법을 찾기 위해 이런저런 노력을 기울였다.

언어이해 학습 방법

먼저 언어이해 과목은 수능의 국어 비문학과 비슷하다는 평가를 리트 공부를 시작하기 전부터 많이 들었었다. 하지만 국어 비문학의 경우 요즘 지문 하나에 문제 여섯 개가 묶이고 지문의 길이가 상당히 길기 때문에 정보 정리가 중요하다. 반면 언어이해의 경우 지문의 길이가 비문학에 비해 짧은 대신 지문의 난도가 높고 지문에 묶여 있는 문제는 세 개로 적은 편이다. 더불어 거의 모든 지문에 출제되는 '보기'가 달린 문제는 관점의 다양화 혹은 지문 내용의 응용을 요구한다. 그렇기에 수능의 국어 비문학 지문보다 지문의 주요 내용을 체화하고 이를 응용하는 과정을 더 짧은 시간 안에 해내야 한다. 이러한 특성을 감안할 때 언어이해에서 고득점을 확보하기 위해서는 사고 능력을 길러 깊이 있는 사고를 하는 데 걸리는 시간을 줄이거나, 아니면 일반적인 상식을 늘려 낯선 소재와 마주칠 확률을 낮춤으로써 깊이 있는 사고를 할 수 있는 시간을 확보해야 할 필요성을 느꼈다.

위의 두 가지 중 깊이 있게 사고하는 능력을 기르기 위해서는 어려운 논문이나 도서를 많이 읽는 방식이 있다. 나는 이 방법을 이용하지는 않았지만, 언어이해 과목이 필요로 하는 본질적인 능력을 높이기에 좋은 방법이라고 생각한다. 결국 언어이해 지문들도 논문에 기반하는 경우가 많으므로 그 사고의 흐름과 결론 도출 방식들이 비슷할 수밖에 없기 때문이다. 더불어 글을 읽으며 그 글의 근거와 논점을 연결하는 방식을 훈련하는 것은 이해력을 높여 언어이해 문제를 푸는 데 있어 큰 힘이 될 것이다. 다만 이 방법은 나처럼 한 번에 두 가지 일을 못 하는 사람에게는 상당한 부담이 될 수 있다. 나의 경우 4학년 때 이 방법이 필요하다고 느끼긴 했지만, 리트 공부만으로도 체력이 다 소모되어 그 이상의 공부를 할 수 없다는 판단이 들었다. 결국 이 방법은 제외할 수밖에 없었다. 언어이해 문제를 푸는 데 시간이 오래 걸리거나 아직 리트를 본격적으로 공부하기 전이라면 이 방법부터 시작하는 것이 좋다고 생각한다.

대신 내가 언어이해와 관련하여 6개월 동안 준비한 부분은 깊이 있는 사고를 할 수 있는 시간을 확보하는 것이었다. 70분이라는 짧은 시간 동안 열 개의 지문을 풀기 위해서는 마킹하는 시간까지 포함해서 한 지문당 7분 안에 풀어내야 한다. 지문 한 개에 포함된 문제 세 개를 읽고 푸는 각각 데 1분이 걸린다고 가정하면 지문은 늦어도 4분 안에 풀어야 한다. 물론 지문 하나를 버리거나, 지문의 난도에 따라 시간을 달리한다고 하면 시간이 조금 달라질 수는 있다고 하더라도 길게 잡아도 지문당 8~9분을 넘기기는 어렵다. 그렇다면 지문을 초독할 때 모든 근거나 결론을 도출하는 과정을 암기하지는 못하더라도 각 문단의 논점이 무엇인지, 글의 결론과 어떠한 관계를 맺는지는 이해할 필요가 있다. 여기서 학습의 힌트를 얻었는데, 내가 찾아낸 방법은 시험에 나올 가능성이 있는 기본 개념은 알고 시험을 치자는 것이다.

리트는 시험의 성격상 모두가 배운 기초 교육과정과 연결해서 출제하려는 경향을 보인다. 그렇기에 중학교, 고등학교 때 배운 기초적인 개념을 더욱 심화된 개념과 연관시켜 문제가 출제된다. 하지만 리트 수험생들은 보통 중·고등학교 교육을 받은 지 꽤 시간이 지났기 때문에 대학에서 배운 전공 외의 분야에 대한 지식은 잊은 경우가 많다. 이렇게 되면 지문을 읽을 때 기본 지식을 모르기에 먼저 이해 및 암기를 하고 본개념에 들어가야 이해가 된다는 문제가 발생한다. 기본 지식을 지문을 읽는 동안 이해 및 암기해야 하므로 시간이 추가로 들어가게 되고 결국 시간 안에 문제를 풀기란 매우 어렵다. 그렇기에 기출문제를 풀면서 자신이 모르는 분야를 빠르게 찾고, 이를 보완하기 위한 학습을 해주어야 한다.

나의 경우, 기출문제를 풀 때 생명과학 문제가 항상 나옴에도 불구하고 관련 개념을 몰라 문제 푸는 데 시간이 너무 많이 소요되었고, 결국 전체 문제를 푸는 데까지 영향을 미쳤다. 그래서 생명과학의 기초 개념을 공부하기 위해 EBS 생명과학 강의를 들었다. 리트 공부로 머리가 아플 때마다 틈틈이 과학 인강을 들었고, 이렇게 쌓은 지식은 리트에서 생명과학 문제를 풀 때 큰 도움이 되었다. 이후 생명과학 문제가 나올 때마다 보다 자신감을 가지고 풀 수 있게 되었을 뿐 아니라 문제 푸는 데 걸리는 시간 또한 많이 줄어들었다.

인강 외에 기출문제를 여러 번 읽는 것도 많은 도움이 되었다. 예를 들어 법철학 지문에서 칸트와 헤겔은 자주 등장하는 철학자들이다. 거의 모든 회차에 나오며 앞으로도 나올 가능성이 농후하다. 이들과 관련된 책을 읽는 것도 좋지만, 내 경우에는 기출문제를 반복하여 풀어보는 것만으로도 이들에 대한 기본 지식을 쌓고 시험에 출제되는 방식도 알 수 있었다.

추리논증 학습 방법

나는 처음 추리논증 문제를 풀 때부터 신기하게도 항상 시간이 남았다. 그런데 희한하게도 맞는다고 생각한 부분에서 오답이 발생하는 경우가 많았다. 시행착오를 거듭한 끝에 나의 논리 사고 과정의 오류로 인해 그러한 결과가 발생함을 깨달았다. 구체적으로는 문제에서 내가 채워 넣어야 할 부분과 그렇지 않은 부분을 잘 구분하지 못하는 점이 문제였다.

논리 사고 과정을 바꾸기 위해서 가장 좋은 방법은 기출문제에서 나온 풀이법을 체화하는 것이라고 생각했다. 그래서 자신의 실력을 알아본다는 명목하에 추리 문제를 아끼는 방식은 과감히 포기했다. 기출문제 외 다른 방법을 통하여 기출과 가까운 논리 구조를 습득하기에는 그 반경이 너무 넓은 것이 첫 번째 이유였다. 두 번째 이유는, 기출문제 안에는 어떠한 논리 구조를 가지고 문제를 풀어야 할지에 대한 답이 나와 있는데 이를 보지 않고 해답을 찾아나가는 것은 시간이 오래 걸린다는 것이었다. 이렇듯 나에게 있어서는 기출문제를 봐야 할 필요성이 명백했기에 이후로는 기출문제를 반복적으로 풀며 문제 내의 논리 구조를 습득하는 데만 집중했다.

기출문제를 연도별로 하나씩 풀면서 틀린 문제들에 대해서는 나의 사고 방법과 문제에서 요구한 사고 방법이 어떻게 다른지를 대조해보았다. 이때 특히 '사실관계' 확인과 '결론 도출 과정'을 기출문제에서는 어떻게 다루는지를 집중적으로 분석했다. '사실관계'의 측면에서는 내가 이용한 부분과 문제에서 주목한 부분의 차이점을 분석했다. 많은 이들이 실수라고 치부하고 넘어가기도 하지만, 본질적으로 중요한 부분에 대한 나의 인식과 출제자의 의도가 다르기 때문에 생길 수 있는 문제라고 생각하였기 때문이다. 그렇기에 그 관점의 차이를 해소하기 위해 노력했다.

구체적으로 나는 지문 강화·약화 문제에 약했기 때문에 이를 기반으로 설명해보겠다. 다음 페이지에 나온 사진은 2009년도 리트 추리논증 30번 문제이다. 처음 이 문제를 접했을 때 1번과 3번 선지 중 정답을 고르기 어려웠다. 이때 단어와 논리학 기호를 적절히 조합해 지문을 단순화한 후 근거를 찾는 방법을 이용하였다. 그럴 때 1번 선지는 지문으로부터 도출될 수 있는 정보이지만, 3번 선지는 인식할 수 있는 대상을 '거리'를 넘어 '지각되는 모든 것'으로 범위를 넓히므로 보다 일반적인 조항이라는 사실을 인식할 수 있었다. 문제되는 부분보다 넓은 범위가 '참'이라면 그 속에 속한 부분은 모두 참일 것인 바 이는 문제의 논리 구조를 강화한다. 따라서 이를 근거로 3번이 정답이라는 결론을 내릴 수 있었다.

30. 다음은 거리 지각에 관한 18세기 철학자의 논증이다. 이 논증의 암묵적 전제로 가장 적절한 것은?

> 나는 다른 사람의 감정을 직접 볼 수는 없지만 사람의 얼굴이 붉어지거나 창백해지는 것을 지각함으로써 그가 부끄러워하는지 아니면 공포를 느끼는지를 지각할 수 있다. 만약 내가 어떤 사람의 얼굴이 붉어지거나 창백해지는 것을 지각할 수 없다면 그의 감정을 지각할 수도 없다. 따라서 지각될 수 없는 관념이 그것과는 다른 관념을 지각하는 수단이 될 수 없음은 명백하다.
>
> 동일한 시선 상에 있는 대상들은 멀고 가까움에 관계없이 우리 망막에 같은 점으로 맺히기 때문에 거리 그 자체가 지각되는 것은 아니다. 그러나 어쨌든 우리가 거리를 시각에 의해 지각한다는 것은 명백하다. 그러므로 거리는 시각에 의해 직접 지각되는 관념을 통하여 지각된다고 추론할 수 있다. 이에 대해 광학자들은 우리가 물체를 볼 때 안구를 움직여서 두 안구 사이를 지나는 선과 각 안구가 물체를 바라보는 선들이 이루는 각들이 더 작아지거나 커지는 것을 지각하며, 그 결과 자연 기하학의 방법에 의해 그 교점들이 더 가깝거나 멀다고 판단한다고 설명한다. 그러나 광학자들이 설명하려고 하는 선과 각은 결코 우리가 지각할 수 있는 것이 아니며, 광학에 익숙하지 않은 사람들은 그런 것들을 생각조차 하지 않는다. 그러므로 거리는 선과 각에 의해 지각되는 것이 아니다.

① 거리는 지각되는 대상을 통하여 간접적으로 지각된다.
② 거리 지각은 기하학의 증명이 갖는 확실성을 갖지 못한다.
③ 어떤 것도 지각되는 것을 통하지 않고서는 인식될 수 없다.
④ 선과 각 같은 기하학적 대상들은 지각을 설명하는 데 적절하지 않다.
⑤ 광학자들의 이론이 받아들여지려면 기하학의 방법에 의해 증명되어야 한다.

※ **30** 전제 + 결론 논증 강화

표정 → 감정 파악 / ~표정 → ~감정파악 / ~지각 → ~하 관념지각 ←단
거리 그 지각은 지각X / 시각 → 거리 / 선과 각 → ~지각
⇒ ~선과 각 → ~거리

풀: 연계 즉 전제와 현상 간 연관관계와 더불어 '전제'가 성립하기 위한
요건도 강화될 필요 있다. ⑭ '보충'은 제시문에서 주론되지 않는 내용일 뿐요.
└ 좋은 말 한 것 같더라도 그 속에서 '하자'를 느낄 뿐요
└ 소전제 보조는 대전제를 중심으로 풀어야 한다.

다음으로는 공책에다가 모든 문제의 지문 형태를 분석했고, 각 선지가 틀리거나 맞는 이유를 분석해보았다. 모든 문제를 분석한 이유는, 맞힌 문제라도 그 답안을 도출하기 위한 근거나 논리 과정이 다를 수 있기에 이를 확인할 필요가 있었기 때문이다. 이 과정에서는 '문제의 유형'을 분석하고, '문제로부터 답을 도출해나가는 과정'을 찾는 데 주의를 기울였다. 구체적으로는 노트에 위 문제의 핵심, 이용된 사실관계, 답안 도출 과정을 상세히 기술하고, 마지막으로는 위 문제의 소재가 무엇인지, 어떤 유형의 논리 구조를 갖고 있는지 기술하였다.

나는 문제의 유형을 크게 논리 퀴즈, 일치·불일치, 강화·약화, 주장·근거, 수리, 가설·논증, 주장·반박 정도로 나눴다. 각각의 유형은 또 법, 철학, 경제, 과학 등과 엮일 수 있기에 가짓수가 엄청나게 많았지만 기출문제 또한 누적된 양이 꽤 되는 만큼 기출문제를 통해 대부분의 유형을 접할 수 있었다.

이러한 문제들을 모두 정리하는 게 많이 지루한 작업이긴 했지만, 모든 유형을 한 번 꼼꼼히 살필 수 있어 내겐 도움이 많이 되었다. 이 과정을 거친 후 새 노트를 사서 동일한 과정을 한 번 더 반복했다. 나는 오답노트를 다시 읽어보는 것보다 문제집을 한 권 더 사서 풀어보는 걸 더 편하게 생각하는 편이었기에 이러한 과정이 논리 구조를 습득하는 데 도움이 되었지만, 만약 오답노트를 기반으로 공부하던 습관이 있는 사람이라면 이미 정리해놓은 노트를 다시 보는 것도 좋은 선택이라고 생각한다.

이러한 과정을 거치면 총 세 번 기출문제를 접한 셈이 된다. 이전에 합격 수기에서 기출문제를 예닐곱 번 풀었다는 이야기를 읽은 적이 있기에 이를 답습하고자 했고, 이후부터는 따로 정리하는 과정 없이 문제지를 새로 출력해서 기출문제를 반복해서 다섯 번씩 더 풀었다. 이렇게 노력한 덕분에 각 문제에 내재되어 있는 논리 구조를 파악하는 감각을 얻을 수 있었던 것 같다.

나의 공부 점검법: 스터디, 모의고사

리트 스터디는 인원이 중요한 것이 아니라 나에게 맞는 방식으로 하는 것이 중요하다고 생각해서 뜻이 맞는 고등학교 친구와 둘이 줌으로 스터디를 했다. 위에서 언급한 공책에 정리한 내용을 바탕으로 서로 자신이 생각한 문제의 핵심, 논증 구조 등을 이야기했다. 그 과정에서 너무 쉽다고 생각한 문제는 조금 빠르게 지나가고 한 명이라도 어렵다고 생각한 문제에 대해서는 답이 어떻게 도출되었는지, 어떠한 유형에 속하는지를 보다 깊이 있게 논의했다. 이렇게 주 1회, 2~3시간 정도 함께 토의했고, 시험 기간에는 2주 정도 쉬면서 하다 보니 3월부터 시작한 스터디는 6월 말 정도 되어서야 끝났다. 이후에는 본인의 공부에 더욱 집중하기 위해 리트까지는 스터디 없이 개인적으로 공부를 했다. 위 스터디를 통해서는 뭔가 새로운 걸 알아가기보다는 잘못된 관점을 가지고 있던 부분을 서로 고쳐주는 방향으로 진행했고, 사고를 전환하는 데 꽤 도움이 되었다.

다음으로 사설 모의고사는 학업에 있어서 자신감을 주는 동시에 동기를 유발해주었다. 처음 〈법률저널〉 1차 모의고사를 쳤을 때는 성적이 그리 좋지 않았지만, 공부 후 메가로스쿨 모의고사 1차, 2차 시험에서는 모두 성적이 한 자릿수의 등수에 들면서 나의 공부법에 조금 더 확신을 가질 수 있었다. 그러다가 더 이상 공부해야 할 필요성을 느끼지 못하는 슬럼프가 찾아왔고, 이때 공부 패턴이 크게 무너졌다. 이후 메가로스쿨 모의고사에서 한 번은 언어이해가, 다른 차수에서는 추리논증이 퐁당퐁당 방식으로 성적이 바닥을 쳤다. 이를 계기로 경각심을 갖게 되면서 슬럼프를 극복, 마지막으로 친 〈법률저널〉 모의고사에서는 1등이라는 성적을 거뒀다. 그러한 자신감을 바탕으로 실제 리트 시험장에 가서도 떨지 않고 시험을 칠 수 있었고 결국 좋은 성적을 거뒀다.

혹시 모를 위험을 대비하다
큰 시험 이전에는 학업 외적인 부분을 관리하는 것 또한 매우 중요하다. 우선 리트는 아침에 치는 시험이므로 적어도 한 달 전부터는 수면 패턴을 시험 시간에 맞춰야 한다. 나의 경우 초시 때 새벽

2시에 자서 시험을 쳤었는데, 시험 한 달 전부터 밤 11시 취침을 습관화하고서 시험을 봤을 때 시험장에서의 컨디션이 훨씬 좋았다. 이렇게 최적의 상태로 시험을 칠 수 있게 맞춰놓아야만 그동안 노력한 것을 시험장에서 잘 드러낼 수 있다.

리트만 준비하는 학생의 경우에는 체력 및 멘털 관리 방안을 마련해야 한다. 리트라는 시험의 특성상 문제들이 빠른 속도로 스르륵 지나가기 때문에 짧은 시간 동안 최대한의 집중력을 발휘해야 한다. 멘털이 약하거나 체력이 부족하다면 집중력이 흐트러지는 상황이 생겼을 때 제대로 대처하지 못해 시험을 망칠 수 있다. 그렇기에 평소에 꾸준히 준비해둘 필요가 있다.

나는 스포츠를 좋아해서 리트를 준비하는 기간에도 꾸준히 운동을 하며 체력을 키웠고, 또 교회를 다니며 불안한 마음을 많이 다스려왔다. 이렇게 학업 이외의 활동을 꾸준히 한 결과 시험 중 숨막히는 문제와 마주치더라도 집중력을 잃지 않고 끝까지 최선을 다할 수 있었다.

기술적으로 문제 푸는 과정을 훈련하는 것이 리트 시험을 준비하는 과정이다 보니 단기간에 괄목할 만한 성과를 거두기 힘들기에 공부 과정이 지루하게 느껴지는 경우가 많다. 이에 리트는 공부해도 성적이 오르지 않는 시험이라는 생각에 공부를 그만두고 싶어지는 경우가 많다. 나 또한 그랬고 그 과정을 견디기는 너무나도 힘들었지만, 이를 견뎌낸 결과 원하는 학교에 입학할 수 있었다. 누구든지 이런 과정을 견뎌낸다면 그간의 노력이 유의미한 결과로 이어지는 결말을 맞이할 수 있을 것이다.

내가 뭐라도 된 줄 알았다

서울대학교 법학전문대학원 15기 후회할수도있지
연세대학교 경제학부 졸업

달력은 8월의 마지막 날을 가리키고 있었다. 리트만 잘 보면 감사한 마음으로 최선을 다해 포스트리트 준비에 매진하리라 기대했건만 역시 사람 마음은 참으로 간사하다. 눈 한 번 감았다 떴더니 벌써 40일이 지났다고? 말이 안 된다.

지난 1월부터 8월까지의 시간이 주마등처럼 스쳐 지나간다. 리트 준비는 한 해 내내 나를 괴롭혔다. 항상 같은 옷차림에, 하루에 다섯 마디도 하지 않는 날이 잦았다. 한 번도 경험해본 적 없는 지루하고 고요한 일상이었다. 수능 수험생일 때는 함께 울고 웃을 같은 처지의 친구들이 백 명이 넘었는데, 리트 수험생일 때는 옆에 아무도 없었다. 모든 걸 혼자 계획하고 결정하고 해내야 했다.

살면서 제대로 된 계획이란 걸 세워본 적이 있던가? 아니, 문제를 정면으로 마주하고 돌파해본 적이 있던가? 항상 미루고 회피하려는 종자가 바로 나였다. 고등학교에 진학할 때도, 대학교 학과를 결정할 때도 그랬다. 로스쿨의 길을 결심한 것도, 결국은 '어디에라도 쓸모가 있겠지'라는 지극히 회피적인 성향의 소산인 셈이었다. 그런 성향을 힘써 눌러가며 공부하고, 기대도 안 한 점수를 받고 나니 뒤늦게 찾아온 보상 심리에 집중이 될 리 없었다. 밀린 약속을 해치우고 PC방에서 밤을 새우기를 계속, 8월 내내 놀아버렸다.

포스트리트의 핵심, 자기소개서 준비하기

결국 아무것도 해둔 것 없는 상태로 9월을 맞이했다. 시간을 많이 낭비했다고 그만큼 의지가 새로 생기는 건 아니었다.

정말로 온 힘을 다해 리트 이후의 일정, 즉 포스트리트를 준비한다면 7월 말 리트 시험이 끝난 직후부터 자기소개서 작성을 시작하는 게 합리적이다. 정량점수(100점 만점으로 환산한 학점, 리트 표준점수 등 객관적으로 드러나는 점수)가 정해지면 어느 정도 지원 가능한 로스쿨의 범위는 결정된다. 하지만 '그 로스쿨에 합격할 수 있는가?'는 자기소개서와 면접 등을 아우르는 바로 이 '포스트리트'에 달려 있다.

포스트리트에서도 가장 중요한 단계인 자기소개서를 비롯한 서류 제출 마감 기한은 늦어야 10월 첫 주이다. 경우에 따라서는 포스트리트를 준비하는 학기에 졸업을 위해 많은 수업을 수강해야 할 수도 있다. 그럼 오롯이 자기소개서에만 집중할 수 있는 기간은? 실질적으로 8월 한 달 정도다.

바로 그 한 달을 통으로 날린 나였다. 그나마 졸업 이수학점 하나
는 끝내주게 잘 채워둔 덕분에 나는 마지막 학기에 수업을 거의 들
을 필요가 없었다(과거의 내가 거의 유일하게 잘한 일이다). 그렇다고 여
유가 넘치는 건 당연히 아니었기에 이제는 결심을 해야 했다. 가장
먼저, 자주 다니던 스터디 카페 정기권을 등록했다. 좋아하는 구석
자리에 앉아 글감만 어질러놓다 만 워드 파일과 자기소개서 양식 파
일을 열었다.

로스쿨 자기소개서는 로스쿨 지원 동기와 학업 능력, 앞으로의 진
로 계획을 드러내는 글이다. 수강했던 학교 강의나 연구 활동, 대외
활동 경험 '과정'에서 로스쿨 지원 동기를 찾아낼 수 있을 것이고, 그
'결과'로 훌륭한 학점이나 대회 수상 경력 등이 있다면 학업 능력도
어필할 수 있다. 일련의 과정과 결과를 차근차근 늘어놓다 보면, 마
지막에는 자연스럽게 미래의 진로 계획이 따라나올 가능성이 높다.

물론 자기소개서의 구체적인 주제와 분량은 각 로스쿨마다 어느
정도 차이가 있다. 대부분은 지원 동기, 진로 계획, 학부 생활 안팎
의 학업 활동과 단체 활동 경험을 묻는데, 서울대학교 로스쿨처럼
특별히 공익 활동에 대한 문항을 따로 두는 경우도 있다. 분량도
로스쿨마다 다르다. 내가 지원한 두 로스쿨의 경우 각각 2,500자와
6,000자로 큰 차이가 있었다. 두 로스쿨의 자기소개서에서 묻는 내

용이 비슷하다면, 보통은 분량이 더 긴 자기소개서를 먼저 쓰게 되는 것 같다.

지원 동기, 학업 능력 등을 보여줘야 한다는 점에서 로스쿨의 자기소개서는 대입 자기소개서와 기본적으로는 비슷하다. 하지만 조금 더 뜯어보면 방향성은 상당히 다르다. 가령, 대입 자기소개서에서도 앞으로의 진로 계획을 어필하긴 하지만, 그걸 구체화해서 적는 데에는 당연히 한계가 있다. 학교 측에서도 일개 고등학생에게 그렇게까지 구체적인 내용을 바라지는 않는다고 생각한다. 하지만 로스쿨 자기소개서의 경우 '학부 졸업생 중에서 변호사시험에 응시할 예비 법조인을 선발하는 과정'이다. 결국 법조인이라는 한정된 진로 범위에서 관련 경험이든 계획이든 더 세부적이고 더 구체적이어야 한다는 뜻이다.

글은 대입 자기소개서에 비해 훨씬 구체적으로, 더 많이 써야 하는데, 고등학교 때와 비교해보면 대학교에 와서 한 일은 오히려 훨씬 적었다. 고등학교에서는 수시 전형을 준비하기 위해 교과 및 비교과 활동으로 점철된 3년을 보냈지만, 대학교에 오고 나서는 탐구 보고서를 쓰라고, 대회에 나가라고 등 떠미는 선생님이 없었다. 그만큼 대학에서의 4년은 자유가 보장되어 있긴 했지만 성취는 부족했다. 이제 와서 후회해도 바꿀 수 있는 건 별로 없었다. 텅텅 빈 4년으로 6,000자 자기소개서를 어떻게 채울지 눈앞이 깜깜해졌다.

의식의 흐름대로 첫 줄을 썼다 지웠다 하기를 반복하고 있자니 무명 작가들의 막막한 마음이 십분 이해됐다.

글감 자체는 이미 정해진 거나 마찬가지였다. 4년 내내 학교만 다닌 나에게, 글감을 취사선택할 여유는 남아 있지 않았다. 말 그대로 영혼까지 끌어모아 글감을 모았다. 그래 봤자 어찌 잘 엮으면 법학이 쓰일 것 같은 전공 수업 몇 개, 그나마 흥미를 갖고 열심히 들었던 법학 과목들, 그리고 열심히는 했지만 가볍게 예선 탈락 한 공모전 두어 개가 전부였다.

우선 법학 강의의 경우, 열심히 듣기는 했지만 거의 다 교양 수업 수준이었다. 그 자체로 로스쿨 지원 동기가 될 만큼 흥미로운 이야기나 충분한 문제의식을 찾아내기는 어려웠다. 법 관련 공모전도 마찬가지였다. 자연스러운 흐름의 글이 되려면, 공모전 이야기 이전에 거기에 '나가려는 동기'가 필요했다. 결국은 어떻게든 나의 전공인 경제학에서 답을 찾아야 했다.

로스쿨에 들어가고 나면 내 전공이 바로 법학이 되는 거였다. 그런데 자기소개서에 본전공인 경제학 강의를 배제하고 법학이나 다른 전공 수업을 강조하기에는, 아는 것도 별로 없을뿐더러 전공 공부를 소홀히 했다는 인상을 줄 우려가 있었다. 경제학이 전공으로서 그리 맘에 드는 건 아니었지만, 결국은 돌고 돌아 경제학이었다. 물론 이런 이유가 아니라도, 법학과 학부 생활의 연결고리를 보여주기에 경제학 전공은 충분한 메리트가 있었다. 전체 과목이 한눈에 보이는 성적표를 펼치고 법학과 연관 지을 만한 몇 개의 강의를 골랐다.

이제 글감을 정했으니 진짜 쓰기만 하면 됐다. 하지만 시작이 제일 어려웠다. 시작이 반이라고 하는 말은 지금 생각해도 백번천번 맞는 말이다.

다양한 분야의 법조인을 양성하겠다는 법학전문대학원의 설립 취지상, 공공 기관, 사기업, 연구 기관 등에서 일했던 사람들이 꽤나 많이 지원하는 추세였다. 가령 'ㅇㅇ 전자에서 일하다가 지원했다'든가, '공학을 연구하다 보니 법적 해결의 필요성을 느꼈다'든가 하는 거창한 동기를 자기소개서에 자신 있게 쓸 수 있는 사람들이 많았다. 그런 사람들과 비교했을 때 조용히 학교 수업만 들었던 나는 내세울 만한 지원 동기가 없었다.

자기소개서를 읽는 순서는 시작이 지원 동기이고 마지막이 미래 계획이다. 하지만 자기소개서를 '쓰는' 과정은 정반대의 구조라고 봐야 한다. 로스쿨에 합격하신 법학회 선배들의 자기소개서를 받아보니, 법조인의 꿈을 갖기까지 여러 활동이 유기적인 구조를 이루어 지원동기를 구성하고, 그 끝에서 희망하는 법조인상이 결론으로 드러나는 모양새였다. 그렇게 읽었으니, 읽은 대로 글을 쓰려고 했지만, 쓰는 건 전혀 다른 문제였다. 즉, 실제로 자기소개서를 쓰려고 할 때는 처음부터 '왜 로스쿨에 가려 하는가?'라든가 '로스쿨 졸업

이후에 어떤 법조인이 되고 싶은가?'라는 질문에 대한 답이 정해져 있어야 했다.

바로 그 답이 나에게는 아직 없었다. 막연히 '아마 진로를 설정한다면 로스쿨일 것'이라는 정도의 생각만 있었을 뿐, 로스쿨 이후의 진로를 치열하게 고민해본 적이 없었다. 스케치도 하지 않고 그림을 그리기 시작하니, 나름대로 고생해서 얻은 경험들이 좀처럼 그림에 잘 묻지 않았다.

학점 높은 게 최우선이라니 학점 잘 주는 '꿀강'을 최우선으로 듣고, 선배들이 다들 자기소개서에 썼다기에 그 말대로 '조직론' 관련 경제 강의들을 수강했다. 경제와 법 둘 다와 관련 있어 보이는 공모전에 한번 나가보거나, 본전공이 경제니까 경제 상식 멘토링 봉사에 참여했다. 그 활동이 내 진로에 어떤 쓰임새가 있는지 구체적으로 고민하지 않았으니, 막상 자기소개서에서 소재들의 연관성을 찾아 법조인의 꿈으로 연결하기 어려웠다.

결국 큰 틀을 먼저 짜는 걸 포기하고, 급한 대로 글자 수부터 채우기로 했다. 가려는 목적지를 모르니 자기소개서 초고를 짜는 데만 거의 3주가 걸렸다. A+ 학점을 받았던 전공 강의는 최대한 여러 개 언급하고, 법학 강의도 많이 들었으니 그것도 글자 수를 채우는 데 활용했다. 그 외에는 법학회 활동, 공모전, 멘토링 활동 등을 있는 대로 다 집어넣었다. 결국 결론으로 얼렁뚱땅 내놓은 건 "제가 딱히 한 일은 없지만, 학부 생활 내내 수업은 정말 열심히 많이 들었고, 특히 법학에 관심이 많아서 그걸 또 전공만큼 많이 들었습니다"였다.

하나의 이야기가 아니라 여러 문항을 따로따로 만들어 억지로 붙여놓은 느낌이라 결과물이 썩 마음에 들지는 않았지만, 일단 초고는 완성했다는 생각에 마음이 놓였다. 어디에든 당장 눕고 싶었다. 달력은 어느덧 9월의 마지막 주를 앞두고 있었다. 함께 입시를 준비하는 동기나 지인은 선배에게 조언을 구하거나, 학원의 첨삭을 받거나, 자기소개서 스터디를 마무리해가는 시점이었다.

나는 학원에 비싼 돈을 내고 첨삭을 받고 싶지는 않았다. 주변에서 별 도움이 안 됐다는 후기가 너무 많이 들려왔고, '그렇게까지 해야 하나?' 싶기도 했다. 그렇다고 함께 입시하는 사람들과 스터디를 꾸려서 자기소개서를 공유하며 서로 평가를 주고받자니, 괜히 내가 다른 사람의 잘 쓴 부분을 모방하게 될 것만 같았다. 부끄러운 내 자기소개서를 보여줄 만큼 친분 있는 로스쿨 선배도 없었다.

결국 나는 셋 중 어느 방법도 택하지 않았다. 아무렴 어떤가. 나름대로 괜찮은 정량점수 보유자이고 자기소개서도 많이 써봤는데, 내 성에 차지 않더라도 전체에서 중간 정도는 가지 않겠는가? 본격적으로 자기합리화를 하기 시작했다. 하지만 선배든, 학원이든 도움을 청하는 게 바로 그 자기합리화를 막기 위함임을 깨닫기까지는 그리 오래 걸리지 않았다.

딱 한 번의 충격이면 충분했다.

오랜만에 가진 모임에서, 법학회 활동부터 입시까지 함께했던 지인과 이야기를 나누게 되었다. 나도 그의 자기소개서를 딱 한 번 읽고 가볍게 피드백을 줬던 적이 있었고, 정말 믿을 만한 사람이었기에 이 사람에게는 슬쩍 초안을 보여줘도 괜찮겠다고 생각했다.

보여주자마자 호되게 욕을 먹었다. 사실 첫 마디가 욕은 아니었지만, 그 사람이 내 글을 읽고서 처음으로 꺼낸 이야기는 가슴을 후벼 파는 것이 욕이나 다름없었다. 그는 충분한 정량점수를 갖고도 자기소개서를 대충 썼다가 탈락의 고배를 마신 사람이 있다는 전설을 내게 들려주었다. 뒤통수를 세게 얻어맞은 듯했다. 결국 술은 입에도 대지 못하고 한참 혼이 난 뒤에, 그 친구에게 고맙다는 말을 전하고 도망치듯 집으로 돌아왔다.

다음 날, 이른 아침에 일어나 어젯밤의 충격을 그대로 안은 채로 글을 다시 처음부터 끝까지 읽었다. 아니, 사실은 글이 너무 별로라 어디가 처음이고 어디가 끝인지도 알 수 없었다. 자기소개서 과외도 하고 다녔었는데, 수업하고 첨삭할 때 습관처럼 가르쳤던 기본 원칙들을 정작 과외 선생인 내가 하나도 지키지 않고 있었다.

결국 자기소개서 제출 마감을 일주일 정도 남겨둔 시점에 자기소개서를 처음부터 다시 쓰기로 결정했다. 일단 전체 성적표와 글감 파일을 다시 열었다. 이번에는 자기소개서 과외 할 적에 사용했던 강의 파일도 함께 열었다. 과외를 할 때 나는 항상 '문단' 단위에서

'동기 - 활동 내용 - 배우고 느낀 점'의 3단계 구조를 활용하라고 입이 닳도록 가르쳤다. 나아가 여러 문단을 모아 하나의 이야기를 만드는 것까지 크게 두 가지를 우선하라고 강조했었다. 그런데 그 두 가지를 전혀 실천하지 못하고 있었으니, 내가 가르치던 걸 그대로 나한테 적용하기만 하면 문제는 해결되는 것이었다.

처음으로 돌아와, 자기소개서를 앞에서 말한 3단계 틀로 다시 뜯어보았다. 우선 1단계는 수업 등에서 생겨난 법적 문제의식을 일종의 '동기'로 추출하는 단계, 2단계인 '활동 내용' 부분은 앞에서 발견한 문제의 해결 방안을 고민하고 구체화하는 단계이다. 3단계인 '배우고 느낀 점'은, 로스쿨 자기소개서에서는 궁극적으로 '내가 되고자 하는 법조인상'을 의미하는 것이다.

이 중에서도 대외 활동과 같은 정성요소(정량점수 외의 평가 요소)가 상대적으로 부족한 나에게는, 첫 단계인 동기 부분이 가장 중요했다. 나의 경우 특히나 금융 분야의 경제학 전공 수업을 많이 들었고, 참여했던 공모전 또한 공통적으로 금융 관련 법제를 다루는 대회였기에, 진로 계획 또한 금융 관련 분야로 매듭짓는 것이 바람직해 보였다. 글감은 애초에 부족했으니, 소재 하나하나를 새로 수정할 여유는 없었다. 성급하게 법학 과목을 여럿 언급하기보다는 경제학 전공에 보다 집중하는 정도의 변화만 주었다.

최우선 목표인 문단의 완결성을 위해 각 소재별 문단의 형식부터 차근차근 고쳐나가되 '금융 관련 분야에서 법조인으로서 어떠한 활약을 하고 싶은가?'에 대한 답을 어렴풋이나마 찾아두기 위해 끊임없이 고민했다. 표시광고법이나 금융소비자보호법 등 활동 중에 잠깐이라도 다루었던 금융 분야 법제를 위주로 미래의 내가 할 수 있는 일을 찾아나갔다. 각 활동에서 얻은 문제의식이나 아이디어는 다른 문단에서 반복적으로 언급하며 결론까지 가기 위한 '떡밥'을 다소 노골적으로 보일 만큼 드러내려고 했다. 모든 떡밥을 회수하는 결론 단계에서는, '여차저차해서 떡밥은 여러 개지만, 그 끝에서 나는 단 하나의 목표인 법조인의 꿈을 얻게 되었다'는 점을 강조했다.

자기소개서를 쓸 때는 신들린 듯 한 방에 글을 써내는 명작가가 되겠다는 욕심을 버리자. 차근차근 가장 기본적인 내용을 구조화하는 데 충실하자. 이 원칙을 일주일 내내 되새기며 글을 썼다.

결국 일주일 만에 나는 해냈다. 마음을 비우고 순리를 따르니 남은 일주일도 훌쩍 지나갔다. 하지만 자기소개서의 완성도가 빠르게 높아져 가고 있었던 덕분에 마음이 그리 급해지지는 않았다. 6,000자나 되는 분량과 부족한 글감에도 불구하고, 차곡차곡 쌓다 보니 어느새 넘치는 분량을 줄일 걱정을 하고 있었다.

6,000자를 채우는 데 법학회 활동이 정말 큰 도움이 되었다. 개인적으로 가장 채우기 어려웠던 문항이 '단체 경험'을 쓰는 항목이었다. 학부 1학년 때 학과 임원진 활동을 잠깐 했던 적은 있었지만, 운영비 관리를 잘했다거나 술자리에서 동기들을 꼼꼼히 챙겼다는 이

야기가 로스쿨 입장에서 흥미롭게 다가올 리 만무했다. 그런 나에게 교내 법학회에서 임원진으로 활동했던 경험은 구원과도 같았다.

대학교의 법학회는 흔히 말하는 학자들의 학회처럼 깊은 학술적 연구를 하고 교류하는 곳은 아니다. 법학회는 보통 학부 학생들이 모여 만들어지고, 법학회의 구성원들은 특정 사회 주제를 탐구하여 공유하거나 그에 대해 토론하는 정도의 활동을 한다. 아예 특정 대회를 준비하기 위해 관련 법을 공부하는 특이한 형태의 법학회도 종종 볼 수 있다. 대체로 동아리보다는 더 무거운 활동을 하고, 교수님의 강의나 '진짜' 학회보다는 가벼운 활동을 하는 곳이 바로 법학회라고 할 수 있다. 이러한 법학회는 보통 로스쿨 진학을 희망하는 구성원이 모이게 되는 만큼 입시를 함께 준비할 수 있는 끈끈한 동료와 로스쿨에 진학한 선배들의 자기소개서 등 양질의 자료를 얻을 수 있다.

아무튼 굉장히 효율적으로 일주일을 보내고 자기소개서를 마무리하고 나니, 법학회 활동이든 그동안 꾸벅꾸벅 졸면서 들었던 학부 수업이든 괜히 아련하고 뿌듯하게 다가왔다. 이제 지난 4년을 추억하며 새로운 학교로 떠날 수 있기를, 1차 서류 전형에 합격하기만을 기도할 뿐이었다.

마지막 관문인 면접 준비하기

서류 전형 합격자 발표까지는 3~4주 정도의 공백이 있다. 서류 전형 합격자가 발표되면 바로 며칠 후 면접이 있기 때문에 일단 합격할 거라고 가정하고 면접 준비를 해야 했다.

로스쿨은 일정한 제시문을 주고 그에 딸린 문제에 답하도록 하는 제시문 면접(지성 면접이라고도 한다)을 치르는 경우가 대부분이다. 자기소개서를 바탕으로 수험생 개인에 대해 일명 '인성 면접'이 포함되는 경우도 꽤 있다고 듣기는 했지만, 내가 지원한 학교들은 모두 제시문 면접만 진행했다. 다만 같은 제시문 면접이라도 학교마다 유형이 다르고, 같은 학교도 해마다 제시문의 길이와 형태, 진행 방식이 천차만별이므로 올해의 면접 안내문이나 모집 요강, 기출문제의 경향 등을 꼼꼼히 살펴볼 필요가 있었다.

대개 면접 준비 시간 및 답변 시간은 각각 10~20분 정도 주어지는데, 이것도 학교마다 차이가 크다. 내 경우 한 학교는 준비 시간 20분, 답변 시간 15분이 주어졌으나, 다른 학교의 경우 준비와 답변에 각각 10분 정도의 비교적 짧은 시간이 주어졌다.

나는 한 달 정도의 짧은 기간에 이런 제시문 면접 실력을 극적으로 향상시키기는 어렵다고 생각했다. 그래서 자기소개서 준비보다는 훨씬 편한 마음으로, 면접 스터디에만 참여해서 말할 때의 좋지 못한 습관을 찾아 교정하는 정도로 면접을 준비했다.

함께 면접 스터디를 했던 다른 학우들의 경우 다른 학교 기출문제를 따로 풀어보기도 하고, 면접에서 주로 등장하는 분야의 배경 지식을 쌓기 위해 독서를 병행하기도 했다. 제시문 면접은 주로 인공지능과 같은 최신 이슈를 비롯해 정치, 철학 등 법학에 한정하지 않고 다양한 분야에서 출제된다. 따라서 독서 등을 통해 각 분야에 조금이라도 익숙해지는 게 도움이 되는 건 사실이다. 하지만 개인적으로는 실전 면접 스터디는 기본적으로 참여하되, 배경 지식 공부는 병행하는 정도로 대비하기를 추천한다.

우리는 각각 면접관과 면접자 역할을 번갈아 맡으며 면접을 진행하고, 면접관이 미리 만든 모범 답안을 바탕으로 심사평을 남기는 식으로 면접 스터디를 진행했다. 물론 내용 측면의 피드백도 이루어지지만, 면접 문제의 형식과 내용이 해마다 너무 다른 탓에 그런 피드백은 일반화해서 전략으로 활용하기는 어렵다. 스터디에서의 피드백을 통해 가장 직접적으로, 빠르게 교정할 수 있는 요소는 내용보다는 말하기 방식이다.

가령 나는 말하는 속도가 상당히 빠르긴 하지만 발성이나 발음이 또렷해서 발언 내용은 잘 전달된다는 것이 장점이었다. 반면 일상적인 어휘 사용이 지나치게 잦고, 답변 도중에 정적이 찾아오는 것을 참지 못해 '어, 음, 그' 등의 불필요한 소리를 자주 사용하는 것은 약점으로 지적되었다. 이런 약점을 고치기 위해, 스터디를 할 때마다 답변하는 나의 모습을 촬영하여 다시 돌려보며 복습했다.

이런 방식으로 몇 번의 면접 스터디를 진행한 뒤부터는, 평소의 편한 트레이닝복 차림 대신 단정한 복장 내지는 정장을 입고 모이기도 했다. 면접 스터디는 실전 면접에서 긴장하지 않고 제 실력을 발휘하기 위해 하는 것이므로 사소한 것에서부터 최대한 실전에 가까운 환경에서 연습해야 효과를 볼 수 있다고 생각했기 때문이다.

일주일에 두 번 정도 면접 스터디를 하고 남는 시간에는 1차 서류 전형에서 합격하기를 그저 두 손 모아 기도하며 지내다 보니 면접을 준비하는 10월 한 달도 훌쩍 지나갔다. 다행히 서류 전형에 합격했고, 연습한 대로만 하자는 마음으로 며칠 뒤 면접장에 들어갔다.

그동안 연습했던 기가 막히는 기출문제들에 비하면, 올해 면접 문제는 비교적 무난한 느낌이었다. 스치듯 보았던 뉴스 기사, 리트 공부가 끝나면 달밤에 스트레칭을 하며 틀어놓았던 시사 상식 유튜브 영상이 선명하게 떠올랐다. 괜히 웃음이 나고 긴장이 풀렸다. 어떻게 답변을 하고 나왔는지는 기억나지 않지만, 나쁘지 않은 인상을 주었다는 생각이 들었다.

드디어 로스쿨생이 되다

면접을 끝낸 뒤부터는 더더욱 시간이 빨리 갔다. 이제 더 이상 할 수 있는 게 없으니 밀린 약속을 처리하고, 졸업을 준비하고, 학과의 각종 행사에 참여했다. 11월 말, 합격자 발표 당일이 되었다. 자취방 침대 앞에 홀로 경건하게 무릎을 꿇고 앉아 두근대는 마음으로 인터넷 창을 열고 수험 번호를 입력했다.

합격이었다!

리트 가채점 결과를 받아들던 순간에 버금가는 데시벨의 비명을 질렀다. SNS 계정을 비활성화하고 착잡하지만 굳게 마음을 먹었던 1월 1일부터, 어색하고 불편한 구두에 남색 정장을 입고 들어섰던 면접장 풍경까지 모든 순간이 주마등처럼 스쳐지나갔다.

드디어 나도 로스쿨생이다.

리트 준비부터 자기소개서와 면접 준비, 그리고 합격 발표를 기다리는 11월 말까지, 로스쿨 입시에 한 해를 쏟았다 해도 과언이 아니었다. 1월부터 리트 공부를 하던 7개월 남짓은 지나치게 느리고 평평하고 지루했고, 8월부터의 시간은 너무도 쏜살같았다. 만약 로스쿨생이 되고 싶다면, 리트가 끝났다고 섣불리 마음을 놓았다가 후회하지 않기를, 포스트리트를 나처럼 허겁지겁 시작하고 끝내지 않기를 바란다.

비긴 어게인:
다시 시작하는 로스쿨 생활

서울대학교 법학전문대학원 15기 dyr
서울대학교 사회과학대학 졸업

앞으로 가기: 로스쿨 첫 학기, 새로운 공부의 시작

"어떡하지?" 세 번째 리트를 마치고 친구한테 말했다. 앞서 두 번의 리트를 본 결과, 내가 공부하지 않아도 점수가 척척 높게 나오는 '리트형 인재'가 아니라는 것은 확실히 알아냈다. 드디어 졸업할 준비를 다 마치고 리트를 또 봤는데, 그게 애매했다. 지망하는 로스쿨에 지원할 수 없는 성적은 아니었지만, 딱히 합격 가능성이 높아 보이지도 않았다. 매주 봤던 메가로스쿨 모의고사보다도 꽤 낮은 점수가 나왔다. 입 밖으로 내뱉지는 않았지만, 여름에도, 가을에도 '어떡하지?'라는 생각만 머리에 맴돌았다. 이미 150학점이나 들어가며 대학도 다닐 만큼 다녔고, 동기들도 학교를 떠나갔다. 이제는 좀 지긋지긋한 학교와 마음대로 되지도 않는 리트를 벗어나 법조인이 되는, 더 '실효성 있는' 다음 단계의 공부를 하고 싶었다. 결국 지원한 로스쿨 중 합격한 로스쿨에 진학했다.

1학년 1학기, 아니 합격 직후부터는 시간 감각을 잊어버릴 정도로 시간이 빠르게 흘렀다. '추가 합격권인가? 모의 지원 등수 또 내려갔나? 서류 접수 마감 언제지? 경쟁률 어떻게 되지?' 같은 고민을 할 필요 없이 앉아서 공부만 할 수 있다는 게 너무 기뻤다. 내가 드디어 로스쿨 학생이 됐다니!

'입학 전에 최소한 민법 한 번은 선행 학습을 하고 들어가야 한다'는 말을 어디서 듣고는 민법이 어떤 과목인지 잘 알지도 못하면서 '나는 그럼 두 번 보고 들어가야지' 하고 목표를 세웠다. 그렇게 강의를 듣고 복습을 하다 보니 주말까지 공부에 쏟아붓는데도 시간이 부족했다. 당연히 민법을 두 번 읽지는 못했고, 엄청난 위기감을 안은 채 개강을 맞았다.

입학하고는 매일 8시 10분 전후 주먹밥과 커피를 손에 쥐고 등교했고 아무 교과서나 수험서를 펴서 내내 읽었다. 점심, 저녁은 열람실 옆에 있는 학교 식당에서 학식을 먹고 다시 돌아와 앉았다. 처음 공부하는 법 과목이 낯설기도 했지만, 사례형 문제집을 읽으면서 '법학 문제에서는 이런 논증을 요구하는구나', '이런 경우에 법은 이런 사람들을 보호하는구나' 하고 조금씩 익숙해졌다.

그동안 세상과는 단절된 채 지냈다. 매일매일 자정이 지나가는지도 모를 정도로 시간은 쏜살같이 지나갔고, 친구를 만나기는커녕 본가에 가지도 못해 날씨가 더워져도 겨울 이불과 함께였다.

원래 나는 세상사에 관심이 너무 많아 단신 기사와 화제의 유튜브 영상을 수십 개씩 훑어 내려가는, 소위 '도파민 중독자'였다. 학부 시절에 공부를 열심히 하던 때도 노트북에 여러 개의 창을 열어놓고 동시에 여러 개의 과제를 하는 게 습관이었다. 하지만 그런 식으로는 법학에서 요구하는, 하나를 보더라도 진득하게 볼 수 있는 양질의 공부 시간을 담보할 수 없었다. 그래서 입학 당일부터 아침 등교 스터디로 데일리 루틴을 만들고, 민법, 형법의 사례형 문제 풀이 스터디를 통해서 진도를 조절했다.

세상과 아예 단절되는 건 성향상 불가능하다고 생각해서 〈뉴닉〉 같은 뉴스레터를 구독해서 아침을 먹으면서 보고, 자기 전에 보고 싶은 무대 영상을 한두 개씩 봤다. 그래서인지 로스쿨에서의 첫 1년은 노래 제목들로만 기억난다. 〈Feel My Rhythm〉 다음에 〈Love Dive〉, 다음에 〈사건의 지평선〉이 있었고…. 그런데 슬슬 법학관 밖에서 벚꽃이 휘날리든 축제가 열리든 재미있는 바깥세상에 대한 흥미를 '잊'어'갔다. 온전하게 집중한 시간을 교과서 《민법강의》와 수험서 《민법의 맥》을 읽는 데 전부 쏟았다. 로스쿨에는 훌륭한 동기나 선배가 만든 훌륭한 정리본과 요약본이 있다는 점과 민법의 방대한 양을 생각하면 냉정하게 말해 무식한 공부 방법이었다. 무식함이 가여웠던 건지 운 좋게 1학기 성적은 법학 초심자치고는 꽤 잘 나왔다.

일시 정지: 입시를 다시 하기로 하다

그리고 쳇바퀴 돌듯이 네 번째 리트를 접수했다. 리트 응시료에만 100만 원을 쓴 사람이 나라니! 신기해서 동네방네 알리고 싶으면서도 꼭꼭 숨기고 싶었다. 봄에 접수는 해뒀지만, 6월이 되어 과분한 1학기 성적을 받고 보니 솔직히 리트는 눈에 들어오지도 않았다.

로스쿨에서는 재학 중 성적과 자기소개서를 기반으로 실무수습 기회가 주어진다. 1학년 겨울방학과 2학년 여름방학에 실무수습 지원서를 내려면 1학년 2학기 성적이 아주 중요해 보였다. 2학기에도 이 성적을 유지해 다양한 실무수습 기회를 얻고 싶다는 생각만 들었다. 1학기와 달리 2학기는 필수과목이 다섯 개고 그 양이 어마어마하다는 소식에 겁을 먹었다. 스터디를 2학기 과목별로 가입해서 스터디 진도를 따라가느라 종강 직전만큼이나 카페인에 의존하는 나날이 지속됐다. 그러다 갑자기 리트 날이 왔다. '혹시 다시 리트를 볼 거면 정말 마지막이니 후회하지 않게 바짝 공부하자'던 다짐은 민사소송법과 물권법에 제대로 휘말려 없던 일이 됐다.

리트 추리논증 영역은 인터넷 강의도 듣고 기출문제 분석을 해서 초점을 맞춰가다 보니 점수가 올랐고, 이후로는 안정적으로 일관된 점수를 받았다. 하지만 언어이해 영역은 독해 속도가 느려서 문제를 다 읽지도 못했다. 리트 준비하는 몇 개월간 지문 몇십 개 읽는다고 해결될 일이 아니었다. 그런데 반 년 동안 법학 교과서만 반복해 읽는 동안 이 문제가 해결돼 버렸다. 시험장에서 처음으로 언어이해 영역의 문제를 끝까지 다 풀고 남는 시간에 헷갈렸던 문제를 검토했다. 시험을 마치고 집에 가면서도 '뭔가 잘못된 게 아닌가' 의아할 정도였다. 채점을 하고 나서 모든 의문과 그동안의 방황이 끝났다. 그렇게 네 번째 리트에서 그토록 받고 싶던 점수가 나왔다.

고심 끝에 다시 한 번 로스쿨 입시에 도전하기로 했다. 입학하기 전 마지막까지 재수를 고민했던 것과 달리, 막상 다녀보니 로스쿨에서의 삶은 만족스러웠다. 수업도 너무 좋고 동기들과도 마음이 잘 맞아 떠나고 싶다는 생각이 전혀 들지 않았다. 그런데도 학교를 옮길 이유가 있을지 고민했다. 입학 전에는 로스쿨을 졸업하고 할 수 있는 '일'을 직업명 단위로만 생각했다. 재판연구원, 검사, 변호사, 그리고 법관. 특히 변호사가 재판에 임하는 것 이외에 어떤 일을 하는지 들을 기회가 없었다. 입학하고 현장에서 일하는 선배 변호사님들의 특강을 들으면서 앞으로 나아갈 수 있는 분야가 다양하다는 것을 실감했다. 그러면서 변호사로서 특정 분야에서 전문성을 키워 새로운 형태의 과제, 큰 사건을 다뤄보고 싶다는 생각이 들었다.

한편으로는 수업을 듣고 과제를 하는 과정에서 행정 규제에 대한 관심이 커졌는데, 관련 분야에서 앞으로 공부를 더 하는 데 도움이 되는 환경으로 옮길 수 있다면 그렇게 하고 싶었다. 마지막으로는 졸업이 1년 늦어진다는 점 때문에 지금 입시에 다시 도전해보지 않으면 두고두고 아쉬움이 남을 것 같았다.

입시를 다시 하기로 결심했다고 하자 가족들은 꽤 놀랐지만 나의 선택을 지지해주었다. '내 허파에 바람 넣지 말라'고 투덜대는데도 꿋꿋이 쫓아다니며 다시 한 번 입시를 해보라고 하던 친구한테 성적을 이야기할 때도 기뻤다.

뒤로 가기: 불안과의 싸움

기쁜 일은 거기까지였다. 휴학하지 않고 하는 두 번째 입시는 폭신한 매트리스 위를 뛰는 기분이었다.

내 경우, 작년에 끝까지 지원 여부를 고민하다 급하게 로스쿨 입시를 준비했기 때문에 해둔 것이 거의 없었다. 자기소개서와 면접 준비, 일명 포스트리트를 완전히 새롭게 해야 했다. 현실적으로 다섯 과목을 다 충실하게 학습하면서 입시를 마무리 짓는 건 아득하게 느껴졌다. 진학을 희망하는 학교의 면접 기출문제를 보면서 보통 일이 아니겠구나 싶었다. 휴학도 고민했지만, 학칙상 휴학은 불가능해 보여 포기했다.

휴학하지 않고 준비를 하려니 시간이 모자랐다. 시간을 만들어내려고 다양한 노력을 했다. 우선 2학기에는 듣는 수업이 많아 낮에는 거의 수업을 들었다. 밤에는 사례형 문제 풀이 스터디에 참여했다. 사례형 문제 풀이 스터디가 없는 요일에는 5시쯤 수업이 끝나면 서울대입구역이나 서울대 쪽으로 가서 주 3회 면접 스터디를 했다. 왕복하는 시간이 도합 3시간 정도였는데, 그 시간 동안 수업 때 정신없이 받아 적은 내용을 정리하거나 교수님께서 올려주신 기본 판례를 읽고 판결 요지, 사실관계, 판결 이유, 참고 조문을 표시해뒀다. 면접 연습을 마치고 다시 기숙사로 돌아오면 거의 자정이 다 되었고 버스 막차를 놓쳐 걸어 올라오는 일도 있었다.

자기소개서와 서류 준비는, 아무래도 열람실에서 하기는 어려울 것 같아 학교 앞 카페가 오픈하는 7시 30분에 맞춰 학교 앞 카페에 가서 했다. 증빙 서류는 각 로스쿨 입학처에서 발급 기간이 최근 수개월 이내일 것을 요구하는 경우가 많아 다시 준비해야 했다. 서류 제출 기간과 2학기 중간고사 기간이 겹쳐 있는 데다 낮에 수업이 있어 시간 사용이 자유롭지 못했기 때문에 서류는 작년보다 훨씬 빨리 9월 초부터 준비했다.

카페에서 자기소개서와 서류 준비를 한 다음에는 학교에 와서 아침 수업이 시작되는 10시 전까지 과제나 사례형 문제 풀이 스터디 대비 등 부족한 공부를 했다. 스터디에서 다루지 않는 사례형 문제를 혼자 풀 시간이 부족했는데, 길게 앉아 있을 시간이 도저히 나지 않았다. 어쩔 수 없이 사례집의 문제를 다 보는 건 포기하고 스터디에서 다루는 문제를 여러 번 보는 것으로 대체했다.

결론적으로 로스쿨 수업과 입시 준비를 병행하기는 어려웠다. 투입하는 시간이 부족해지자 법 과목에 대한 이해도는 뒤처지기만 했다. 입시를 다시 하겠다고, 포스트리트에 최대한 시간과 노력을 쏟겠다고 스스로 결정하고도 이 상황을 받아들이기 힘들었다. 더 해야 하는 걸 알면서도 손대지 못하는 공부가 쌓여감에 따라 스트레스도 계속 쌓이기만 했다. 가장 재미있게 들었던 형법에서는 공부가 부족해 중간시험에서 문제 풀이의 구조를 전혀 이해하고 있지 못하다는 짧고 굵은 강평을 받았다. 민법에서는 모두가 다 아는 판례의 기초적인 사실관계도 몰라 대답을 버벅거렸다. 공부 시간이 부족하면 어떻게 되는지 뼈저리게 느꼈다. 같은 사례형 문제 풀이 스터디를 해도 1학기 때는(물론 틀리는 경우가 많았지만) 시간에 쫓겨가면서 그동안 공부해왔던 것을 털어내듯 적고 '불태웠다'는 느낌이 들었다면, 2학기 때는 계속 시간이 남고 분량을 못 채우기 일쑤였다.

사람마다 다르겠지만, 내 경우에는 자기소개서와 면접 준비에 많은 시간이 필요했다. 자기소개서를 쓰는 기간은 본인에 대한 확신을 글로 당당하고 명료하게 보여줘야 하면서도, 동시에 스스로에 대한 확신이 가장 흔들리는 나날들이었다. 특히 로스쿨 입시에서는 학점이라든지, 분명히 선호되는 정량 지표들이 있었고, 나는 작년 자기소개서를 쓸 때와 똑같이 '(강의를) 재수강한 이유에 대하여 소명하라' 같은 질문을 앞에 두고 '그게 말입니다'라고 되뇌면서 한숨을 쉬곤 했다. 질문에는 분명 그런 말이 없는데, 왜 휴학하고 취업 준비도 했는지, 왜 법과는 전혀 관련 없는 동아리 활동만 했는지, 왜 교양 학점은 낮은지 추궁받고 있는 느낌이 들었다.

후회에 빠져 아무것도 안 할 수는 없었다. 자기소개서는 작년 것을 거의 활용하지 않고 새로 썼다. 하지만 긴 시간을 투자해서 고치고 또 고쳐도 그저 활동을 나열하고 있다는 느낌을 지우기 어려웠다. 그래서 가독성을 최우선으로 두고 불필요한 내용을 다 쳐낸 다음에 다시 붙이는 방식으로 재구성을 했다. 초고를 완성하고 나서는 로스쿨 입시 사이트의 자소서 첨삭 서비스를 기웃거리다가 '가독성이 좋은 글은 전공과 직역을 초월해서 읽기가 좋지 않을까' 하는 생각이 들어 로스쿨 준비생뿐만 아니라 직장인 등 다양한 분야의 지인들에게서 조언을 구했다. 그동안 내 글을 너무 많이 읽어서 무감각해진 상태였는데, 내 고집을 깨고 읽는 사람의 관점을 반영해 균형 잡힌 글을 완성할 수 있었다.

면접은 작년과 유형이 크게 달랐다. 작년에 준비한 문항은 짧고 간단한 명제들을 분류하고 자신의 논리를 전개하는 방식이었다면, 올해 준비한 문항은 흔히 아는 형태의 논술 문제를 말로 푸는 방식이었다. 많은 양의 정보를 정확히 기억하고 여러 지문의 논점과 관계를 정확하게 이해하는 것이 중요했다. 낯선 형태의 문제라 연습이 많이 필요했고, 어렵게 스터디에 들어가 시간을 투자했다.

특히 작년과 달리 모의 면접 영상을 카메라로 찍어서 다시 보았다. 횡설수설하는 내 모습을 보는 건 고역이었지만, 계속 보다 보니 쉽게 고칠 수 있는 문제나 꼭 고쳐야 할 심각한 문제가 보이기 시작했다. 면접 스터디를 마치고 나면 진이 빠져서 학교로 돌아가는 1시간 30분 남짓 되는 시간 동안 아무것도 안 하고 멍하게 있었다. 지하철에 앉아서 늦은 퇴근을 하는 사람들이나 들뜬 마음으로 주말 나들이를 하는 사람들을 보면 나만 뒤로 가고 있는 것 같기도 했다.

생각은 마음대로 흘러 근거 없는 불안에 사로잡힐 때가 많았다. 공부에 매진하고 있는 동기에게 로스쿨 입시를 다시 하느라 너무 힘들다는 소리는 당연히 할 수 없었고, 로스쿨 밖에서 로스쿨 입시를 준비하는 친구들과도 입장이 달라 답답한 심정을 털어놓을 수 없었다. 특히 네 번이나 본 리트에서 원하는 점수를 겨우 받고도 이렇게 발을 동동 구르고 스트레스를 받는 것은 내가 생각하기에도 참 별로였다. 하지만 로스쿨에서 2학기 성적이 중요하다는 것을 잘 알면서도 제대로 시간을 들여 공부를 하지 못하고 있다는 불안감과 앞으로의 입시에 대한 불확실함이 평정심을 유지하기 어렵게 만들었다.

내 선택을 밀고 나가지 못한 채 이런저런 소문에 흔들리면서 혹시 내 상황이 불이익이 되지는 않을까 노심초사하다 보니 단순히 '로드가 많아서 고된' 게 아니라 '내가 잘못된 길을 선택했다'는 생각이 계속 들었다. 가장 중요한 시기에 법 공부와 입시를 모두 놓치면 크게 후회할 것 같았고, 수업에서 중간 평가가 있을 때마다 입시를 그만두어야 하나 하는 고민이 깊어졌다. 법학에 흥미를 느꼈던 데다 나름대로 만족할 만한 결과도 받았고, 열정적이면서도 재미있는 스터디원들과 편안한 환경에서 행복하게 공부해왔던 터라 분에 넘칠 만큼 평온한 상태를 굳이 깨고 무모한 시도를 하고 있다는 느낌이 들었다.

시간이 절대적으로 부족하긴 했지만, 마음으로 느끼는 불안함과 부담감이 더 문제였다. 일단 입시를 다시 하겠다고 마음을 먹었다면 소문에 휘둘릴 필요가 없음을 분명 알고 있는데도 평정심을 유지하기 어려웠다. 그래서 휴식이든 법학 공부든 입시 준비든 효율이 떨어졌다.

정해진 시간에 엄청 빠르게 사례형 문제에 대한 답안을 쓰다 보면 순간적으로 손에 마비가 올 때가 있는데, 이때 글자를 처음 써보는 것처럼 천천히, 그리고 또박또박 네댓 글자 정도 쓰면 손이 다시 풀리곤 했다. 로스쿨 공부와 입시 준비도 그렇게 속도를 늦춰 해보기로 했다.

원래 금요일에는 밤을 새워 자소서를 고치고 밀린 수업 진도를 따라간 후 토요일 오후가 되어야 일어났었는데, 금요일에 일찍 자고 토요일 일찍 필라테스를 하러 갔다. 아침 공기를 쐬면서 20분가량 걸어서 다녀오는 것도 좋았고 무엇보다도 느린 운동이어서 아무 생각도 하지 않고 '척추뼈를 하나씩 뜯어가면서 내려가다' 보면 마음도 평온해졌다. 돌아오는 길에 이제 막 문을 여는 빵집이나 토스트집, 간짜장집 같은 곳에서 먹고 싶은 음식을 사서 다시 20분 걸어 돌아오면 머릿속을 채웠던 걱정거리는 다 지워지고 다시 '완충'해 시작할 수 있었다. 로스쿨에 입학했을 때 무슨 운동이든 중요하다는 얘기를 듣고 수영, 러닝, 헬스까지 시도했었다가 포기했었지만, 뜻밖에도 필라테스에 정착해서 마음의 평안을 얻고 무사히 입시를 마칠 수 있었다.

그리고 11월의 마지막 월요일, 드디어 합격이라는, 상상도 못 했던 결과를 받아 들었다. 혹시 잘못된 건가 싶어 크롬으로도 들어가보고 사파리로도 들어가 봤을 정도였다.

다시 앞으로

그렇게 다시 로스쿨 1학년생이 되었다. 한 번 '매운맛'을 보았기 때문에 지속 가능한 로스쿨 생활의 중요성을 깨닫게 되었다. 우선 운동을 빼먹지 않기로 했다. 또 작년과 달리 수업을 듣고 자습하는 것 이외의 활동을 하게 되었다. 관심 있는 분야의 학회에 가입해 세미나와 특강을 들으면서 교과서에 없거나 있어도 아직 1학년이어서 배우지 못한 최신 이슈와 관련된 법적인 쟁점에 관해서 듣기도 한다. 그 외에도 동기들과 대회를 준비하고 함께 방대한 범위의 내용을 읽으며 중간·기말고사 준비를 하기도 했다.

물론 여전히 가장 많은 시간을 작년과 똑같이 열람실에 앉아 책을 읽고 문제를 풀고 공부하고 있다. 뇌가 한 번 포맷됐나 싶을 정도로 이미 여러 번 본 내용이 생경하게 느껴질 때마다 참으로 참담한 심경이지만, 그래도 다시 이렇게 공부할 수 있어서 행복하다.

뒤늦게 변호사라는 직업에 관심을 가지고 그 길에 들어서는 바람에, 로스쿨에 입학하고 그다음 단계를 바라보는 공부를 하기까지 오랜 시간을 돌아왔다. 이른 시기부터 로스쿨 진학 준비를 하는 학생들이 다양한 경험을 하고, 로스쿨 입시는 대학 졸업할 때 되면 준비하라'는 조언을 받는 경우가 있다고 들었다. 로스쿨의 도입 취지로 보나, 개인의 대학 생활의 입장에서 보나 경험의 다양성과 깊이가 중요하다는 점에서 일리 있는 이야기이다. 하지만 로스쿨 입시는 2023년 현재로서는 입학 평균 연령이 낮아지고 요구되는 평균 평점이 높아지는 추세가 뚜렷하다. 로스쿨에 가고 싶다는 마음이 생겼다면, 먼 미래의 일 같더라도 우선순위를 정해서 대학 입시, 대학의 학점, 졸업 시기, 리트 연습 등 꼭 해야 할 일들을 대략적으로라도 정리해 미리 염두에 두는 것도 좋은 방법이라고 본다.

한편으로는, 어쩌면 상충될 수 있는 말이지만, 이렇게도 로스쿨에 올 수 있다는 말을 하고 싶었다. 한 번에 리트를 잘 보지 않아도, 다수의 일반적인 로스쿨 지원자와 자신이 다르게 느껴져도 로스쿨에 입학할 수 있음을 알려주고 싶었다. 대학에 입학한 이래로 저학년 때는 밴드, 동아리, 인권 단체 활동에 매진했고, 법과 관련 없는 두 개의 전공을 이수하느라 많은 학점을 수강했으며, 진로 선택 과정에서도 휴학을 하고 갈팡질팡했다. 그렇게 늦게 로스쿨 진학을 결심했지만, 재미있었고 때로는 의미 있었던 학부에서의 선택들을 후회하고 싶지는 않다.

이제 겨우 로스쿨 입학만 했을 뿐이지만, 두 번의 입시를 거쳐 두 번째 1학년 생활을 맞이한 것은 뒤로 갔다가 다시 앞으로 와 제자리인 것이 아니라, 전진과 후진을 하며 바다로 향하는 스위치백 열차에 탄 거라고 말하고 싶다.

영어와 법조계에 대한 모든 것

서울대학교 법학전문대학원 14기 ABCs

영어를 비롯한 외국어는 법조계에서 '0 아니면 1'이라는 말이 있다. 실무에서 사용할 수 있을 정도로 유창하게 할 수 없다면, 어느 정도로 구사하는 것만으로는 아무런 쓸모가 없다는 의미이다. 실제로 로스쿨에서는 한국 법에 대해 공부하기 때문에 학부 과정과는 달리 영어 논문이나 자료를 읽을 일이 거의 없고, 소송 실무에서도 영어는 다른 직역에 비해 쓰일 일이 몹시 적다. 이런 측면 때문에 영어를 잘한다면 법조계가 아닌 다른 직역을 고려할 만도 하다.

그렇다면 왜 로스쿨 입시에 유리한 역량으로 '외·자·공'(외국어, 자격증, 공대 학위)이 널리 회자될까? '1'에 해당할 정도로 영어를 구사한다면 그만큼 로스쿨 입시, 로스쿨 생활 및 향후 법조계 생활에서 강력한 이점이 될 수 있기 때문이다. 여기서 1에 해당할 수준으로 영어를 구사한다는 것은 원어민 또는 준원어민급으로 프리토킹이 가능하고 최소 해외 대학 학부 수준으로 영어 글쓰기가 가능한 것을 의미한다. 만일 이 정도 수준으로 영어를 비롯한 외국어를 구사할 수 있다면, 또는 향후 이러한 역량을 키운 후 법조인의 삶에 도전해보고 싶다면, 이 글이 큰 도움이 되리라 본다.

초등학생 때 영어를 사용하는 국가에 거주하였고 로스쿨 진학 전후로도 꾸준히 영어 능력을 활용해온 나에게는 영어와 법조계의 관계가 늘 고민이었다. 그래서 로스쿨 입학 후 진로를 찾아가는 과정에서 대형 로펌, 검찰 및 법원에서 영어 구사 능력이 주는 이점을 탐색했다. 이제 내 고민의 결과를 공유하고 싶다. 로스쿨 입시 과정에서, 로스쿨 생활에서, 졸업 후 법조인의 삶에서 영어가 주는 기회에 대해 알아보자.

로스쿨 입시와 영어

영어 활동 및 수업 활용하기

학부 과정 중 영어 교과목을 듣거나 영어로 수행하는 대외 활동을 한다면 로스쿨 자기소개서에서 자신의 영어 역량을 뽐낼 좋은 기회가 된다. 입시에서의 유불리 외에도, 4년 남짓의 학부 과정 중 영어

를 꾸준히 사용하는 것은 영어 능력 유지 및 향상에 필수이다. 법조
계에서 영어를 주무기로 사용하고 싶다면 학부 과정 중 영어를 적극
적으로 활용해야 한다.

대표적인 영어 사용 대외 활동으로는 대학생 영어 토론 및 스피
치 대회가 있다. 여러 대학에서 영어토론부 및 스피치부가 활발하
게 운영되고 있으며, 영어에 능한 또래들과 함께 동아리 내에서 대
회를 준비하는 것은 영어 역량을 업그레이드할 좋은 기회이다. 대
회에서는 상장이 수여되므로 향후 로스쿨 입시에서 증빙이 쉬우며,
좋은 성적을 거둘 시 자신의 영어 역량을 확실히 드러낼 수 있다는
장점이 있다.

대회 외에도 외국인과의 교류 프로그램에서 영어를 활용할 수 있
다. 여러 단체에서 해외 대학생과의 교류 프로그램이 운영되며 대학
교 내에서도 학내 외국인 학생에 대한 멘토링 프로그램 등이 있으므
로, 적극적으로 찾는다면 외국인과 소통할 기회는 풍부하다. 해외에
나가서 단기간 거주하는 프로그램이 있다면 더욱 좋다. 서울대학교
의 경우 'SNU in the World' 프로그램에 선발된 학생에게 방학 중 해
외 체류 기회를 주는데, 이런 프로그램을 비롯해 교환학생 등의 기
회를 잡는다면 영어 실력을 확실히 키울 수 있다.

학부 과정에서는 영어 수업도 빼놓을 수 없다. 물론 여러 대학에

서는 일정한 수의 영어 강의를 들을 것을 졸업 요건으로 요구하나, 최소한도를 넘어 영어 수업을 듣는다면 일회성인 대회나 대외 활동과 달리 영어 사용에 대한 꾸준한 관심을 증명할 수 있다. 특히 영어에 능하다면 로스쿨 입시에 필요한 높은 학점을 취득하기에도 유리하다. 영어 수업에는 외국인 교환학생이 여럿 참여하는데, 이들은 한국인 학생에 비해 상대적으로 학점 경쟁에 관심이 없을 가능성이 높기 때문이다. 교양이든 전공이든 자신의 관심사를 따라 영어 수업을 꾸준히 듣는다면 어느덧 학점과 영어 실력이 모두 느는 일석이조의 결과를 누릴 수 있다.

남자의 경우 어학병, 통역장교 및 카투사로 군복무를 하는 것 또한 고려해볼 만하다. 어학병은 육·해·공군 모두 선발하며, 이 중 육군 어학병이 가장 수도 많고 통·번역 등 어학 업무를 할 기회도 많다. 육군 어학병은 1차 선발에서는 높은 영어 성적 기준을 넘기면 일정 배수를 무작위로 추첨하며, 최종 합격을 위해 짧은 한·영, 영·한 통역 시험을 거쳐야 한다. 카투사와 달리 1차 선발 및 최종 시험에서 떨어지더라도 다시 지원할 수 있으며, 해·공군 어학병과 달리 영어를 사용하는 부대에 배정되거나 해외파병을 갈 기회가 많다는 장점이 있다.

통역장교는 학부 졸업 후 3년간 의무복무를 해야 하고 높은 난도의 통역 시험을 거쳐 선발된다는 점에서 일반 사병에 비해 불리하나, 대신 전문적으로 통·번역 업무를 교육받고 직업인으로서의 커리어를 인정받을 수 있다는 장점이 있다.

카투사는 상대적으로 낮은 어학 성적 기준을 넘기면 무작위로 선발되며, 미군 내 파견되는 부대이므로 미군과 함께 군복무를 하며 영어를 사용할 기회가 많다. 그러나 통·번역 업무에 차출되지 않는 이상 오히려 영어 능력을 부각할 기회는 적다는 단점이 있다.

본래 자기소개서에서 군복무에 대해 쓰면 '이 지원자는 쓸 말이 없나?' 하는 의문을 가질 수 있으나, 어학병, 통역장교, 카투사로 군복무를 한다면 오히려 자신의 어학 역량을 부각할 수 있다. 또한 의무적으로 발생하는 공백기를 어학 능력을 키우는 데에 사용할 수 있다.

나 또한 대외 활동, 영어 수업 및 군복무를 통해 영어 실력을 키웠다. 영어토론부에 참여해 대회에서 우승을 거두고, 영어 수업을 거의 매 학기마다 들었으며, 육군 어학병으로 어학 업무 비중이 많은 부대에서 복무하였다. 이러한 경험들은 로스쿨 자기소개서에서 국제적인 관심사 및 역량을 드러내는 데에 도움이 되었을 뿐만 아니라 로펌에 지원할 때도 큰 자산이 되었다. 이처럼 영어 사용 경력이 법조계의 여러 선발 과정에서 유리한 정성적 요소임은 분명하다.

어학 점수 활용하기

영어 어학 시험 점수는 학점 및 리트와 함께 로스쿨 지원에 필요한 정량적 요소이다. 학교마다 반영 방식이 다르며, 서울대·연세대·고려대 로스쿨을 포함한 절반가량의 로스쿨에서는 P/F로 공인 영어 점수를 반영한다. 따라서 영어에 능한 지원자를 기준으로 그다지 높지 않은 점수만 넘긴다면 영어 점수만으로는 정량평가에서 유불리가 사라진다.

반면 영어 점수를 1단계 점수에 직접 반영하는 학교들의 경우 어학 성적이 높을수록 유리하며, 아주대(25.5퍼센트), 전북대(13.3퍼센트), 이화여대(11.1퍼센트)는 총점의 10퍼센트 이상 반영한다(2023학년도 일반 전형 기준). 다만 학교마다 영어 점수를 반영하는 산정식이 다르므로 구체적인 유불리는 공식에 따라, 연도에 따라 다소 바뀔 수 있다.

여기까지 읽으면 P/F 심사 때문에 공인 영어 점수로는 최상위권 로스쿨에서 두각을 나타낼 수 없다고 생각할 수 있다. 오해다. 연세대 로스쿨의 경우 "영어 성적이 우수한 지원자에 한하여 서류 평가에서 고려"하며, 고려대 로스쿨의 경우 '영어(…) 능력이 탁월한 지원자에 대해서는 그 능력을 증빙하는 객관적 서류가 제출되는 경우 이를 정성평가에 참고할 수 있다"고 한다(2024년 각 로스쿨별 신입생 선발 요강). 또한, 비록 풍문이나, 서울대 로스쿨 역시 만점에 가까운 텝스·

토플 성적을 제출할 경우 정성적인 측면에서 고려한다는 말이 오랫동안 있었다. 실제로 이 말의 진위를 확인할 길은 없으나, 나 또한 높은 어학 성적을 서울대·고려대 로스쿨에 지원할 때 증빙서류로 첨부하여 제출하였다. 만일 최고점 또는 이에 준하는 어학 성적을 가졌다면 자신의 역량을 증명하기 위해 여러 증빙서류 중 하나로 어학 성적을 제출하는 것도 생각해볼 만하다.

영어와 로스쿨 생활

로스쿨 학업 과정에서 영어 활용하기

영어 능력을 부각하여 로스쿨에 입학했다면 입학 후 실망할 수도 있다. 대부분의 학부 과정에서 영어 교과서 및 논문을 참조하는 것과는 달리, 로스쿨의 법학 교육과정에서는 영어가 거의 사용되지 않기 때문이다.

한국의 법제는 일본으로부터 계수해왔으며, 일본의 법제는 독일로부터 계수해왔다. 이처럼 '대륙법계'에 속하는 한국의 법제는 '영미법계'에 속하는 영국, 미국, 호주 등과 근본적인 차이가 있으므로, 로스쿨에서 주로 배우는 기초 법학에 관해서는 차라리 일본어, 독일어에 능통한 것이 더 큰 도움이 될 수도 있다.

이는 비단 로스쿨의 정규 교과과정뿐만 아니라 변호사시험도 마찬가지다. 당연히 모든 시험은 한국어로 치르며, 선택법 과목 중 국제법, 국제거래법이 있으나 이들 또한 수험 과정에서 배우고 시험 문제를 풀 때 영어를 사용할 일이 없기 때문이다.

교육과정 중 필수적으로 영어 수업을 들어야 하거나, 영어 수업이 여러 개 진행되는 학교들도 있다. 대표적으로 서울대학교 로스쿨의 경우 졸업 요건으로 영어 수업을 최소한 한 개는 들어야 하며, 이를 위해 국제법, 비교법 등의 수업을 제공한다. 그리고 임상법학(법학 이론이 아닌 실무를 경험하고 배우는 수업) 중 외국인 교수님이 강의하는 영어 수업도 있어 국제법, 환경법 등과 관련된 실무를 영어로 체험할 수도 있다. 그러나 변호사시험을 준비하느라 바쁜 3년간 영어로 수업을 여럿 듣는 것은 부담으로 다가올 수 있으므로 로스쿨 교육과정을 통해 영어 실력을 유지하는 것은 현실적으로 어려움이 있다. 나 역시 동료들보다 더 많은 영어 교과목을 로스쿨에서 수강했지만, 그것만으로는 영어 능력을 유지하는 데 역부족이었다.

로스쿨 대외 활동에서 영어 활용하기

교육과정이 아닌 대외 활동에서 영어를 활용할 수도 있다. 로스쿨에서 대외 활동은 주로 대회이며, 이 중 모의재판대회, 논문대회 등이 있다. 로스쿨생들은 주로 3년간 한두 개의 대회에 나가며, 대회에서 입상하면 대형 로펌에 자신을 어필할 좋은 기회가 된다. 대회는 법률 실무에서의 역량을 간접적으로나마 짐작할 수 있는 수단이며, 영어로 진행되는 대회에서 입상하였다면 서면 작성 및 구두변론 역량을 영어로도 갖춘 것을 보일 수 있다. 후술하겠지만 대형 로펌은 영어 능력을 갖춘 인재를 늘 탐내고 있으므로, 영어를 사용하는 대회에서 입상하면 로펌이 군침을 흘릴 만한 인재가 될 수 있다.

한국어로 진행하는 대회에서는 로스쿨에서의 학업 과정과 마찬가지로 영어 자료를 참조하는 경우가 상대적으로 적다. 국내 판례 및 학설이 주로 논점의 근거가 될 텐데, 법제의 차이 때문에 영미권의 연구와 독립적인 경우가 많기 때문이다. 반면 영어로 진행하는 국내 대회는 그 수는 적으나 자신의 영어 역량을 확실히 어필할 기회가 된다. 대표적으로 산업통상자원부가 주최하는 WTO 모의재판 경연대회가 있다. 해당 대회에서는 WTO 분쟁과 흡사한 사실관계에 근거해 제소국과 피소국 양측의 서면을 작성한다. 본선에 진출할 경우 구두변론으로 우승팀을 결정하며, 비록 우승하지 못하더라도 수상하는 것만으로 법적 사고력과 영어 능력을 증명할 수 있다.

로스쿨 재학 중 국제 대회에 참가하여 자신의 역량을 한국을 넘어 알릴 수도 있다. Philip C. Jessup 국제법 모의재판대회(이하 제섭대회) 및 Willem C. Vis 국제상사중재 모의재판대회(이하 비스무트)는 전 세계에서 가장 규모가 큰 모의재판대회로, 매년 세계 각국 수천 명의 법대생 및 로스쿨생들이 참여하며, 본선에서 한국을 대표할 팀을 선발하는 국내 예선전도 진행된다.

제섭대회는 국제공법, 곧 국가와 국가 간 분쟁을 해결하는 법을 그 내용으로 삼으며, 비스무트는 국제사법, 곧 국경을 넘는 기업 또는 개인 간 분쟁을 해결하는 법을 그 내용으로 삼는다.

국내 예선전은 서울대, 연세대, 이화여대, 한동대 등 소수의 학교만 출전하나, 그만큼 우승에 혈안이 된 팀들만 참여하므로 경쟁은 치열하다. 특히 서울대는 매년 초 당해 대회에 출전할 1학년 팀원들을 선발하여 선배들에게 훈련받게 한다. 국내 예선전에서 우승하는 경우 제섭대회는 미국 워싱턴, 비스무트는 홍콩에서 본선이 진행되며, 일주일 전후의 기간 동안 내로라하는 전 세계의 인재들과 자웅을 겨룰 기회를 얻는다. 각국의 대법관도 여럿 배출한 제섭대회 및 비스무트에 참여하고, 국내 예선까지 통과한다면, 그것만으로도 한국에서 손꼽히는 영어 및 법적 사고력을 가진 것을 증명할 수 있다.

나는 서울대학교 로스쿨 진학 후 영어 실력을 살릴 방안을 고민하다 장고 끝에 제섭대회 또는 비스무트를 준비하는 팀에 들어가 이 중 한 대회를 준비하였다. 여름에는 WTO 모의재판경연대회, 겨울에는 본대회에 출전하여 수상하는 과정은 분명 대부분의 로스쿨 학생과는 다른 길이었다. 값진 방학 중 휴식 및 예습을 상당 부분 포기하면서도, 아침부터 밤까지 팀원들과 머리를 맞대고 몇십 쪽에 달하는 서면을 써내야 했기 때문이다. 해당 분야 최고 전문가이신 교수님들을 재판관으로 두고 구두변론하는 일은 지금 돌이켜보아도 손에 식은땀이 나는 경험이었다. 그러나 존 F. 케네디 대통령의 말대로, 우리는 "쉽기 때문이 아니라 어렵기 때문"에 이러한 일을 한다. 법조인은 주야로 일해야 하므로 내가 직업인이 된 이후에는 무언가를 배울 기회가 거의 없을 테다. 비록 학점, 변호사시험에 대한 걱정이 어른거리더라도 지금이 아니고는 도무지 영어 실력을 법조계 내에서도 통할 수준으로 끌어올릴 시기가 없다. 비록 영어가 로스쿨 내에서 가시적인 도움이 되는 건 아니라도 법조계에서 무엇을 하고 싶은지를 잊지 않는 게 중요하다고 생각한다.

법조인 진로와 영어

대형 로펌에서 영어 활용하기

로스쿨 전후로 영어를 익히는 것은 결국 앞으로 수십 년은 해야 할 법조인 일에서 영어가 쓸모가 있기 때문이다. 그런데 로스쿨에서도 한국 법을 공부했고, 법조인이 되어도 한국 법을 다룬다. 도대체 영어는 언제 쓰는 걸까? 대형 로펌과 공직을 나누어 살펴보자.

대형 로펌의 업무는 크게 송무와 자문으로 나뉜다. 송무는 변호사 하면 흔히 떠올리는, 법원에 출석해 변론을 펼치고 소장 및 소송 서면을 쓰는 일이다. 한국 법을 다루므로 영어는 크게 중요하지 않으며 오히려 국어를 논리적으로 다루는 것이 훨씬 중요하다. 자문은 법적 분쟁이 발생하기 전에 미리 계약서 및 법적 쟁점을 검토하여 의뢰인에게 의견서를 제시하는 일이다. 자문의 경우, 의뢰인이 한국에 지사 또는 자회사를 둔 외국 기업인 경우가 많으므로, 영문 이메일로 소통하거나 영어로 된 계약서 및 내부 규정을 작성·검토하게 된다. 또한 의뢰인이 한국 기업이라도 해외 투자 등을 위해 해당 국가의 법과 제도를 검토하게 되며 이때 작성하는 계약서 역시 영어인 경우가 많다. 따라서 자문 변호사는 상시로 영어를 사용하게 되며, 자연스레 영어를 잘할수록 더욱 빠르게 성장할 수 있다. 대표적인 자문 분야로는 M&A, 금융, IT, 지적재산권 등이 있다.

자문 외에도 영어를 중점적으로 사용하는 송무 분야가 있는데, 이는 국제중재이다. 국제중재는 한국 기업 또는 정부가 해외 당사자와 분쟁이 발생할 경우, 이를 해소하기 위해 어느 국가의 법원이 아닌 당사자들이 선정한 중재인의 판정으로써 분쟁을 해소하는 업무다. 싱가포르, 런던 등에 있는 중재원에서 진행되는 중재 사건을 맡기 위해서는 영어 능력이 두드러질 정도로 뛰어나야 한다. 특히 소송 변호사에게 요구되는 논리적인 글쓰기, 곧 고급 영어 작문 실력이 필요하다. 법조계 내에서 숙련된 영어 글쓰기 능력을 다지기 위해서는 앞서 설명한 여러 대회에 참가하는 것이 큰 도움이 될 것이다.

비단 업무에서의 이점 외에도 영어는 로펌 내에서 여러 기회를 제공한다. 대형 로펌은 세계 각국에 사무소가 있으며, 영어에 능하면 해외 사무소에 파견을 가거나 사무소와 협업하는 데에 큰 도움이 된다. 또한 대형 로펌은 주로 6~10년 차 사이에 유학을 보내주는데, 이때 영어 공인 점수 및 영어 자기소개서 작성 등이 필요하다.

공직에서 영어 활용하기

공직, 즉 검찰 및 법원에서도 영어가 도움이 될까? 우선 공직 선발 과정에서는, 대형 로펌과는 달리 영어가 큰 이점이 되지 못한다. 대형 로펌은 자기소개서에서 자신이 영어에 능하고 이에 따라 특정 업무 분야에서 두각을 나타낼 수 있다는 점을 적극적으로 부각할 수 있다. 사기업인 로펌은 영어 등 로펌에게 필요한 역량을 가진 인재를 경쟁적으로 채용한다. 그런데 공직 선발 과정에서는 일차적으로 검찰실무, 민사재판실무 등의 교과목과 본 선발 시험에서 받은 성적이 주된 평가의 지표가 되므로, 자기소개서에서 영어 능력을 부각하더라도 선발에 큰 영향을 주지는 못한다.

그러나 막상 검찰 및 법원에서 일하게 되면 영어가 큰 자산이 되어준다. 우선 검찰은 매년 선발하는 인원 약 100명 중 다섯 명 정도를 '국제통'으로 분류해, 국제화되는 범죄 수사 및 공소 제기에 대응할 수 있도록 한다. 국제공조 및 외국인 범죄 등을 담당하는 이들은 이후 법무부에서 국제형사과, 국제법무과 등에 소속되어 전문성을 쌓아간다. 검찰과 법원 모두 국제사법재판소(ICJ), 국제형사재판소(ICC) 등 국제 사법 기관에 근무할 기회가 있으며, 또한 국제검사협회(IAP), 국제판사협회(IAJ) 등에서 한국을 대표할 기회도 주어진다. 이외에도 일정 기간 근무하면 보내주는 연수의 경우 영어에 능할 시 선발되는 데 훨씬 유리하다. 이처럼 공직에서는 선발 과정에서 영어 능력을 보지 않기 때문에 역설적으로 선발된 후에는 영어 능력이 오히려 조직 내에서 더욱 큰 자산이 될 수 있다.

왜 법조계에서 영어인가?

실무에서 영어를 사용하기 위해서는 단지 유창하게 영어로 말을 하는 정도로는 부족하다. 단적으로 뉴욕의 고등학생이 반기문 전 유엔 사무총장보다 영어 발음과 유창함에서 앞설 수 있으나 그 누구도 그 고등학생이 반기문 전 총장보다 영어를 잘한다고 하지 않는다. 상사 입장에서는 소위 '고급' 영어를 구사하지 못한다면 후배 변호사, 검사, 판사에게 영어 업무를 맡길 수 없다. 따라서 영어를 법률 실무에서 사용 가능한 수준까지 끌어올리려면 로스쿨 입학 전후로 부단한 노력이 요구되며, 능력을 갖춘 후에야 비로소 로스쿨 입시 등에서 유리해질 수 있다.

그러나 그만큼 영어 역량을 갖춘 이들에게 법조계는 무궁무진한 가능성을 제공한다. 비록 통상적인 소송 실무에서는 영어가 흔히 사용되지 않더라도, 국제중재 및 여러 자문 분야에서는 영어에 능한 법률 전문가를 늘 필요로 한다. 검찰과 법원에서도 비록 그 선발 과정에서는 영어가 이점을 제공하지 못할 수 있으나 선발 후에는 영어가 오히려 동료들이 갖지 못한 회심의 무기가 되어준다.

힘든 로스쿨 입시 및 로스쿨 교과과정을 거치면서 영어가 무슨 소용인가 싶을 수 있다. 당장 학점과 리트, 또는 학점과 변호사시험이 급하니 그런 마음이 들 테고, 나 또한 수없이 그런 생각을 했다. 그러나 선배 변호사, 검사, 판사의 조언은 달랐다. 영어를 능숙하게 하는데 그 능력을 충분히 살리지 못하는 것은 비단 나 자신에게 손해일 뿐만 아니라, 향후 내가 도와야 할 의뢰인, 피해자, 재판 당사자에게도 손해라는 말을 이구동성으로 해주었던 것이다. 여러분이 영어에 능하고 향후 법조계의 일원이 된다면 십중팔구 더욱 복잡하고 국제화된 분쟁을 해결하는 일을 맡게 될 것이다. 거창한 꿈을 품지 않더라도 자연스레 그런 일을 하게 될 것이며, 으레 그런 일들에는 큰 책임이 따른다. 영어 능력을 충분히 갖추고 있다면 그 능력을 잃지 말고 꾸준히 발전시켜 더 좋은 일을 해내길 바란다. 앞으로 국제화된 법률 문제를 해결하게 될, 그리고 오늘도 부단히 노력하고 있는 여러분을 응원하며 글을 맺는다.

드라마 '로스쿨'과 현실 '로스쿨'

2021년 상반기에 방영된 드라마 〈로스쿨〉은 실제 로스쿨 학생들의 삶을 다루기보다는 극 중 전 검사이자 형법 교수인 양종훈 교수(김명민 분)를 중심으로 여러 사건의 전말을 풀어나가는 추리 드라마라 할 수 있다. 그럼에도 로스쿨 도입 이후 본격적으로 이를 배경으로 한 드라마가 처음이었던 탓에, 로스쿨을 지망하는 학생들뿐 아니라 로스쿨에 대해 막연히 알고 있던 사람들이 로스쿨 생활을 처음 접하는 계기가 되기도 하였다. 로스쿨생이라면 드라마 〈로스쿨〉을 본 주변 사람들로부터 "정말 로스쿨에서는 이래?" 하는 질문을 받아보았을 텐데, 드라마의 대표적인 장면과 실제 로스쿨을 비교해보고, 어디까지가 팩트이고 어디까지가 픽션인지 궁금증을 풀어보려고 한다.

Ⅲ Scene 1 문제에 있는 쉼표 하나로 답안 점수가 갈린다?

드라마 〈로스쿨〉의 주인공 강솔A(류혜영 분)는 형법 시험의 설문 중 유일하게 쉼표를 캐치하여 높은 점수를 받는다. 드라마에서는 문제가 되는 문장에 쉼표가 있는지 없는지에 따라 문제가 된 자료가 허위 사실인지, 사실적시명예훼손에 해당될 수 있는 사실인지 달라지는 문제가 형법 시험에 출제되었다.

문제에서 제시된 자료는 이미 많은 학생들이 여러 번 접한 자료와 동일한 형태로 해당 자료는 '허위 사실'로 판정되었음을 학교 측에서 밝힌 상태였기에, 강솔A를 제외한 모든 학생들이 허위 사실로 답을 썼고 강솔A만이 사실적시로 쓴 것인데, 학생들이 미리 접한 자료와 시험에 나온 자료에는 쉼표 하나의 차이가 있어 정답이 갈린 것이다.

실제 로스쿨에서 '설문의 쉼표 하나'로 정답이 갈릴 수 있을까? 개인적으로 답은 'No'라고 생각한다. 출제 교수님의 문제 스타일에 따라 다르지만, 쉼표 하나까지 캐치할 정도로 설문을 꼼꼼하게 읽으려고 하다가는 답안지를 원하는 분량의 절반도 쓰기 전에 시험 시간이 종료될 가능성이 너무 높다.

특히, 극 중 강솔A와 다른 학생들이 모두 로스쿨 1학년생으로 등장한다는 점을 감안하면, 기본적인 법리나 판례를 정확히 알고 있는지를 시험에서 물어볼 확률이 압도적으로 높고, 이를 묻기 위한 도구로 활용되는 사실관계를 파악하기 너무 어렵게 만들어서 점수를 변별하는 시험은 이제 막 법학에 입문한 학생들에게는 과한 시험 형식이라고 볼 수 있다.

다만, 시험에 대한 의견을 나누는 장면에서 형법 교수님이 하신 말씀 중 실제 로스쿨 공부나 시험에서도 유효하게 적용될 수 있을 법한 대사도 있었다. "예단, 법조인에게는 치명적인 독이다."

실제로 드라마와 같이 쉼표 하나로 답이 갈리지는 않지만, 대표적인 사례 유형에서 사실관계를 조금 비틀어 출제된 문제는 자주 만날 수 있다. 개인적으로 첫 로스쿨 시험에서 주어진 사실관계가 시험 직전에 본 사례와 유사해서 그 사례에서 쓴 답을 그대로 써 내려가기 시작했다가 시험 시간 절반이 지나서야 내가 본 사례의 문제에서 당사자는 사건의 쟁점이 되는 사정에 대해 잘 알고 있는, 악의의 당사자였으나 지금 푸는 문제의 당사자는 그러한 쟁점에 대해 모르고, 모르는 것에 잘못이 없는 선의·무과실의 당사자라 적용되는 법리가 다르다는 점을 깨달았다. 황급히 답안지를 수정하려 했지만 결국 원하는 답안을 제출하지 못했다.

이런 측면에서, 교수님들께서 사실관계를 감추려고 노력하시지는 않지만, 자기 생각에 풀었던 문제라고 생각해서 예단하는 것은 로스쿨 내에서도, 법조인에게도 매우 위험하다는 것은 드라마에서 얻을 수 있는 교훈이라고 할 수 있겠다.

극 중 양종훈 교수가 진행하는 형법 수업은 일반적인 강의 형태가 아니라 학생에게 끊임없이 질문하는 방식을 통해 수업을 이끌어나가는, 소위 '소크라테스식 수업'으로 불리는 강의 형태다.

양종훈 교수는 첫 등장 장면부터 모든 강의 장면에서 본인이 스스로 법리나 내용을 가르치기보다는 학생들에게 판례나 사안에 대한 질문을 던지고 학생들의 답에 대해 교수가 직접 반박하면서 학생들이 스스로 답을 찾도록 한다. 특히 예습을 하지 못한 주인공 강솔A가 끝없는 교수의 질문 폭탄에 당황해 헛구역질을 하다 강의실을 뛰쳐나가는 장면이 워낙 인상 깊었던 때문인지 드라마를 본 지인들이 실제로 저런 방식의 강의를 하는지 궁금해하기도 했다.

실제로 이런 방식으로 이루어지는 수업이 있는지에 대한 답은 'Yes'이다. 물론 극 중의 강의 형식이 조금 과장된 면도 있다. 개인적으로 수업 시간 내내 학생과의 문답만으로 강의를 하는 교수님이 계시다는 얘기를 들어본 적이 있긴 하지만 직접 경험해본 적은 없다.

몇몇 교수님은 학생과의 문답을 굉장히 중요시하시는 경향이 있는데, 이렇게 문답식 강의를 하는 경우 대체로 강의 전에 숙지해야 하는 판례나 교과서, 법리 부분을 미리 알려준다. 그리고 수업 시간에 학생을 지목해 해당 판례의 사실관계나 적용된 법리, 원심이 파기되었다면 대법원은 어떤 부분에서 원심의 판결을 뒤집게 되었는지 등을 질문한다. 드라마의 양종훈 교수처럼 답을 못 한다고 해서 강의실에서 내쫓거나 학생을 주눅들게 하는 말씀을 (다행히) 하시지는 않는다. 오히려 학생이 스스로 답에 대한 감을 잡을 수 있도록 힌트를 주시는 경우가 많다. 물론 아예 기본적인 판례의 사실관계조차 답하지 못할 정도로 예습을 하지 않았다면 학생을 혼내시는 대신 다른 학생을 골라 질문을 하시곤 한다.

대체로 교수님들은 학생들 모두에게 답할 기회를 주시고자 하기 때문에 출석부 순서대로 체크해가면서 질문을 하시는 편이다. 지난 시간에 누구까지 답했는지를 기억해낼 수 있다면 출석부를 보고 본인의 순서를 대비할 수는 있지만, 가끔 교수님의 변칙투구(?)에 당할 가능성도 있다. 결과적으로 문답을 하지 않는 수업보다 하는 수업의 경우 더 긴장한 상태로 예습하고, 혹여나 질문을 받을 수 있다는 생각에 참고서나 교재도 찾아보며 공부하게 된다. 공부할 양이 많아 허덕이는 기말고사 시즌이 되면 이렇게 미리 공부해둔 덕을 크게 보기도 한다.

더군다나 법학은 공부해야 할 양이 워낙 방대하다 보니 의견이 갈리는 판례에 대해 깊게 생각해볼 기회가 적은데, 이렇게 교수님께서 학생의 견해를 들으시고 종종 자신과 다른 의견을 내는 학생에게 그 의견을 존중하면서도 타당한 반박을 제시하시는 과정은 법학자로서 사고할 기회를 얻는다는 점에서 의미 있다고 생각한다.

⚖ Scene 3 │ 로스쿨생들은 '로스쿨식 농담'을 자주 주고받는다?

드라마에서 로스쿨생 서지호(이다윗 분)와 한준휘(김범 분)는 룸메이트 사이다. 현직 로스쿨 교수가 누군가에게 살해된 사건에서 서지호는 같은 로스쿨 동료인 한준휘를 의심했다가 자신의 의심이 잘못되었음을 뒤늦게 깨닫는다. 그럼에도 바로 뒤에 앉아 있는 룸메이트에게 미안하다는 말을 하기 어려워 주저하고 있는 상황에서 한준휘는 이렇게 말한다.

"(자신의 젖은 머리를 흔들며) 좀 말려봐. 나한테 미안한 거 상계해줄게."

여기서 말하는 '상계'는 일상생활에서 잘 쓰이는 말은 아니지만, 로스쿨 학생들에게 '상계'는 민법 제492조 이하에 규정된 내용으로, 입학 직후 배우는 개념이자 다른 법리를 배울 때도 잊을 만하면 등장하는 내용이다. 의미는 어렵지 않다. 쉽게 말하면 '내가 너에게 줄 것이 있지만 받을 것도 있으니 그 부분만큼은 없던 셈 치자' 정도로, 속된 말로는 '퉁치다'의 의미라고 할 수 있겠다.

로스쿨생들은 실제로 이런 법률 용어를 가지고 농담을 할까? 이 질문에 대한 정답도 'Yes'이다. 아마도 법학을 공부하면서 배우는 표현들이 실생활의 용어나 개념을 법률 용어나 한자로 바꾼 것이라 활용성이 높기 때문으로 보인다.

몇 가지 예를 들어보자면, 식사 메뉴를 결정하는 과정에서 의견이 갈렸을 때, 더 많은 사람이 지지하는 메뉴를 '다수설', 적은 사람이 지지하는 메뉴를 '소수설', 압도적으로 많은 사람이 지지하는 메뉴에 대해서는 '통설은 ~다'라고 표현하여 법학 개념의 학설 대립에 활용되는 용어를 차용해 사용하는 경우라든지, 혹은 법학 내용 중 개념에 정확히 들어맞는 것을 '진정—'이라고 하고 개념과 정확히 들어맞지는 않으나 대체로 유사한 구조를 가진 것을 '부진정—'이라고 하는 것을 차용하여 아침 일찍 학교에 나와 책상에 오래 앉아는 있지만 실제로 공부는 하지 않는 본인에게 '부진정로스쿨생'이라고 표현하는 경우 등이 있다.

이러한 농담이 로스쿨생들 사이에서는 피식 웃고 넘어갈 웃음거리일수는 있지만, 자첫 로스쿨 외 주변 사람들에게 사용했다가는 분위기가 싸늘해질 수 있으니 주의해야 한다는 말을 하기도 한다.

드라마 〈로스쿨〉은 대체로 로스쿨의 모습을 잘 표현하기는 하였으나, 극의 재미를 위해 과장된 면도 없지 않다. 실제로 드라마에서처럼 로스쿨생이 법정에 드나들 일이 법원 실무수습이나 대회 출전 등이 아니면 거의 없기도 하고, 학생이 많은 로스쿨이라면 교수님들과 저렇게 자주 일대일로 대면하는 경우도 특별한 사정이 있지 않으면 매우 드물다. 로스쿨의 현실을 정확히 담았는지는 논외로 치더라도, 흥미진진한 법정 변론 장면이나 추리 드라마에 관심이 있는 사람이라면 추천할 만한 드라마라고 생각한다.

로스쿨의 시험공부

"그럴 시간 있으면 민사례를 더 보는 게 좋지 않을까?"

다음 학기에 대한 조언을 구하다가 선배에게서 들은 말이다. '민법' 과목의 '사례형' 공부를 많이 해야 할 것 같다는 조언이다. 이게 도대체 무슨 소리일까? 로스쿨에도 학부와 마찬가지로 중간고사와 기말고사가 있다. 그렇다면 이 시험들은 학부 전공과목, 교양과목의 시험과 무엇이 다를까?

로스쿨의 중간고사와 기말고사, 즉 법학 실력을 측정하는 시험들은 과목별로, 교수님의 재량에 따라 매우 다양하다. 하지만 결국은 변호사시험 유형의 큰 틀에서 벗어나지 않는 만큼 변호사시험의 유형을 중점적으로 소개한다.

1 변호사시험 개요

변호사시험은 졸업하는 해 1월에 5일간 시행된다. 민사법, 형사법, 공법과 선택과목 하나의 시험을 치르게 되는데, 선택과목에는 국제법, 국제거래법, 노동법, 조세법, 지적재산권법, 경제법, 환경법이 있다. 시험장에서는 제공되는 법전과 3년간 공부한 법 지식을 활용하여 시험을 보게 된다. 민사법, 형사법, 공법 과목은 선택형, 사례형, 기록형의 시험을 치르고, 선택과목의 경우 사례형 시험을 본다. 이 선택형, 사례형, 기록형이 결국 변호사시험뿐만 아니라 중간고사, 기말고사 등의 로스쿨에서 마주하는 여러 시험에서도 결국 기본적인 문제의 유형이 된다.

2 선택형 문제

선택형은 말하자면 오지선다형, 객관식 시험이다. 옳지 않은 것 또는 옳은 것을 묻는 것이 일반적인 형태이다. 학창 시절에 우리를 혼란케 했던, ㄱ, ㄴ, ㄷ, ㄹ의 선지가 담긴 '보기'가 있고, '보기에서 옳은 것을 모두 고른 것은?'이라고 묻는 방식의 문제도 있어 문제 유형은 낯익다.

다른 점이 있다면 한 문제, 한 문제가 담고 있는 내용의 양이 많다는 것이다. 선택형 문제에서는 용어의 개념, 조문이나 판례에 관해 묻기도 하고, 한 사실관계를 문제에서 제시한 다음, 각 선지에서 추가로 사실관계를 더 주면서 사실관계에 대한 법적 판단이 맞는지 틀리는지 각각 묻고 있는 경우도 있다.

예를 들면, 문제에서 '갑이 을에게 X건물을 2억 원에 매도하는 계약을 체결했다' 등의 기본적인 사실관계가 주어지고, 1번 선지에서 '만약에 을이 갑에게 계약 당시 정한 기일이 지나도록 매매대금을 지급하지 않고 있을 때, 갑은 정해진 날짜에 X건물의 소유권을 이전해주어야 할 의무를 지지 않는다'는 문장이 제시되었다 하자. 1번 선지는 문제에 추가적인 사실관계를 덧붙인 뒤 그에 대한 법적인 판단까지 포함하고 있다. 이렇게 주로 1번부터 5번 선지까지는 '~라면'의 가정 형식으로 각각 다른 세부적인 사실관계를 제공하고 그 경우에 발생할 수 있는 법적인 쟁점을 묻는다. 선택형은 이와 같은 각 문장의 내용이 옳은지 틀리는지 판단하여 문제를 풀어가는 방식이다. 3년간 민사법을 학습하면서 로스쿨 학생들은 이 문제와 관련하여 계약이 성립했는지, 성립했다면 유효인지 무효인지, 유효라면 또는 무효라면 각각의 주체가 상대방에게 어떤 권리를 행사할 수 있는지 배우게 된다. 이런 지식을 위 문제와 같은 구체적인 사실관계에 대입해서 문제를 해결하는 방식이라고 생각하면 된다. 한 문제여도 다양한 범위에서 문제가 조합되고, 법조문, 판례 등 다양한 것에 근거하여 문제가 출제될 수 있어 전체 과목에 대하여 세부적인 부분까지 꼼꼼하게 공부하지 않으면 정답을 놓치기 쉽다.

사례형이라는 말은 입학하기 전부터 들었는데, 로스쿨에 입학하기 전까지 접해온 시험 유형과 이질감이 가장 컸다. 로스쿨생이 가장 많이 공부하고 많이 접하는 문제의 형태이다. 시중에서도 '사례집'이라는 이름으로 다양한 사례형 문제와 그 해설을 실은 문제집이 있어 많은 학생이 학습에 활용한다.

사례형에서 가장 중요한 것은 말 그대로 '사례', 즉 법과 관련된 쟁점이 담긴 사실관계이다. 사실관계는 반 페이지 정도의 분량부터 한 페이지를 넘기는 분량까지 교수님의 재량이나 시험 과목에 따라 다양하다.

민사법을 예로 들면, 주로 갑, 을, 병, 정⋯이나 A, B, C⋯ 같은 주체들의 돈을 빌리고 빌려주는 복잡한 관계가 나오고(법적인 분쟁에 관한 사실관계가 나오기 때문에 돈이 연관된 경우가 상당수다) 한 사람이 다른 사람을 상대로 소송을 제기하였을 때 소송이 적법하게 제기되었는지, 법원은 어떤 판결을 하여야 하는지, 소송에서 갑 등이 한 주장이 타당한지 물어본다.

문제를 처음 읽었을 때 이렇게 풀어야 할지 감도 잡히지 않았다. 누구의 주장이 타당한지 결론만 덜렁 적으면 점수를 제대로 받을 수 없다. 결론을 먼저 적고 논거를 적는데, 논거를 적을 때에는 다양한 서술 방식이 있지만 전형적인 방식으로는 '문제점 — 학설 — 판례 — 검토 — 사안에의 적용' 순서로 서술한다. 문제점, 문제의 제기 부분에서는 말 그대로 사례형 문제에 나온 다양한 사실 중에 법적 판단을 내릴 때 집중적으로 다룰 부분을 서술하는 것이다. 문제의 사실관계 문장을 그대로 베끼는 것이 아니라 그 사실관계가 어떤 법적 쟁점과 결부되는지를 함께 적어주어야 한다.

앞서 들었던 예를 다시 가져와 보자. '갑이 을에게 X건물을 2억 원에 매도하는 계약을 2월 15일 체결했다. 을은 2월 28일까지 중도금 5,000만 원을, 3월 15일까지 나머지 매매대금 전부를 지급하기로 했다. 갑은 매매대금 전부를 받는 3월 15일에 X건물 소유권 이전에 필요한 서류를 을을 만나 지급하기로 했다.' 이런 식으로 문제에서 기본적인 사실관계를 주고, 사례형이 여러 문항인 경우 각각의 추가적 사실관계가 제공되기도 한다. 추가적인 사실관계로 'X건물이 알고 보니 갑의 건물이 아니었다. 을은 2월 28일 중도금을 지급한 상태이다'라는 내용이 주어졌다고 하자.

을은 어떡해야 할까? 우선 문제를 보면 이게 말이 되는 상황인가 싶다. 자기가 소유하지 않은 물건을 판다고? 이런 직관적인, 상식적인 판단을 넘어 로스쿨에서 이 사례형 문제를 풀 때는 법적으로 문제를 분해해서 보고 갑은 무엇을 해야 하고 을은 무엇을 해야 하는지 결론을 내릴 수 있어야 한다.

앞서 언급한 예시에서는 X건물의 주인이 갑이 아니라 다른 사람인데도 갑이 X건물을 매매할 수 있는 건지, 그게 된다면 법적으로 어떤 효과를 발생시키는지, 그런 건물을 산 을은 어떤 권리를 행사할 수 있는지와 갑이 을에게 건물을 줄 수 없다면 을이 이미 지급한 중도금을 돌려받을 방법은 무엇인지 등이 문제가 될 것이다. 물론 이렇게 쓰면 안 되고 해당하는 법조문과 정확한 법적 용어를 이용해서 서술하여야 한다. 문제를 해결하는 데 중요한 법적인 쟁점을 누락하면 근거의 설득력이 떨어지거나 결론이 달라져 버릴 수 있어 서술에 필요한 쟁점을 찾아내는 것이 중요하다. 각 쟁점에 관하여 법학계에서 의견 대립이 있다면 다양한 학설과 그 내용을 서술하고(학설), 유사한 사건에서 대법원은 어떤 근거로 어떤 결론을 내렸는지(판례)를 다룬다. 검토 부분에서는 학설과 판례에서 논의된 근거를 검토해 쟁점을 해결하는 타당한 방안을 제시한다. 사안에 적용하는 부분에서는 검토 부분에서 정한 방향을 기반으로 위 사례형 문제에서 주어진 사실관계에서는 어떤 판단을 내려야 하는지 기술하여야 한다. 이를 사안을 '포섭'한다고도 표현한다. 시간과 분량이 한정되어 있어 문제의 분량이나 해당 쟁점의 중요성에 따라 서술의 깊이를 다르게 조절하는 것이 중요하다.

4 기록형 문제

기록형 문제는 로스쿨 1학년생은 접할 기회가 없다. 각 법에 관한 지식을 어느 정도 쌓고, 2학년 2학기 이후로 재판실무 등의 실무 과목을 수강하면서 기록형 문제에 대한 준비를 시작하게 된다. 앞서 사례형 문제에서는 사실관계가 문장으로 정리되어 서술된 것과 달리, 수십 장에 이르는 실무에서 쓰이는 사건기록들, 그러니까 사건과 관련한 법적 문서들이 등장하고, 이를 통해 문제를 푸는 데 필요한 사실관계를 알아내어 법률 문서를 작성해야 한다. 주로 소 제기에 필요한 소장을 작성하게 된다.

기록형 문제는 첫째로 시간이 정해져 있는 만큼 필요한 근거를 빠르게 찾고 커다란 종이 한 장에 메모해두는 것이 중요하다. 내용이 방대하다 보니 문제를 풀면서 각자만의 메모 방식을 정해 이를 변호사시험까지 익혀나가게 된다. 둘째로 소장은 청구취지, 청구원인 등으로 구성되어 있는데 각각의 부분에 사용하는 표현이 엄격하게 정해져 있기 때문에 정확하게 서술하는 법을 익히는 것이 중요하다.

CHAPTER 3

Life in Lawschool

———— 로스쿨에서의 삶 ————

_____ 예전에 생각했던 것과 다른 점이 있다면, 변호사의 일이 생각보다 창작에 가까운 일이라는 것이었다. 로스쿨에 입학하면서부터는 내가 과거에 꿈꿔왔던 PD나 광고 기획자 같은 콘텐츠 크리에이터와는 완전히 대척점에 있는 일을 하게 될 것이라고 생각했는데, 변호사가 되고 보니 이 일 또한 논리라는 콘텐츠를 창작하는 직업이었다.

로스쿨의 일상으로 초대합니다_Ver. 1

서울대학교 법학전문대학원 15기 IMPACT
연세대학교 경영학과 졸업

2023년 5월 n일 목요일

AM 06:30 정신없이 시작하는 아침

삐비빅 삐비빅. 학부 1학년 때부터 타지에서 자취 생활을 시작하면서 똑같은 소리로 아침을 맞은 지가 벌써 5년이나 되었는데도 왠지 로스쿨에 들어오고 나니 이 소리가 더 날카롭게 들린다. 10분만 더 잘까 하는 생각이 머리를 스쳐갔지만 오늘이 일주일 중 가장 바쁜 목요일이라는 사실을 깨닫기까진 얼마 걸리지 않았다.

아침 7시부터 15분 간격으로 오는 셔틀 중 하나를 잡아타고 학교를 가려면 더 지체해서는 안 된다는 생각에 일단 샤워기 헤드 앞으로 몸을 던진다. 전공필수 수업이 두 개에 전공선택 과목 하나, 스터디까지 있는 목요일에 하필 학회 세미나 일정까지 있으니 오늘은 쉽지 않겠거니 하며 할 일을 머리에 정리하면서 샤워를 마친다.

학교에 오래 있는 나 같은 사람은 집안일 할 시간이 없다. 게으르다고 손가락질받기 전에 미리 변명을 하자면, 10시가 넘은 시간에 집으로 돌아오면 그제서야 빨래를 돌린 후 세탁이 끝나는 시점까지 기다렸다가 그걸 널고 자기에는 그만 한 기력이 남아 있지 않다. 그래서인지 서울대입구역 근처나 녹두거리에서 자취하는 친구들은 집안일 대행 서비스를 종종 이용하기도 한다. 나도 충실한 고객이기는 하지만, 빨래가 밀렸으니 나가기 전에 빨래를 예약해놓고 예술적으로 나의 하교와 동시에 빨래가 끝나기를 바라며 덮개를 닫는다.

아침을 먹을 정도의 여유는 도저히 없지만, 빈속으로 학교에 가서 공부를 하기에는 벌써부터 저혈당으로 손이 떨리겠다는 생각이 들어 유통기한이 얼마나 지났는지도 모를 빵 조각을 입에 집어넣는다. 생각보다 시간이 빨리 갔다는 생각에 아무 티셔츠와 바지, 거의 교복과 다르지 않은 후드 집업을 입고 문을 나서려다가 오늘 세미나에서 내가 발제자임을 상기하고 꾸역꾸역 어울리지도 않는 블레이저를 걸치고 집을 나선다.

7시 셔틀을 타겠다는 꿈은 이미 멀어졌고, 7시 15분 셔틀이나 탈 수 있으면 다행인 시간이다. 과장 하나 안 보태고 대다수의 로스쿨생들이 물보다 많이 마시는 커피를 사 가고 싶지만, 아직 문을 연 커피숍이 거의 없어 포기하고 학교로 가는 셔틀에 몸을 싣는다.

AM 7:30 졸음과 싸우기, 그리고 판례 읽기

서울대학교 로스쿨 건물 15동 5층 열람실, 그중에서도 소위 법오 작방(법대 5층 열람실 작은방)이라고 불리는 작은 열람실의 가장 안쪽이 내가 배정받은 열람실 자리다. 열람실 자리는 학기에 한 번씩 신청을 받고, 경쟁률이 1이 넘으면 추첨을 통해 운 좋은 사람이 인기 좋은 자리를 배정받는다.

서암, 국산, 법사, 법오 큰방과 작방 등 법학관 곳곳에 위치한 열람실들은 일반적인 칸막이 책상과 칸막이 없는 평상, 노트북 사용이 가능한 곳과 불가능한 곳 등 저마다의 특징을 가지고 있다. 내가 배정된 법오 작방 평상이 가장 경쟁률 높은 열람실이라는데, 졸다가 벌떡 깨보면 바로 앞에 앉아 근엄하게 공부하고 있던 3학년 선배님이 그런 나를 보고 놀라는, 생각도 하기 싫은 상황이 자주 벌어진다. 그럴 때마다 다음 번에는 하루 종일 엎드려 자도 남들이 모르는 칸막이 자리를 신청해야겠다 하면서도, 넓은 공간의 책상을 보면 또 고민이 되기도 한다.

늘 7시 30분쯤 법오 작방에 도착하면, 대부분 아직 아무도 학교에 오지 않아 불이 꺼져 있다. 가장 먼저 열람실 문을 열고 들어가 불을 켜는 느낌은 설명하기 어려운 뿌듯함(일찍 왔다고 해서 공부를 열심히 하지는 않지만)이 있어 힘들어도 학교에 일찍 오는 것을 포기할 수 없는 이유가 된다.

대충 가방을 풀어놓고, 열람실 자리의 사진을 '타임스탬프' 애플리케이션을 이용해 찍어 '출석 스터디' 카톡방에 보낸다. 우리 출석 스터디의 출석 시간은 8시 30분이라 오늘도 인증 사진을 보내는 것은 내가 제일 먼저였다.

로스쿨에는 다양한 종류의 스터디가 있다. 크게 셋으로 나누자면, 모여서 같이 특정 과목을 공부한다거나 답안을 써보고 이를 맞춰보는 등의 학술적인 스터디, 같은 교수님의 강의를 듣는 원우들끼리 교수님의 말씀을 녹음해 그대로 텍스트로 옮겨 나중에 복습하거나 시험공부할 때 도움을 받을 수 있도록 하는 복기 스터디, 어느 정도의 강제력을 부여하기 위해 출근 시간과 퇴근 시간을 정해두고 지각하거나 조기 퇴근 하게 되면 벌금을 내는 생활 스터디가 있다. 특히 생활 스터디는 모인 벌금을 가지고 시험이 끝나는 날 회식을 하는 것이 소소한 즐거움이 되기도 하고, 아무래도(벌금을 매일 내기 싫다면) 유사한 생활 패턴을 가지게 되기 때문에 식사도 자주 같이 하는 친한 사이가 되기 마련이다.

아침에 열람실 자리에 앉으면 가장 먼저 오늘 해야 할 일들을 정리한다. 로스쿨 1학년은 물론 공부해야 하는 내용이 많긴 하지만 다양한 활동을 자신의 기호에 맞게 하는 시기이기 때문에 학회나 동아리 활동 일정이 많은 학생들도 있고 학교 진도와 관계없이 개인 공부를 하는 학생들도 있다. 해야 하는 것들을 머릿속에만 넣으려고 하면 꼭 빠트리는 것들이 생기기 때문에 포스트잇이나 스마트폰 캘린더 앱 등을 통해서 할 일을 잊지 않도록 기록해둔다.

오늘은 오전 10시에 민법 강의가 있다. 내가 속한 민법 강의의 교수님은 강의 때마다 미리 읽어 와야 할 판례를 올려주시는데 아직 판례를 읽지 못했기 때문에 다른 일은 제쳐두고 이것부터 해야겠다는 생각이 들었다. 대부분의 로스쿨 강의는 일반적인 강의 방식으로 이루어지지만, 일부 교수님의 경우 무작위로(출석부 순서대로라는 추측, 이름 역순이라는 추측 등이 난무하지만 대부분 예측에 실패한다) 학생을 호명하여 판례의 사실관계나 법리에 대해 질문하신다. 물론 이에 답하지 못한다고 성적 평가할 때 감점이 있다거나 큰 불이익이 있는 건 아니지만, 아직 얼굴도 잘 모르는 동기들 앞에서 교수님의 질문에 답하지 못하고 개미만 한 목소리로 "못 읽었습니다…" 하며 고개를 숙이는 모습을 이미 지난 시간에 보였기 때문에 또 그럴 수는 없다는 생각에 판례부터 읽기로 했다.

판례 읽기는 보통 '케이스노트' 사이트를 통해 판례 원문부터 판결요지와 주요 판시 사항 등이 요약된 내용을 모두 확인한다. 처음 판례를 접하는 나와 같은 로스쿨 새내기들은 적잖이 당황한다. '아니하다고 하지 아니할 수 없다'와 같은 표현을 보면 일부러 읽기 어려우라고 이렇게 쓰신 건가 하는 생각이 들 정도로 대법관님들이 쓰신 문장이 어렵고 복잡하다. 또 아직 복잡한 사실관계를 많이 접해보지 않았기 때문에 읽다 보면 누가 피고이고 누가 원고인지도 헷갈리기 일쑤다. 입학한 지 두어 달이 지나 이제 조금은 익숙해졌지만, 아직도 판례번호를 검색한 후 판결문 원문이 뜰 때 화면 우측 스크롤의 길이가 콩알만 해지면 막막해지는 건 여전하다.

책상에 앉은 지 고작 20분 지났는데, 고개가 떨어지기 시작한다. 엎드려서라도 자고 개운하게 민법 강의를 들으러 가고 싶지만, 지난 시간의 굴욕도 똑같은 사고 과정에서 비롯되었기에 건물 아래 카페에서 커피 한잔으로 졸음을 달랜다. 그런 다음 '빌린 돈을 제때 좀 갚았으면 이렇게 복잡한 판례가 생길 일도 없지 않은가' 하는 쓸데없는 푸념과 함께 판례 속으로 밀려 들어간다.

AM 10:00 로스쿨생의 영원한 숙제, 민법 수업 듣기

졸음과 싸우며 주어진 판례를 다 정리하고 나니 벌써 강의 직전이다. 노트북과 계약법 교재, (교수님은 꼭 한자가 있는 법전을 들고 다니라고 하셨지만) 한글 법전을 들고 강의실로 향했다. 강의실 풍경은 여느 학부 강의실과 다르지 않다. 다만, 앉아 있는 학생들의 눈 아래 다크서클이 짙고 카페인이 몸에 안 받는 몇몇 친구들을 빼면 저마다 아메리카노나 지독한 카페인 음료를 옆에 끼고 있다는 점이 차이가 있다.

강의실에 들어선 교수님이 오늘 배울 내용에 대해 간단히 소개한 다음 학생들 모두를 겁에 질리게 하는 출석부를 집어 들어 무작위로 이름을 부르며 판례에 대해 질문하기 시작하신다. 오늘은 운 좋게 내가 걸리지 않아서 다행이라고 생각하면서도 하필 판례를 열심히 읽어 온 날은 불리지 않고, 지난번처럼 좀 덜 읽은 날만 꼭 불린다는 불평을 속으로 하며 수업을 듣는다.

로스쿨에서 민법이 가지는 비중은, 중·고등학교에서 수학이 가지는 비중과 비슷하다고 해도 과언이 아니다. 민법은, 여러 과목 중 가장 양이 많고 어려울 뿐 아니라 변호사시험 배점도 다른 과목보다 더 높다. 로스쿨에서 공부하는 과목 중 가장 중요한 과목이라고 해도 과언이 아니다. 선배님들이나 교수님들도 실무에 가서 90퍼센트 이상이 민법을 다루는 사건이라고 하실 만큼 미래를 대비해서라도 로스쿨에서 비중 있게 다루어야만 하는 과목이다. 그렇기에 고등학생들이 수학 공부에 시간을 많이 쓰는 만큼 로스쿨생, 특히 이제 막 법학에 입문한 로스쿨 1학년생은 공부 시간 중 가장 많은 시간을 민법에 쓰게 된다.

강의는 12시 15분에 마치지만, 제때 밥을 먹으려면 12시쯤부터 누구와 무엇을 먹을지 정해야 한다. 로스쿨생들은 대부분 배달 음식으로 끼니를 해결하거나 학식을 먹는데, 점심시간에는 학교 식당에 학부생들이 몰리기 마련이라 식사를 하려면 줄을 서야 한다. 줄 서서 기다릴 시간에 조금이라도 더 쉬겠다는 생각을 가진 대다수의 로스쿨생들은, 지갑 사정과 나온 배를 보며 배달 음식 좀 줄여야겠다고 한 다짐이 무색하게 배달의민족 앱을 켜게 된다. 11시 50분을 넘어가면, 몇몇 학생들은 이미 같이 밥을 먹는 친구들로부터 메뉴를 수합해 배달 음식을 주문하느라 정신없다. 평소 같았으면 나도 뭘 먹을지 생각해야 했지만, 오늘은 점심시간에 학회 세미나가 있는 날이라 점심 걱정은 하지 않아도 됐다.

PM 12:30 학회 세미나 발제와 사례 스터디

　로스쿨 내에는 정말 많은 학회가 존재한다. 사법, 형법, 공법 등 기본법들에 대해 더 깊게 공부하는 학회뿐 아니라 엔터테인먼트, 기업금융, 조세, 환경 에너지 등 여러 세부 분야들을 다루는 학회들도 있다. 신입생들은 보통 학기 초에 관심 가는 학회라면 모두 가입해본 다음, 2학년이 되기 전에 자신의 관심 분야를 확정해 일부 학회에서 집중적으로 활동하게 된다. 학회에서 하는 대표적인 활동이 바로 점심시간 세미나인데, 학회 내에서 신청을 받아 일부 학생들이 특정 주제와 그에 대한 법적 쟁점에 대해 역할을 나누어 공부하고, 이를 많은 학회원들이 참여하는 세미나에서 발제하는 식의 활동이다.

　오늘 나는 '학교폭력 예방 및 대책에 관한 법률(학교폭력예방법)'에 대한 공법적 쟁점을 소개하는 공법학회의 세미나에서 발제자 역할을 맡았다. 평소 관심이 많은 주제이기도 했고, 최근 들어 여러 사건이 불거지면서 학교폭력예방법의 실효성에 대해 의문을 제기하는 사람들이 많았기에 민감한 주제이기도 했지만, 나의 의견과 생각을 학회원들과 나누고 건설적인 대화를 할 수 있다는 점에서 좋은 기회라는 생각이 강하게 들었다. 물론 다른 공부 하기도 바쁜 시간을 쪼개어 세미나까지 준비하는 게 쉽지는 않았지만, 오늘 발제하면 끝이라는 생각에 빨리 발제하고 싶다는 마음이 들었다.

많은 법학 공부량을 소화하다 보면 내가 사는 현실 세계와 법이 너무나도 멀다고 느껴질 때가 많지만, 이런 세미나들은 대부분 최근 이슈가 되는 내용을 주제로 하기 때문에 법학 공부에 조금이나마 흥미를 붙여줄 수 있는 요소이다.

많은 사람들 앞에서 뭐라고 떠들었는지 기억도 잘 나지 않는 발제를 마치고, 곧바로 예약된 세미나실로 향한다. 오늘은 민법 사례 스터디가 있는 날이라, 평소 같았으면 점심 먹고 남는 시간에 좀 잤겠지만 그렇게는 못 하게 되었다. 조금 늦게 도착하여 세미나실 문을 열자 친구들은 이미 스터디를 시작한 것 같다. 로스쿨에서 공부하는 스터디를 한다면 가장 쉽게 찾을 수 있는 스터디가 내가 하는 스터디와 같은 민법 사례 스터디이다.

로스쿨 시험은 기본적으로 '사례형'의 구조이다. 단순히 객관식이나 주관식처럼 답을 쓰는 것이 아니라, 강의에서 배운 여러 법적 개념과 학설, 그리고 판례의 태도를 꼼꼼히 공부한 후 출제자가 어떤 사례에 대해 준 설명을 바탕으로 소위 '문학판검(문제점-학설-판례-검토)'의 순서로 답안을 써 내려가는 것이다.

이러한 로스쿨 시험 및 변호사시험의 사례형 답안 특성상 법적 개념을 알고 외우고 있는 것과 이를 사례에 적용해 백지에 자기 나름의 목차를 잡고 답안을 쓰는 것은 상당한 거리가 있어 평소에도 많은 연습이 요구된다. 학교 강의에서는 이렇게 답안을 글로 '현출'하는 법까지 가르쳐주지 않기 때문에 스스로 연습해야 하는데, 대부분의 학생들이 스터디를 통해 연습을 한다. 시간을 정해놓고 시중의 사례집에 있는 기출 및 핵심 사례에 대해 답안을 쓴 다음 스터디원들끼리 답안을 교환해서 읽어보고 서로에게 피드백을 해주는 식으로 스터디가 진행된다.

답안은 같은 사례를 바탕으로 쓰더라도 어떤 논리 구조를 잡고 어떤 법적 쟁점에 집중에서 쓰느냐에 따라 굉장히 달라지기 때문에 내가 쓴 답안뿐 아니라 친구들이 쓴 답안도 읽어보고 공부하는 것이 실질적으로 큰 도움이 되기도 한다. 당연히 잘 쓰는 친구들도 있고 아직 서투른 친구들도 있긴 하지만, 교수님께 질문하는 것보다 친구에게 질문하는 게 편하기도 하고 의견을 나눌 수도 있어서 대부분 스터디를 하게 된다.

오늘도 성격 급한 나는 분명 사례에서 잡을 수 있는 쟁점은 다 잡아서 썼다고 생각했는데 시간이 15분이나 남았다. 주변을 돌아보니 친구들은 뭐가 그리도 쓸 내용이 많은지 손을 바쁘게 움직이고 있다. 또 무슨 쟁점을 누락했을까 걱정되기도 하고 나름대로 열심히 공부하고 있는데 실력은 그만큼 늘지 않는 것 같아 속상하기도 하지만, 열심히 공부하는 친구들의 모습에 큰 자극을 받으며 오늘도 많이 배워 가겠다는 생각으로 마음을 다잡는다.

PM 3:30 형법 수업과 휴식, 그리고 저녁 식사

스터디를 마치고 부랴부랴 짐을 챙겨 형법 강의실로 향한다. 로스쿨에서는 1학년 1학기에 형법의 기본 원리라고 할 수 있는 형법총론을 배우고, 2학기에 그 외 우리가 일상생활이나 뉴스에서 보는 다양한 죄목의 구성 요건과 그 해당성을 판단하는 형법각론을 배운다. 무슨 공부든 '총론'이라고 하면 포괄적이고 추상적이어서 수업이 지루하기 마련이지만, 우리 분반의 형법 교수님은 풍부한 사례를 소개하며 친절하게 강의해주시기 때문에 일주일간의 수업 중 (그나마) 가장 기대되는 강의이다.

교수님마다 강의 스타일도 다르고 사용하는 강의안의 스타일도 달라서 같은 과목을 배우더라도 잘 맞는 교수님의 강의를 선택하는 것이 특히 중요하다.

나는 강의를 들을 때 강의안 안에 수업의 많은 부분이 포함되어 있어서 내용이 많은 경우, 아이패드만을 가지고 해당 강의안의 내용 중 강의 들을 때 이해되지 않았던 부분이나 중요할 것 같아서 공부가 필요한 부분을 형광펜으로 체크하고, 교수님이 부가적으로 해주신 설명만 옮겨 적는다. 반면, 강의안에는 목차만 있고 모든 설명을 구두로 하는 경우에는, 따로 정리본을 만들어 목차에 맞게 교수님의 설명을 여러 참고서와 교과서 내용을 바탕으로 한데 모아둔다.

학부 때까지는 정리본이라는 개념이 별로 없고 나 역시 로스쿨에 들어와서 처음 접하고 만들기 시작한 것이다. 하지만 법학 과목들은 한 개념을 배우더라도 수많은 학설과 관련 판례가 있고 그중 교수님께서 지지하시는 학설과 통설이 나뉘는 경우도 많기 때문에 손으로 필기하여 시험 기간에 몰아서 공부하기에는 무리가 된다. 그래서 많은 학생들이 강의가 끝나면 그때그때 강의 내용을 정리본에 옮겨 담고, 그날 밤에 참고서나 교과서를 보면서 필요한 내용을 더하는 식으로 나만의 정리본을 만들게 된다.

형법 수업은 1시간 15분으로, 2시간 15분인 민법 강의보다는 훨씬 빨리 끝난다. 형법 수업이 끝나면 오후 5시가 되는데, 아침 일찍 학교에 와서 정신없이 정해진 일정을 보내다 보면 아직 개인적인 공부나 복습은 하지도 못했는데 벌써 저녁 시간이라는 생각에 놀라면서도 몸은 녹초가 된다. 오늘은 특히 더 일정이 많은 날이었던 만큼 지금 쉬지 않으면 저녁 수업은 감당이 안 될 것 같다는 생각에 남학생 휴게실로 향한다.

로스쿨은 학생들이 교내에서 대부분의 시간을 보내기 때문에 남학생 휴게실과 여학생 휴게실이 마련되어 있는 경우가 많다. 서울대 로스쿨의 경우 15동 내에 휴게실이 있고, 휴게실 내에는 동시에 여러 명이 잘 수 있는 이층 침대와 침구가 마련되어 있다. 점심시간이나 저녁 시간이 시작될 때 좀비 같은 발걸음으로 터덜터덜 3층 구석으로 향하고 있는 사람이 있다면 아마도 휴게실로 가는 사람일 가능성이 높다.

처음 입학했을 때는 집이 아니면 다른 침대에서 자는 것이 불편했고, 차라리 엎드려 자고 말겠다는 생각을 했지만 한번 휴게실에서 낮잠을 자보고 나니 그런 건방진 생각은 빨리 버리는 게 낫다는 깨달음을 얻었다. 가끔 친한 동기나 선배가 혹시 강의에 늦을까, 너무 많이 자는 바람에 하루 일정을 다 망칠까 불안해하면서 편히 못 자는 모습을 보면 마음이 아프기는 하지만, 그래도 잠깐이나마 눈을 붙일 수 있는 공간이 있다는 것이 감사하다.

잠깐 눈만 붙인 것 같은데 30분이 훌쩍 갔다. 7시에 수업이 있는데, 벌써 6시가 다 되어가기 때문에 저녁은 대충 편의점에서 먹는 것으로 갈음한다. 아침에 열람실 자리를 떠난 지 어언 8시간 만에 열람실 자리로 돌아와 조금 전 편의점에서 사 온 커피를 마시면서 오늘 들은 민법 강의의 내용을 정리본에 옮기기 시작한다. 분명 강의 때는 이해했다고 생각한 내용인데 잘 기억이 나지 않고, 어제 'Alt+Tab' 버튼을 누르며 해외 축구 경기 결과를 보느라 필기하지 못한 부분이 가장 중요한 판례에 대한 설명이었음을 참고서를 보고 깨닫는 순간, 내 자신을 한 대 때려주고 싶은 충동이 든다. 하지만 한 대 맞는 것 가지고는 정신을 못 차리기 때문에, 어차피 벌어진 일이라고 생각하고 친구에게 빠트린 부분의 필기를 부탁하고, 답장을 기다리는 동안 교과서와 참고서를 펴놓고 다른 부분을 내 나름대로 이해해보려 애를 써본다. 친구가 고맙게도 필기한 파일을 보내줘서 열어보려는 찰나, '아차, 벌써 7시다' 하는 생각이 든다.

PM 7:00 정보통신법 수업, 그리고 야간 공부

오늘은 저녁 7시부터 정보통신법 강의가 있는 날이라는 것이 이제 생각났다. 강의실로 최대한 빨리 뛰어가 보지만 이미 강의가 시작되었다. 강의실 문을 열고 들어가 자리에 앉는 동안 사람들의 시선이 집중된다. 로스쿨에서는 변호사시험에 출제되는 법 외에도 다양한 선택법 강의를 들을 수 있다. 아무래도 시간적인 여유가 있는 1학년들이 선택법을 많이 듣고, 그 외에 2학년, 3학년 선배들도 학기에 한 과목 정도는 관심 있는 과목을 선택하여 듣는다. 선택법 강의는 자신의 원하는 법 분야의 지식을 공부할 수 있을 뿐 아니라, 추후 취업 시 자신의 강점과 관심 분야를 어필할 수 있는 효과적인 수단이 될 가능성이 있다는 점에서 많은 친구들이 신중하게 선택법 강의를 고른다. 개인적으로는 경영학과 출신이라 공부한 내용과 최대한 관련 있는 선택법 강의를 듣고 싶어서 자본시장법과 정보통신법 강의를 수강하고 있다.

정보통신법 강의 내용 자체는 흥미롭지만 저녁 7시부터 3시간 연달아 10시까지 진행되는 수업을, 아침 7시 30분에 학교에 도착한 사람이 버텨내기란 쉬운 일이 아니다. 꾸벅꾸벅 졸면서 수업을 듣고, 중간중간 딴짓도 하다 보면 금세 10시가 된다. 이제는 정말 집에 가야 할 것 같은데, 아직 할 일이 남아 있어 집에 가기도 애매하다. 결국 다시 가방을 메고 열람실로 돌아가 열람실 문을 열면, 지금이 밤 10시가 맞는가 싶을 정도로 많은 동기들과 선배들이 공부에 열을 올리고 있다. 변호사시험을 앞둔 로스쿨 3학년 선배들부터 같이 입학한 동기들까지 각자의 공부와 씨름하고 있는 것을 보면, 집에 가고 싶다가도 다시 책상에 앉게 된다. 아까 미뤄뒀던 민법 정리본 만들기를 마무리하고, 오늘 사례 스터디에서 틀렸다는 지적을 받은 부분과 형법 강의안만 읽으면 집에 가자고 스스로를 달래고 공부를 시작한다.

오후 11시 10분이 넘으면 학교 건물에서 학생들이 주로 사는 서울대입구역이나 녹두거리로 향하는 셔틀은 끊긴다. 야간 셔틀이 종종 다니기는 하지만 배차 간격이 너무 길고, 시내버스 역시 막차가 끊긴다. 걸어가기에는 부담스러운 거리라 로스쿨생들은 밤에 어떻게 집에 가나 싶겠지만, 서울대 로스쿨에는 '택시팟'이 존재한다. 1학년부터 3학년까지 학년을 가리지 않고 서울대입구에 사는 사람들은 대부분 '서울대입구역 택시팟' 카톡 채팅방에 초대되어 있다. 예를 들어 자정에 출발하려고 하면 자정에 출발하는 택시팟을 구한다는 글과 함께 내 이름을 채팅방에 올린다. 그러면 그 아래로 같이 택시를 타고 갈 사람들이 이름을 쌓는다. 그렇게 네 명이 모이면 정해진 시간에 만나 같이 택시를 타고 돈은 나눠 내는 방식으로 귀가하는 것이다. '집에 갈 방법이 없어서 학교에 늦게까지 못 있는다'는 말은 서울대 근처에서 자취하는 사람들에게는 변명일 뿐인 이유가 바로 여기에 있다.

AM 12:20 하루 일과 정리

자정 택시팟에 들어가 집에 도착하니 벌써 자정이 넘었다. 옷만 갈아입고 누우려고 했더니 아침에 예약한 빨래가 기가 막히게 지금 막 끝났다. 아침에 나오면서는 집에 왔을 때 딱 끝나면 좋겠다고 생각했지만, 막상 그렇게 되니 빨래 널 생각에 귀찮음이 몰려온다. 빨래를 대충 널어놓고 내일 먹을 아침거리가 있는지 확인해본 후 침대에 눕는다. 늦은 밤이지만 매일 타지 생활 하는 아들의 전화를 기다리는 엄마에게 전화로 오늘 있었던 일들이나 피곤하지만 그런 대로 잘 지내고 있다는 안부를 전하고 나니 얼추 잘 시간이다.

단언컨대, 내 하루에서 가장 생각이 많아지는 시간은 이 시점인 것 같다. 숨 막히게 정신없는 하루와, 아직 내가 변호사가 되려면 3년이나(변호사시험을 한 번에 붙지 못한다면 4년, 5년…) 더 이렇게 치열하게 살아야 한다는 생각에 막막해지기도 하고, 집에서 엄마가 해주는 따뜻한 밥과 강아지들이 너무 그리워지기도 한다. 그럼에도 더 열심히 살 내일을 다짐하며 잠에 들 수 있는 것은, 로스쿨 입시를 준비할 때 붙여만 준다면 정말 한눈팔지 않고 오롯이 공부만 하겠다고 다짐한 나의 '초심'과 내가 하는 노력을 응원해주는 가족들과 친구들, 그리고 이렇게 막막하고 어려운 로스쿨 생활을 함께 헤쳐나가고 있는 동기들 덕분일 것이다. 오늘 하루도 치열하게 살았다는 사실에서 오는 뿌듯함, 그리고 내일 있을 로스쿨 내 축구 동아리 연습 경기에 대한 기대감과 함께 로스쿨생의 하루가 저문다.

로스쿨의 일상으로 초대합니다_Ver. 2

서울대학교 법학전문대학원 15기 부진정갓생러
연세대학교 경제학부 졸업

2023년 5월 n일 월요일

AM 09:00 행복은 아침잠에서 온다

원래부터 월요일을 좋아했던 적은 없지만 로스쿨에 들어오고 나서 월요일이 유독 더 싫어졌다. 정신없이 휘몰아치는 수업만으로도 벅찬데 학회, 스터디 등 다른 여러 일정까지 소화하다 보면 평일의 밀도가 유난히 높아 피로한 탓이다. 그렇기 때문에 대다수의 로스쿨생들은 '내일이 벌써 월요일이야?' 생각하자마자 일요일 오후부터 급격하게 기분이 안 좋아지는 지독한 월요병을 앓고 있다. 월요병을 치료하는 가장 빠르고 확실한 방법은 월요일 아침을 '휴일'처럼 만드는 것이기에, 아침 수업이 있는 친구들은 이미 학교에서 수업을 듣고 있을 월요일 9시, 나는 푹 잔 기분으로 여유롭게 침대에서 일어난다. 그리고는 다시 한 번 확신한다. 역시 행복은 아침잠에서 오는 게 맞아. 핸드폰을 켜서 시간표를 보니 오늘 첫 수업은 오후 2시에 시작한다. 게다가 오늘은 일주일 중 유일하게 수업이 한 개밖에 없는 날이기도 하다.

로스쿨생이 그래도 되냐고? 입학하고 나서 친구들에게 종종 "로스쿨생은 정말 매일매일 아침 7시부터 밤까지 공부만 해?" 같은 재미있는 질문을 받고는 한다. 결론부터 말하자면 당연히 그렇지 않을뿐더러, 사람이 그렇게 3년을 살 수는 없다(적어도 나는 그렇다고 생각한다). 로스쿨생이라고 해서 3년 내내 다른 학부생들과는 달리 매일 꼭두새벽부터 하루를 시작하거나 아침 새소리가 들릴 때까지 밤을 새워 공부하는 것은 아니다. 이제껏 그래왔던 것처럼 아침형 인간은 아침형 인간대로, 올빼미형 인간은 올빼미형 인간대로, 각자의 생활 패턴을 어느 정도 유지한 채로 다만 학부 때보다 조금 더 많은 공부량을 소화할 뿐이다. 그래서 로스쿨에서도 아침잠이 많은 나와 같은 사람들은 꼭 들어야 하는 전공필수 과목이 아침 시간에 고정된 것이 아닌 이상 최대한 아침 수업을 피해서 시간표를 짜는 편이다. 다음 그림은 실제 내 1학기 시간표이다.

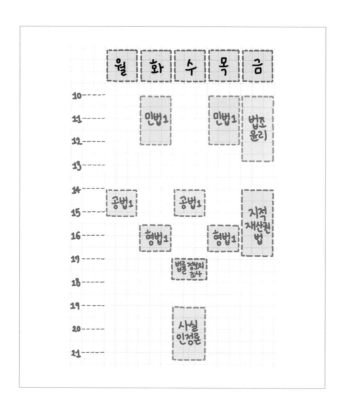

로스쿨도 학부와 똑같이 자신이 시간표를 짤 수 있지만, 그 자율도가 높지 않다는 점에서 학부와 차이점이 있다. 학기마다 모두가 꼭 들어야 하는 전공필수 과목이 있으며, 이러한 전공필수 과목은 대부분 시간대가 정해져 있다. 따라서 학생들은 전공필수 과목의 교수님, 그리고 선택법 정도를 자유롭게 선택해서 시간표를 짜게 된다.

물론 그에 따른 비용을 치르는 것도 온전히 본인의 몫이다. 월요일 아침을 행복하게 시작하는 대신 수요일은 밤 10시까지 수업을 들어야 하며, 많은 원우들이 점심을 먹고 본가로 돌아가거나 학교를 탈출하는 금요일 오후까지도 나는 수업을 들어야 한다. 그러나 항상 그래왔듯이 그건 수요일과 금요일의 나에게 맡긴 채, 일단 오늘은 행복한 기분으로 등교를 준비한다.

AM 10:00 등굣길에서 소소한 낭만 찾기

전날 입으려고 옷장 앞에 걸어두었던 니트에 청바지를 입고 학교로 출발할 준비를 한다. 가방을 챙기다 보니 오늘 코디에는 아무리 생각해봐도 백팩보다는 쇼퍼백이 어울리는 것 같은데…. 그러나 전공 책, 법전, 인강 교재에 노트북과 태블릿까지 들고 다니는 로스쿨생에게 백팩이 아닌 가방은 사치라는 것을 이미 개강 첫 주 차에 깨달았다.

학부 때 들고 다니던 예쁜 쇼퍼백에 어떻게든 책을 전부 넣어보려고 했지만, 이렇게 매일 짐을 갖고 다니다가는 가방이 망가지거나 내 어깨가 망가지겠다는 생각이 들었기 때문에, 객기를 부리지 않고 백팩에 짐을 챙기기 시작한다. 하루 종일 노트북이나 태블릿을 보고 있을 내 눈을 조금이나마 보호해줄 블루라이트 차단 안경, 수업 속기와 정리본 만드는 시간 내내 버텨주어야 할 내 목을 위한 노트북 거치대, 열람실에서 쓸 이어플러그, 그리고 공부하다가 졸릴 때

먹을 비타민 사탕까지 야무지게 챙겨서 집을 나선다.

　종종 지하철역 이름이 사기인 경우가 있다. 대표적으로 서울대입구역이 그렇다. 서울대입구역은 서울대학교 입구에 위치하지 않기 때문에 서울대입구역 근처에 자취하는 대부분의 학생들은 학교에 가기 위해 셔틀버스 또는 일반 버스를 타고 다닌다. 나는 주로 자취방 앞에서 일반 버스를 타고 학교 정문 앞에 내려서 정문에서 법대 건물까지는 걸어가는 편이다. 한 차례의 출근 및 등교 전쟁이 끝난

아침 10시경의 도로는 꽤 한적하고 여유롭다. 그리고 봄에는 등굣길 여기저기에 꽃이 피어 있다. 아침 햇살을 맞으며 느긋하게 교정을 걷는 기분은 생각보다 더 좋다. 걸어가는 길에 하늘이 예쁘고 꽃이 만개해 있으면 사진을 몇 장 찍어보기도 한다. 소소하지만 매 순간 작은 낭만을 찾는 게 로스쿨 생활에서는 중요한 것 같다. 그런 작은 낭만들이 오늘도 팍팍한 로스쿨 생활 속에서 나를 지치지 않게 해주기 때문이다.

AM 10:30 공부는 해야 하지만 열람실은 싫어

로스쿨의 특이한 점 중 하나는 재학생 모두에게 마치 고등학교 자율학습실이 떠오르는 열람실 좌석을 하나씩 배정해준다는 것이다. 수업 시간이 아닐 때 가 있을 '내 자리'가 학교에 있다는 것은 좋은 일이지만, 꽉 막힌 열람실에서 공부하는 것을 별로 좋아하지 않는 나는 주로 수업 전에 학교에 일찍 도착하면 법대 안에 있는 카페에서 공부를 하고는 한다. 법대 내 카페에서는 빠르게 끼니를 해결하기를 원하는 로스쿨생들을 위해 커피뿐만 아니라 컵밥, 샌드위치, 샐러드 등을 함께 판매하고 있기 때문에 이렇게 오후 수업을 기다리며 공부하는 동안 간단하게 점심을 해결하기도 좋다.

게다가 카페에서 공부하는 경우 다른 원우들의 눈치를 보지 않고 노트북 키보드를 마음껏 칠 수 있다는 것도 큰 장점이 된다. 로스쿨에는 크게 '노트북 공부파'와 '손 글씨 공부파'가 있는데 나와 같이 전자에 속하는 학우들의 경우, 수업 속기부터 정리본 만들기까지 공부의 대부분을 노트북과 함께하기 때문에 타이핑을 할 일이 정말 많다. 물론, 로스쿨에는 노트북이 허용되는 열람실 좌석도 있긴 하지만, 아무래도 다른 학우들이 열심히 공부하고 있는 열람실에서 나 혼자 신나게 키보드를 타닥거리다가 주변을 쓱 둘러보면 지금 뭔가 잘못하고 있는 것 같다는 생각이 드는 경우가 많다. 그래서 노트북 키보드를 많이 쳐야 할 때는 더더욱 카페에서 공부하게 되는 것 같다.

본격적으로 공부를 시작해보자는 마음으로 노트북을 켜자마자 '근데 뭐부터 해야 하지?' 하는 생각이 머리를 스쳐 지나간다. 아마도 대부분의 공부가 그렇겠지만, 로스쿨에서의 공부에는 정말 말 그대로 '끝'이라는 게 없는 것 같다는 생각을 자주 한다. 학부 때는 시험이 임박했을 때 '1회독만 제대로 하자'라는 생각으로 벼락치기를 해도 어느 정도 성적이 나오는 과목도 있었던 것 같은데, 로스쿨은 법 과목 자체가 이해에도 많은 시간을 요하고, 암기를 했다고 해도 휘발성이 강해 계속해서 외운 내용을 잊어버리다 보니 과목별로 n회독 이상을 해야 시험을 칠 수 있는 상태가 되는 경우가 많다(그러므로 로스쿨에서 민법 12시간의 전사, 형법 5시간의 전사 이런 건 통하지 않을 가능성이 아주 높다). 그렇다 보니 대부분의 로스쿨생들은 "공부할 게 너무 많아"라는 말을 입에 달고 산다. 노트북 바탕화면에 보이는 민법, 형법, 공법 폴더 중에 대체 어느 폴더부터 들어가는 게 맞는 건지 오늘도 막막하지만, 일단 오늘 오후에 있을 수업 준비부터 시작하자는 생각으로 공법 폴더에 들어가 본다.

　오늘 오후에 있을 공법 수업은 교수님께서 간단한 강의안을 미리 PPT로 올려주신 다음 수업 시간에 강의안의 내용을 세부적으로 설명해주시는 식으로 진행된다. 그렇기 때문에 나는 수업 때 필기하기 편하도록 수업 전에 PPT의 내용을 미리 한글 또는 워드 파일에 옮기는 작업을 해둔다. 로스쿨 수업은 상당히 빠르게 진행되기 때문에 이렇게 수업 전에 필기를 위한 작업을 미리 해두는 것이 큰 도움이 된다. 내용을 옮기는 과정에서 강의안을 가볍게 훑어보고, 판례가 있다면 케이스노트에서 판례번호를 검색해서 판결 요지 정도를 읽어보며 수업 내용을 예습할 수 있기 때문이다. 개념적인 부분은 수업 시간에 처음 들어도 어느 정도 이해할 수 있지만, 판례의 경우 사실관계가 복잡함에도 교수님께서는 수업 시간에 핵심 위주로 다루고 넘어가시는 경우가 많아 미리 읽어보는 것이 수업을 이해하기에 훨씬 편하다. 여유롭게 점심을 먹고 수업을 준비하며 공부하다 보니 어느덧 수업 시작 시간이 가까워졌다. 수업에 1~2분 정도 늦어 수많은 학우들과 교수님의 시선을 받으며 강의실에 혼자 들어가고 싶지는 않으므로 빠르게 짐을 챙겨 강의실로 향한다.

PM 2:00 나의 속도와 로스쿨의 속도

오후 2시가 되면 드디어(적어도 나에게는) 오늘 첫 수업인 공법 수업이 시작된다. 강의실에 도착하면 출석을 위해 전자 출결 장치에 학생증을 찍고 자유롭게 자리에 앉는다. 강의 시작 전 얼굴을 아는 학우들과 인사를 주고받는데, 학우들이 앉아 있는 강의실 책상에는 커피부터 젤리, 사탕, 비타민 등 오늘도 로스쿨생들의 식곤증을 버티게 해줄 다양한 아이템(?)들이 자리 잡고 있다. 오후 2~3시 정도에 시작하는 수업은 점심을 먹고 가장 졸린 시간에 하는 수업이라 잠깐 졸며 헤드뱅잉 하는 사이 몇십 페이지 진도를 나가버리는 불상사가 생기는 경우도 다반사이므로 대부분 커피를 마시면서 수업을 듣는다. 나처럼 카페인이 몸에 받지 않아 커피를 거의 안 먹는 사람도 하루에 딱 한 잔 커피를 마실 수 있다면 이 시간대에 커피를 마시는 것 같다.

정각이 되면 교수님께서는 농담이나 딴소리 한마디 없이 칼같이 수업을 시작하신다. 공법은 헌법과 정치제도에 대해 배우는 수업이다. 고등학생 때 사회탐구 과목으로 '법과 정치'를 공부했고, 대학생 때 정치외교학과의 교양과목을 몇 개 들어봤다면 내용 자체가 크게 생소하지 않아 상대적으로 민법과 형법보다 쉬운 것처럼 '느껴질' 수는 있다. 그러나 구체적인 판례에 있어서 사실관계와 헌법재판소 재판관들의 다수의견 및 반대의견, 별개의견까지 전부 학습하는 것이 절대 쉽지 않은 과목이다.

비단 공법뿐만 아니라 로스쿨 강의들은 전반적으로 수업 시간 내에 완전하게 내용을 소화하기 어려운 경우가 많은데, 로스쿨에 입학하고 초반에는 수업 자체를 소화하는 것에 많은 부담감을 느꼈었다. 보통 수업 속도가 빠르면 다루는 범위가 좁거나 깊이가 얕아 밀도가 낮고, 반대로 밀도가 높으면 그만큼 꼼꼼히 보기 때문에 수업 속도가 느리기 마련인데, 로스쿨의 법 과목들은 일반적으로 그 속도와 밀도가 전부 다 높기 때문이다. 집중하고 있다고 생각했는데 잠깐 다른 생각을 하는 사이 이미 강의실 스크린에서 강의안이 몇 장씩 넘어가 있는 것을 보면서 입학한 지 석 달이 지나는 아직까지도 수업을 포함한 로스쿨의 속도에 내 속도를 맞추지 못해 허덕이며 겨우 따라가고 있는 것 같다는 생각을 자주 한다.

사실 나는 어떤 일을 시작하든, 그리고 어느 집단에 가든, 초반에 새로운 환경에 적응하고 나 자신을 '예열'하는 데 충분한 시간이 필요하고, 적응이 끝나야 본격적으로 속도를 낼 수 있는 사람이다. 그러나 로스쿨의 환경은 이렇듯 다소 느린 시작 속도를 갖고 있는 사람들에게는 어떻게 보면 가혹하다. 수많은, 그리고 하나하나 절대 가볍지 않은 과목들을 시행착오를 위한 충분한 시간도 없이 빠르게 습득해야 하고, 그렇게 할 수 있는 사람들만이 학습량을 전부 소화해낼 수 있는 구조이기 때문이다. 그렇다 보니 속도가 느린 사람들은 힘들다. 아무리 지금 내가 조금 느릴지언정 올바른 방향으로 가고 있는 것이라고 스스로를 다독이려 해도, 당장 눈앞에는 속도가 유난히 빠른 사람들만 너무 잘 보이기 때문이다. 조금 느리더라도 마냥 '나만의 속도'를 고집하기가 어려운 환경이라는 점은 로스쿨에서의 생활을 지치게 만드는 가장 큰 원인인 것 같다. 계속해서 그 속도의 차이를 극복하고자 노력하는 것은 나에게 주어진 3년간의 과제이자 아마도 모든 로스쿨생의 과제이지 않을까 싶다.

PM 3:30 로스쿨에서 E**P로 살아간다는 것

수업이 끝나고서 오늘 처음으로 열람실 내 자리로 향한다. 열람실을 좋아하지는 않지만, 수업이 끝난 오후 시간에는 학교 내 카페에 사람이 많아 공부하기 좋은 환경은 아니므로 저녁 일정 전까지 학교 내 중앙도서관 또는 열람실에서 공부를 하고는 한다. 시설 측면에서는 당연히 법대 내 열람실보다는 학교 중앙도서관이 훨씬 좋지만, 앞서 말했듯 로스쿨생은 과장을 조금 보태서 쌓아올리면 거의 자기 키만 한 책들을 들고 다녀야 하기 때문에 강의가 이루어지는 법대 건물에서 먼 곳을 선택하기는 어렵다.

자리에 앉아 오늘 저녁 약속에 가기 전까지 마쳐야 할 것들을 메모장에 정리하기 시작한다. 나는 MBTI 검사를 하면 P가 거의 80퍼센트에 가깝게 나오는 ESTP로, 태생적으로 나가서 노는 것을 너무 좋아하고 계획하는 것을 매우 어려워하는 편이다. 솔직하게 말하자면, 로스쿨에서 공부하는 것에 최적화된 MBTI는 아닌 것 같다. 밖에 나가서 사람 만나는 게 좋고, 치밀하게 계획하기보다는 여유롭게 흘러가는 대로 살아온 사람에게 로스쿨은 미리미리 계획을 하고 오늘까지 끝내야 할 게 무엇인지 매 순간 상기하지 않으면 하루에도 몇 개씩 구멍이 뚫릴 수밖에 없는 과업들을 한꺼번에 던져주기 때문이다. 그렇다고 해서 E와 P가 로스쿨을 다닐 수 없다거나 로스쿨에는 I와 J만이 존재하는 것은 절대 아니다. 인간은 적응의 동물이기 때문에 입학 3개월 차, 놀기 좋아하는 EP 인간에게도 나름대로 로스쿨에서 생존할 수 있는 나만의 방식이 생겼다.

내가 택한 방식은 (J인 친구들이 보면 그건 J가 아니라고 하겠지만) 공부에 있어서는 '일부 J화 되기', 그리고 자투리 시간에 '일단 자리에 앉기'이다. 다른 J 친구들처럼 일주일 단위, 한 달 단위, 일 년 단위의 계획을 전부 세우지는 못하더라도 적어도 그날까지 끝내야 할 일들을 핸드폰 메모장에 정리해두고서 항상 확인하고, 수업 전후의 자투리 시간에는 교내 카페든 열람실이든 어디에서라도 일단 앉아 책을 보며 '공부 근육'을 키우려고 노력하고 있다.

PM 9:00 지력은 체력에서 나온다

학교에서의 공부를 끝내고 간단히 저녁을 먹은 후 잠깐 집에 들러 운동복으로 갈아입는다. 9시에 시작하는 필라테스 수업에 가기 위해서다. 매일 장시간 앉아 공부해야 하는 로스쿨생들은 운동, 한약, 비타민, 병원(?) 등 정말 다양한 방법으로 자신의 체력을 지키기 위해 노력하고 있다. 그중 개인적으로 가장 중요하다고 생각하는 것은 운동이다. 오랜 시간 공부하기 위해 필요한 집중력과 체력을 키우기 위해서도 운동은 중요하지만, 하루 종일 공부해야 한다는 압박감 때문에 알게 모르게 받고 있었던 스트레스를 해소할 수 있다는 면에서도 꾸준히 운동하는 것은 중요하다.

실제로 로스쿨 학우들 사이에서는 '살기 위해 운동한다'는 말이 농담처럼 전해지고 있을 정도로 아무리 바쁜 와중에도 꼭 시간을 내어 운동해야 할 필요성을 느끼는 친구들이 많은 것 같다. 헬스, 필라테스뿐만 아니라 축구, 야구, 테니스, 배드민턴, 수영 등 많은 학우가 저마다 다양한 운동을 꾸준히 하고 있다.

나는 학부 때부터 대략 3년간 꾸준히 필라테스를 해왔는데, 의자에 앉아 있는 시간이 길어 병든 목과 허리를 가진 로스쿨생에게 이만 한 운동이 없다는 생각이 들어 일주일에 네 번씩은 필라테스를 가(려고 노력하)고 있다. 물론 발등에 불이 떨어진 시험 기간에는 1~2주씩 운동을 빼먹는 경우도 있는데, 그럴 때마다 필라테스 선생님께 "회원님, 운동은 시간이 있을 때 하는 게 아니라 시간을 내서 하는 거예요" 하는 핀잔을 듣기도 한다.

하루 종일 학교에서 공부에 시달리다가 학교를 탈출하면 얼른 집에 가서 침대에 눕고 싶은 마음이 굴뚝같지만, 피곤한 와중에도 꾸준히 운동을 하면 체력이 늘어 공부하기 수월해진다는 것을 알기 때문에 웬만하면 운동을 미루지는 않으려 한다. 나는 주로 내 '공부 체력'이 늘었는지를 시험 기간에 밤을 얼마나 잘 새울 수 있는가로 판단하는데, 확실히 운동을 열심히 하면 따로 카페인 등 포션을 제작해서 먹지 않아도 온전히 내 체력으로 시험 기간을 버텨낼 수 있다는 점에서 지력은 체력에서 기인하는 것임을 다시금 깨닫곤 한다.

PM 10:30 나는 내가 쓴 자소서처럼 살고 있을까

운동을 마치고 집에 돌아와 씻고 나면 이제 정말 밤이 된다. 항상 이 시간쯤 선택의 기로에 서게 되는 것 같다. 공부를 조금만 더 할까? 아니면 그냥 침대에 누워 유튜브를 볼까? 이제까지의 빅데이터에 기반한 자기 객관화의 결과, 지금 침대에 눕는다면 오늘 내 공부는 여기서 끝이라는 것을 안다. 그렇기 때문에 아직 다 못 한 과제가 있거나, 내일 민법 스터디를 위한 준비가 미흡하거나, 교수님께서 내일 압박 질문을 할 테니 읽어 오라고 하신 판례를 읽지 못한 경우, 귀찮음을 이겨내고 몸을 일으켜 다시 책상 앞에 앉는다.

내가 복기를 맡았던 저번 주 민법 수업의 복기본만 완성하고 자자는 생각으로 민법 복기 스터디 공유 폴더에 들어간다. 같은 수업을 듣는 학생들이 모여 돌아가며 각 수업 회차마다 교수님의 수업 내용을 그대로 텍스트로 복기하는 이 스터디는, 복습 도중 수업 내용의 일부가 기억나지 않을 때 복기본을 확인해보면 빠르게 내용을 확인할 수 있다는 편리함 때문에 대부분의 필수 법 과목에서 운영되고 있다.

이렇게 수업 전부를 다시 듣다 보면 정신없이 민법 내용에만 집중하느라 수업 때는 못 들었던 교수님의 말씀 몇 마디가 귀에 들어올 때가 있다. 수업 말미, "중요한 사람 못지않게 좋은 사람이 되길 바란다"라는 교수님의 말씀에 문득 생각이 많아진다.

처음 로스쿨에 가고 싶다고 생각했을 때는 분명 사회적으로 좋은 일을 하고 싶다는 생각도 있었던 것 같은데, 내가 쓴 로스쿨 자기소개서에는 분명히 나는 정의로운 사회를 위해 기여하는 법조인이 되겠다고 했던 것 같은데, 공부에 너무 치이다 보니 그런 것들을 전부 잊고 살고 있었던 건 아닌지. 사실 내가 처음 로스쿨을 꿈꿨던 건 드라마에서 본 '검사 선서'가 너무 멋있어서였다.

"정의와 인권을 바로 세우고, 범죄로부터 내 이웃과 공동체를 지켜내는" 법조인. "불의의 어둠을 걷어내고, 힘없고 소외된 사람들을 돌보고, 오로지 진실만을 따라가는" 그런 법조인이 되어야지. 로스쿨을 준비하며 힘들 때마다 그 선서를 읽고 또 읽었고, 나는 어떤 법조인이 되어야 할까 생각할 때마다 가슴이 뛰었다.

그러나 현실은 녹록지 않다. 로스쿨에 입학한 후 당장 눈앞의 공부를 끝내고 성적을 잘 받기 위해 안간힘을 쓰다 보면, 내 모습은 내가 썼던 자소서의 나와는 너무나도 괴리가 있는 것이 아닌가 싶을 때가 많다. 판례 하나하나, 사건 하나하나 다 사연이 있고, 결국 이 세상을 함께 살아가고 있는 누군가의 이야기일 텐데, 로스쿨생 입장에서는 전부 '외워야 하는 문구', '빨리 공부해야 하는 시험 범위의 일부'로 전락하는 것 같다. 그럼에도 우린 법을 공부하는 사람들이니까 처음 로스쿨을 지원할 때 품었던 따뜻한 마음을 간직하며 살아가는 것이 중요한 것 같다고 생각하며 교수님의 말씀을 다시 한번 읽어본다.

AM 12:30 하루의 끝

완성된 복기본을 공유 폴더에 올리고 나면 정말로 하루 일과가 끝난다. 바쁜 하루를 보내느라 밀린 카톡에 몰아서 답하고, 침대에 누워 잠깐 유튜브를 보거나 SNS를 하는 등 소소한 여유를 즐기는 이 시간이 내가 하루 중 가장 편해지는 시간인 것 같다. 남자친구와 오랜 시간 전화 통화를 하며 수다를 떨기도 하고, 보고 싶었던 드라마나 TV 프로그램이 있으면 챙겨 보기도 한다.

그러다 보면 정말 눈 깜짝할 사이에 시간이 훌쩍 지나가 있다. 사실 이런 시간을 아낀다면 조금 더 많이 공부할 수 있다는 것을 알고 있지만, 그렇다고 해서 이런 시간을 쉽게 포기할 수는 없다. 누군가는 비효율적이라고 생각할 수 있는 잠들기 전의 이런 소소한 시간이 모여 로스쿨에서의 생활을 버티게 해주기 때문이다.

로스쿨생이라는 위치가 굉장히 특이한 것 같다는 생각을 자주 한다. 일반적인 대학원생이라고 하기에는 고시생에 가깝고, 그렇다고 고시생이라고 하기에는 매일 학교에 다녀야 하니 말이다. 로스쿨에 대해 잘 모르는 사람들에게 "대학원생인데 그렇게 바빠요?"라는 질문을 받았을 때 어떤 식으로 대답해야 할지 애매한 경우가 많다. 확실한 것은 결국 로스쿨생은 입학과 동시에 3년이라는 시간을 준고시생으로서 살아야 할 운명이므로 중간에 지치지 않고 끝까지 완주하는 것이 가장 중요하다고 생각한다.

"아, 힘들어" 하는 말이 절로 나오는 생활을 3년 동안 계속하라고? 솔직히 로스쿨생이라면 이런 생각을 안 해본 사람이 없을 텐데, 이 생활을 지속 가능하게 하기 위해서는 언젠가의 성취를 위해 현재의 행복과 낭만을 마냥 유예하기보다는 순간순간 소소한 행복을 즐기려는 마음가짐이 중요한 것 같다. 우린 공부하는 기계가 아니고, 게다가 공부 말고 하고 싶은 것도, 챙겨야 할 사람도 많은 청춘들이기 때문이다. 팍팍한 로스쿨 생활에도 불구하고 내일은 또 다른 소소한 행복이 있을 거라 기대하며 오늘도 잠에 든다.

로스쿨 3년 톺아보기

서울대학교 법학전문대학원 14기 XYZ

로스쿨에서의 공부는 깊고 방대하고들 말한다. 여러 법 과목의 의의, 요건과 효과를 익히고, 관련 판례 법리를 숙지하고 필요한 내용을 암기하다 보면 하루가 쏜살같이 지나간다. 로스쿨을 입학하는 데 있어 가장 중요한 것은 물론 법조인이 되겠다는 마음이겠지만, 3년이라는 짧지 않은 시간을 보내는 로스쿨 안에서 어떤 수업을 듣고, 어떤 방식의 공부를 하게 되는지 아는 것도 중요하리라 생각한다.

로스쿨 2학년의 여름방학이 지나가는 시점에 있는 학생과의 인터뷰를 통해 로스쿨 3년 과정에 관한 이야기를 들어보았다.

* 인터뷰 내용을 글로 각색하였습니다.

로스쿨에 가고 싶어졌습니다

로스쿨에서의 공부 방향

진로 선택에 따라 공부 방향이 달라진다. 로스쿨 학생들은 모두 방대한 공부량을 요구하는 변호사시험을 봐야 한다. 3학년 때는 모두 변호사시험을 준비하겠지만, 1, 2학년 때의 공부 방향은 무엇보다도 개인의 진로 희망에 따라 모두 다르다. 변호사시험에 출제된 적 있는 내용에 좀 더 초점을 맞추어 공부할 수도 있고, 특히 법무법인 등(이하 로펌)의 컨펌(인턴 과정 등을 통해 졸업 전, 재학 중에 입사를 확정받는 것)을 목표로 하는 경우에는 학점이 취업 과정에 중요하다 보니 고등학교 내신과 같이 교수님의 수업 내용에 더욱 초점을 맞추게 된다.

아직 로스쿨 3년을 다 겪지는 못했지만, 로스쿨 3학년이 고등학교 3학년과 비슷한 것 같다. 로스쿨이 3년 내내 고3과 같다는 이야기를 들었는데 그렇지는 않았고, 1학년과 2학년 1학기는 수시를 준비하는 고1, 고2처럼 오로지 내신을 중점으로 공부했다.

재판연구원(법원에서 재판에 필요한 조사, 연구를 하여 재판을 보조하는 직업. 이하 로클럭)이나 검사 임용을 준비하면 아무래도 학점도 중요하지만, 로스쿨 3학년 때 치르는 로클럭 임용 시험, 검사 임용 시험을 각각 잘 보는 것이 중요하다 보니 아래 언급한 것처럼 수업에만 완전히 초점을 맞춰 공부하지는 않는다. 이 글에 적는 공부 방법이 모든 학생에게 통용되는 일반적인 공부법이 아님을 밝혀둔다.

고등학교 공부와 로스쿨 공부 비교

사실 고등학교 때 내신이 좋지 않아 수시에 대해 별다른 생각이 없다가 고3 때 바짝 열심히 해서 정시로 대학을 온 케이스였다. 그래서인지 로스쿨에서의 생활이 고3 때보다 덜 힘든 것 같다. 고등학교 때는 1년 만에 모든 걸 다 하느라 급했다. 지금은 하루하루 성실하게 하면 되는, 긴 호흡의 공부를 하고 있어서 정신적으로도 덜 힘들고, 잠도 더 많이 잘 수 있다.

다만, 로스쿨에서 더 힘든 점도 있다. 고등학교 내신 대비는 거의 해보지 않아 말하기 어렵지만, 수능 공부는 100을 투입하면 80은 나오는 시험이라고 생각한다. 하지만 로스쿨에서의 공부는 100을 투입하면 30이 나오기도 하고 120이 나오기도 하는 것 같다. (범위가 워낙 넓다 보니) 결과를 예측할 수 없다고 느꼈다. 중간 및 기말고사에서 '불의타'(예상하지 못한 범위에서 출제되는 문제)가 나오는 경우도 있다. 불의타도 사실 아예 없는 내용은 아니니까 '그것까지 준비하지 못한 나의 부족함'이라고 생각하면 좋겠지만, 그렇게 잘 안 되는 게 사람 마음이다. 100만큼 완벽하게 썼다고 생각해도 다른 사람들이 모두 150만큼 쓰면 성적은 좋게 나오지 않는다. 그런 불확실한 부분이 있음을 감안하면 좋을 것 같다.

아무래도 로스쿨에 오는 이들은 100을 넣으면 80~90을 산출해내 온 사람들이 많을 텐데, 100을 넣고 30이 나왔을 때 언젠가 나도 120이 나올 수 있다는 믿음을 가지는 게 꽤 중요한 것 같다. '나는 앞으로 30만 나올 건가 봐' 하고 생각하는 경우가 있는데, 실제로 그렇지 않다.

1학년 1학기: 공부의 시작

로스쿨에 입학하면 첫 학기부터 가장 기본이 되는 법이라 할 수 있는 민법, 형법, 공법을 필수과목으로 배운다. 구체적인 학습 범위는 학교마다 조금씩 다르지만, 서울대 로스쿨의 경우 1학년 1학기 민법1에서 민법의 계약법 부분 일부, 형법1에서 형법총론, 공법1에서 헌법과 정치제도를 배운다. 그리고 한두 개 정도의 듣고 싶은 선택과목을 추가로 수강하는 경우가 많다. 2023년에는 법철학, 개별적 근로관계법, 자본시장법, 독점규제법, 국제법 등의 과목이 개설되었다. 그 외에 1학년과 2학년 과정 중에 법조윤리, 법률정보의 조사, 법문서의 작성 등 공통 교과를 수강한다.

로스쿨 공부는 입학에 앞서 예습으로 시작되는 경우가 많다. 한 학기가 바쁘게 흘러가고, 처음부터 낯선 내용을 수업만으로 이해하며 진도를 따라가기 어려워서 그렇다. 민법까지는 일반적으로 선행학습을 하고 들어오는 경우가 많은데, 개인적으로는 합격한 후 민법 선행을 '한 바퀴' 다 못 돌리고 입학했다.

서울대 로스쿨에서는 민법을 2학년 1학기까지 배우고, 우리 기수는 1학년 필수과목 성적이 등급제(A, B, C…)가 아닌 과락제라 성적이 S(successful) 또는 U(unsuccessful)로 평가돼 결과적으로 큰 영향은 없었다. 하지만 로스쿨에 따라 1학년 때 민법 범위를 모두 마무리하는 경우도 있어 혹시 로스쿨 입학을 앞두고 있다면 최소한 한 번은 민법을 선행하는 것을 추천한다.

　민법, 공법, 형법 기본 과목을 듣고, 선택법은 대중적이지는 않은 과목을 들었다. 선택법은 전략적으로 학부 때부터 공부해왔고 잘할 수 있는 과목을 선택했다. 개인적으로는 '로드'(시험 범위, 과제량, 예·복습 난이도 등 과목 수강을 위해 준비해야 할 공부량 부담을 종합하여 칭한다)가 설령 많아도 잘 아는 과목을 선택했는데, 로드가 많으면 시험 대비를 하기 어렵기 때문에 학점이 본인에게 얼마나 중요한지에 따라 로드를 잘 고려해야 한다. 학교별로 졸업 요건에 기초법 과목이나 봉사 교과 등의 수강 규정을 두는 경우가 있어, 그런 것도 과목 선택 시 염두에 둘 필요가 있다.

　학기 중에는 교수님의 말을 하나부터 열까지 다 받아 적는 복기 스터디가 있는데, 그 수업을 수강하는 대부분의 학생이 참여하는 경우도 많다. 수업을 듣고 나서는 그 스터디의 복기본을 읽어 복습했다. 그 외의 자료는 학생 커뮤니티에 선배님들이 만든 좋은 정리본들이 과목별로 많아 활용할 수 있었다. 공부 스타일에 따라 남이 만든 자료로도 잘 공부할 수 있는 타입인지, 스스로 자료를 만들어야 하는 타입인지 나뉜다. 나는 첫 학기를 내 스타일을 확인하는 기간으로 삼았는데, 나의 경우 직접 자료를 만드는 것이 중요하다는 것을 알게 되어 이후에도 직접 정리본을 만들었다.

내가 수강한 수업은 교수님께서 과거에 강의를 개설하신 적이 있어 기출문제가 학생 커뮤니티에 공개되어 있었기 때문에 이를 풀며 시험공부를 했다. 기출문제를 보면서 교수님께서 원하시는 답이 무엇인지를 위주로 생각했다. 변호사시험 및 그 모의시험의 사례형 문제집(이하 사례집)을 통해 시험 준비를 하는 경우도 많은데, 나는 볼 시간이 없어서 사례집을 활용하지 않고 기출문제를 더 꼼꼼히 봤다.

1학년 여름방학과 2학기

1학년 여름방학은 1학년 2학기의 필수과목인 민법2, 형법2, 공법2(기본권론), 민사소송법1, 공법3(행정법총론) 등을 예습하고, 1학년 1학기에 수강한 법조윤리를 바탕으로 8월 초 법조윤리 시험을 보는 것이 일반적이다. 법조윤리 시험은 법조인이 가져야 할 윤리에 관한 다양한 법령과 규정을 다루며, 시험에 합격해야 변호사시험에 응시할 수 있는 자격이 주어진다. 1학년 2학기에는 민법의 권리의 변동과 구제 부분, 민사소송법의 앞부분, 형법 각론, 행정법총론, 헌법의 기본권론을 수강한다.

여름방학이 진짜 중요하다. 8월에 수강 신청을 하고 그 결과에 맞추어 예습을 그때 시작하면 늦을 것 같아 그냥 최상의 수강 신청 시나리오를 상정하고 공부를 시작했다. 앞서 말한 대로 로스쿨에서는 예습을 하는 것이 일반적인데, 1학년 2학기에는 필수로 들어야 하는 과목의 개수가 더 많고 범위도 더 넓어진다. 그래서 선택법은 듣지 않는 경우가 많다. 여름방학에 1학년 1학기 수업 내용을 복습하지는 않았고, 예습도 각 과목의 전체 범위를 보기보다 1학년 2학기에 다루는 내용에 한정해서 학습했다.

예습할 때는 인터넷 강의를 듣거나 교과서를 읽거나 지난해 수업 자료를 구해 보는 경우가 많다. 개인적으로는 민법2, 민사소송법1, 공법3 과목을 선택해 예습했다. 민법은 인강을 듣지 않고 지난 학기 복기본을 보고 학습한 뒤, 기출문제 스터디를 조직해 기출문제를 풀었다. 민법의 경우 양이 많다 보니 민법을 미리 공부하지 않고 들어가면 2학기 중에 공부하느라 다른 과목을 쫓아가기 힘들다는 말을 많이 들었다. 학기가 지나고 나니, 민법 예습을 덜 했으면 다른 과목 수업 진도는 따라가기 벅찼을 것이라는 말에 공감했다. 아울러 민법 복기본이 있다면 개강 전에 정리본을 미리 만드는 것도 추천한다. 2학기 중에는 정말 시간이 없다.

사실 선착순 수강 신청이 원하던 대로 되지는 않아서, 민사소송법과 행정법은 인강을 들은 것이 직접적으로 도움이 되지는 않았다. 그래도 학기 중에 공부하다가 낯선 개념을 맞닥뜨렸을 때는 도움이 되었다. 민사소송법과 행정법은 인강을 듣는 예습 방식도 좋았고, 만약 듣고자 하는 수업의 목차가 일반 변호사시험 공부 순서와 다르다면 해당 수업의 복기본이나 정리본을 찾아보는 것도 추천한다.

여름방학 때 예습을 최대한 많이 해두는 것이 좋다. '이 과목은 꼭 성적을 잘 받아야지' 하고 전략 과목을 정해 열심히 해도 생각지도 못한 다른 과목에서 성적이 잘 나오기도 하기 때문이다. 예습으로 각 과목을 한 번씩 훑어놓는 게 중요하지 않나 싶다.

1학년 2학기가 제일 힘들다는 말을 많이 하는데, 개인적으로 너무 힘들다기보다는 그냥 잠을 자고 싶었다. '사실 어차피 자퇴할 건 아니니까' 하는 생각으로 나쁘게 말하면 정신 승리, 좋게 말하면 긍정적인 마음을 먹었다. 너무 공부할 양이 많아서 압도당하는 느낌이었다. 슬퍼할 시간, 괴로워할 시간도 없이 허덕허덕 따라가다 보니 한 학기가 끝나 있었다. 1학년 2학기에 공부 방법을 따로 바꾸지는 않았는데, 수업 시간에는 필기를 거의 다 받아 적고 수업이 끝나면 정리본을 만들었다. 마찬가지로 시험을 대비할 때는 기출문제를 중심으로 학습했고, 사례집을 풀어볼 시간은 없었다.

1학년 겨울방학과 2학년 1학기: 취업 준비와 학업 병행

2학년이 되면 필수로 들어야 하는 과목이 법문서의 작성, 민법3뿐

이어서 동기여도 듣는 과목이 서로 달라진다. 회사법이나 형사소송법, 민사소송법2 등을 많이 듣지만, 필수과목은 아니다. 나는 민법3, 회사법 외에 다른 선택법 몇 개를 수강했다.

개인적으로는 공직에 뜻이 없어 1학년 2학기 성적이 2학년 컨펌 시에 중요한 것이라 성적을 바탕으로 빨리 채용되어야겠다고 생각했었고, 겨울방학 때 자기소개서에 집중했다. 선배들이 하나같이 1학년 겨울방학에 자소서를 써놓지 않으면 '지옥의 2학년 1학기'를 보내게 될 거라고 해서 자기소개서를 일찍 쓰기 시작해 일찍 마무리를 지어놓았다. 로펌별로 채용 절차가 자주 바뀌는 편이어서 미리 써놓는 것이 중요하다. 일례로 1학년 2학기 말에 한 로펌에서 인턴 '얼리 지원'(정규 지원 기간보다 먼저 지원할 수 있도록 하는 것)을 실시해 자기소개서를 받기도 했는데, 내 경우 그때 자기소개서가 마련되어 있는 상태였다. 통상적인 접수 기간인 4~5월보다 이른 개강 전후에 얼리 지원을 받는 로펌이 전보다 늘어나 자기소개서가 준비되어 있지 않았다면 큰일날 뻔했다고 생각했다.

정말 가고 싶었던 로펌의 전형이 바뀔 수도 있고, 또 자기소개서를 미리 쓰기 시작하면 진로에 관한 고민을 일찍 시작하면서 앞으로 어떤 활동을 할지, 어떻게 공부해야 할지 일찍 계획을 세울 수도 있다. 나도 그렇게까지 전략을 짜지는 못했었다. 자기소개서를 다 쓰고 나서는 한 학년 위 선배들에게 첨삭을 받았다.

그 외에도 2학년 때 배우는 민법3은 양이 많고 난도도 1학년의 민법1, 2와 비교해 더 높아 여름방학과 같은 방식으로 겨울방학에 선행을 했다.

2학년 1학기에는 수업을 들으며 법 공부를 하는 것 이외에 인턴 지원을 위한 준비를 병행하기도 한다. 로스쿨 학생들은 일반적으로 2학년 1학기 중간고사 기간 전후를 시작으로 여러 로펌에 인턴 지원 원서를 제출한다. '인재마당'은 서울대 로스쿨에만 있는 절차인데, 간단하게 설명하면 원서를 통해 면접 일정이 잡힌 경우 일부 로펌의 면접을 인재마당이 열리는 날 하루에 보게 된다. 5월에 학교에서 인재마당이 열리고, 이 과정을 통해 로펌 인턴 합불이 결정된다.

다른 로스쿨 학생도 비슷한 기간 열리는 로펌 인턴 전형에 지원 원서를 제출한 후 인턴 합불 여부를 통보받는다. 로스쿨 인턴은 방학 때 1~2주간 로펌에서 진행되며, 서울대 로스쿨의 경우 2학년 여름방학부터, 다른 로스쿨의 경우 1학년 겨울방학, 빠른 경우 1학년 여름방학부터 인턴을 나가게 된다.

2학년 1학기에는 겨울에 마련한 자기소개서를 바탕으로 인재마당을 준비했다. 인턴 지원 기간에는 각 로펌 홈페이지에서 정확한 일정을 확인하는 것이 중요하다. 자기소개서의 경우 별도의 자체 서식을 따를 것을 요구하는 경우도 있으므로 미리미리 자기소개서를 준비하길 추천한다. 마찬가지로 여름방학 때 진행되는 인턴의 시기도, 합격 발표도 로펌별로 제각각의 방식으로 진행되니 확인을 꼼꼼히 해야 한다.

개인적으로는 인재마당 당일에 면접이 많은 편이었는데, 10분 단위로 다닥다닥 면접 스케줄이 붙어 있어서 엄청 정신없었던 기억이 있다. 합불 결과가 발표되는 기간에는 거의 핸드폰을 놓지 못했다. 면접을 보면서 느낌이 좋았던 회사가 있어서 인턴을 나가게 되었고, 인턴을 한 뒤 감사하게도 연락을 받아 최종 면접을 거쳐 채용 여부가 결정되었다.

2학년 1학기는 이 절차를 모두 거치면서 앞서 언급한 수업을 수강하느라 시간이 아주 빠듯하다. 내 경우에 2학년 1학기가 그나마 괜찮았던 이유는 자기소개서를 미리 완성해놓았기 때문이라고 생각한다. 주위에 자기소개서 때문에 고통스러워하는 사람들도 있었다. 2학년 1학기에 듣는 민법3은 공부할 양이 매우 많기 때문에 자기소개서를 미리 준비해놓지 않으면 난처해질 수 있다. 또한 로펌별로 원하는 인재상이나 인턴 모집 단위 등이 전부 다르기 때문에 각 회사에 미리 맞춰 자기소개서를 작성해놓지 않으면 티가 난다. 생각보다 로펌에서 자기소개서를 많이 고려한다는 것이 인턴을 다녀온 동기들의 공통적인 생각인 만큼 자기소개서에 공을 많이 들이는 것이 중요한 것 같다.

특히 서울대 로스쿨은 1학년 겨울방학 때는 로펌 인턴이 아닌 공익법무 실습을 나가게 되는데, 다른 로스쿨에서는 1학년 겨울방학, 이르면 여름방학부터 로펌 인턴을 나가기도 한다. 다른 로스쿨의 학생이라면, 필수과목 공부로 정말 바쁜 1학년 2학기 중에 자기소개서를 제출해야 한다는 의미가 된다. 따라서 그 전에 자기소개서를 마무리해놓는 것이 좋다.

2학년 여름방학: 실무수습과 그 이후

로펌 인턴은 각 로스쿨에서 1차, 2차 등 정해진 기간에 각 로펌으로 나간다. 그 기간 동안 다양한 법 관련 과제와 면접, 발표 등을 한다. 인턴 과정을 마무리 지은 후에는 로펌으로부터 기회를 받게 되면 최종 면접을 보고, 제출한 서류, 인턴 과제, 면접 결과 등을 종합해 컨펌 여부가 결정된다.

이 과정이 2학년 1학기를 종강한 6월 말부터 7월 말까지 진행되고, 그 뒤로도 법원실무 실습 기본 과정, 검찰 일반 실습과 다른 공공기관 및 공익법인 실습 일정이 있다. 관심 있는 분야의 기관에 지원하여 과제를 하며 실무를 짧게나마 경험해볼 수 있다. 다녀온 동기들의 말로는 현직 검사, 판사, 로클럭과 대화를 나눠보기도 하는 것 같던데, 가보지 않아 실습생의 일상적인 생활에 관해서는 정확하게 알지 못한다.

2학년 2학기에 들을 형사법 과목에 관해서도 예습을 많이 하는 편이다. 특히 공직에 진출할 생각이 있다면 2학년 여름방학 때부터 본격적으로 준비를 시작하는 것 같다. 2학년 2학기의 실무수습1이나 형사재판실무 수업에서는 수많은 기록을 바탕으로 답안을 쓰는 '기록형' 문제를 풀기 때문에 기록형 답안 스터디를 짜서 대비하는 경우도 많다.

2학년 2학기, 그 후

2학년 2학기는 '형법의 학기'라고도 부르는데, 실무수습1, 경찰실무, 형사증거법, 형사재판실무 등의 과목을 배운다. 2학년 겨울방학에도 여름방학과 마찬가지로 로펌 인턴이나 각종 기관의 실무수습이 진행된다. 로클럭 임용을 준비하는 경우 법원실무수습 심화 과정, 검사 임용을 준비하는 경우 검찰심화실습을 나가게 되는데, 이 실습에서의 성적은 각각 로클럭과 검사 임용 시에 반영된다.

아직 3학년이 되어보지는 않았지만, 3학년은 본격적으로 그다음 해 1월에 있을 변호사시험을 향해 달려가는 시기이다. '3학년 때는 언제 무얼 공부한다' 하고 확실히 정해져 있는 것은 없지만, 대개 3학년 1학기에는 민사재판실무나 각종 변호사시험을 준비할 수 있는 헌법실무연습, 민사법실무연습 등을 듣는 경우가 많고, 변호사시험 직전에는 민법 전 범위를 다시 볼 시간이 없을 테니 통상 민법 공부를 집중적으로 하는 것으로 알고 있다. 선배들의 말에 의하면, 1학기 수업을 듣고 '이렇게 아무것도 모르고 봐도 되는 거야?' 싶은 마음으로 법학전문대학원협의회의 6월 모의고사를 보고, 순식간에 다시 8월 모의고사를 보고, 금방 2학기에 10월 모의고사를 보게 된다고 한다. 서울대 로스쿨의 경우 종합실무연습이라는 과목이 있는데, 각 과목의 교수님들께서 총출동해 꼭 알아야 하는 법리와 판례를 다룬다. 또 변호사시험에 포함되는 마지막의, 최신의 판례를 가르쳐주시기도 한다.

공직을 준비하면 시간은 더 바쁘게 흐르는 것 같다. 로클럭에 지원하는 경우 본격적인 절차가 3학년 9월부터 시작된다. 2학년 2학기에 들은 형사재판실무와 3학년 1학기에 들은 민사재판실무가 중요한데, 이 두 과목은 전국에서 똑같은 내용으로 시험이 치러질 뿐 아니라 성적도 전국 단위로 나온다. 이 두 과목의 성적이 매우 좋은 경우 필기시험을 면제받는 전형으로 로클럭 임용 절차에 지원할 수 있다. 이 두 과목 이외에 3학년 1학기 학업 성적, 실무수습 경력이나 가인법정변론경연대회 수상 경력 등을 기반으로 서류 전형이 진행된다. 이후 '본시험'이라 부르는 필기시험과 인성 검사가 9월 말에 시행되며 11월 구술 면접을 보고 나면 11월 중순경 합격자가 발표된다.

한편 검찰을 준비하는 경우 3학년 1학기에는 실무수습2를 수강하고, 중간고사를 마칠 무렵 2학년 2학기까지의 성적을 기준으로 하여 학점, 검찰심화실습과 실무수습1·2의 성적 등을 기반으로 검찰 임용 서류를 접수하게 된다. 3학년 1학기가 종강하고 나면 서류 전형 합격자가 발표되고, 7월에 본시험이라고 부르는 실무기록평가가 진행된다. 8월에 합격자가 발표되면 인성 검사, 지성 면접을 진행하며 9월에는 인성 면접을 진행하기 때문에 이에 각각 대비하는 공부를 한다.

2학년 여름방학인 지금, 개인적으로 공직에 뜻을 두고 있지는 않기 때문에 2학년 2학기 예습에 큰 비중을 두고 있지는 않다. 공직을 준비하는 경우에는 2학년 2학기 성적이 중요하다. 또 3학년 1학기 중반부터 본격적으로 임용 절차가 시작되기 때문에 이에 대비한 기출문제 풀이를 진행하기도 한다. 2학기에는 변호사시험이 다가오고 있기도 하고, 선배들이 2학년 2학기가 아니면 형법을 확실히 공부해둘 시간이 없을 것이라고 해서 변호사시험 준비를 위해 형법을 열심히 공부할 것 같다.

로스쿨 공부에서 중요한 것들: 스트레스 관리와 든든한 동료

로스쿨 생활을 잘하기 위해서는 자기만의 스트레스 관리법을 갖고 있는 게 중요하다. 내 경우 삼겹살을 구워 먹거나 달리기를 하는 게 스트레스 해소법인데, 특히 미친 듯이 뛰면 너무 힘들어 아무 생각이 안 나면서 스트레스가 풀린다. 이렇게 일상에서 바로 할 수 있는 스트레스 관리 방법이 있으면 좋다.

나의 좌우명은 '이거 아니어도 행복할 수 있다'이다. 물론 로스쿨도, 인턴 나가서도 합격이 되면 너무 감사하지만, '이게 아니어도 언젠가 나의 길을 찾아서 행복해질 수 있다', '지금은 이게 인생 제일의 과제처럼 보이지만 길게 봤을 때 그렇지 않을 수도 있다'는 생각을 가지는 게 중요한 것 같다. 로스쿨은 뛰어난 사람들이 많은 곳이기에 '내가 저 친구보다 못한 것 같다'는 생각을 하게 될 수 있는데, 그런 비교를 하다 보면 끝도 없다. 나를 갉아먹는 생각을 의식적으로 차단하는 능력을 키울 필요가 있다.

로스쿨 친구들과 잘 지내는 것도 중요한 것 같다. 입학 전에는 '나는 학부를 다른 곳에서 다녔는데 괜찮을까?', '동기들과 친해질 수 있을까?' 하는 고민을 하기도 했는데, 지내보니 전혀 문제없었다. 학교에서 짜주는 조원들과 친해져 여러 이야기를 터놓고 나눌 수 있게 되었다. 우리 조는 로펌 채용을 대비해 같이 계획을 짜고 자기소개서를 준비했다. 자기소개서 첨삭을 할 때도 신랄한 비판을 아끼지 않으면서 서로를 채찍질했다. 면접 질문이나 분위기를 공유하는 것에도 거리낌이 없었다. 같은 길을 가는 사람 중에서 서로를 믿고 기쁨과 고민을 나눌 만한 사람이 있는 게 중요하다고 느꼈다. 학부 때

만난 친구들한테는 고민을 털어놓으려면 인재마당이 뭔지부터 설명해야 하니까. 또 친구들에게도 각자의 고민이 있는데 굳이 나의 고통까지 전달해 괴롭게 할 수는 없으니까. 설명을 하지 않아도 지금의 고통을 나눌 수 있는 사람이 있다는 게 많이 의지가 됐다. 나는 주변 분위기에 많이 영향을 받는 편인데, 곁에 열심히 놀고 공부도 열심히 하는 동기들이 있는 게 로스쿨 생활에서도, 인턴 과정에서도 도움이 많이 됐다.

로스쿨 진학을 희망하는 이들에게

봉사를 할 때 로스쿨 진학을 결심한 고등학생들을 만난 적이 있다. 정말 멋진 일인데, 대학 진학 시 전공을 선택할 때에는 로스쿨 진학보다 더 다양한 요소를 고려해 넓게 보길 권한다. 로스쿨에 많이 진학하는 전공, 그래서 '진학에 유리하다'고 알려진 전공을 '로스쿨 가기에 좋다니까' 하는 마음으로 선택하지는 않기를 바란다. 나는 고등학교 때 로스쿨에는 아무 관심이 없었고, 반면에 나보다 로스쿨 진학을 간절히 바랐던 친구들이 오히려 대학을 거치면서 다른 진로로 바꾸어 행복하게 살고 있는 경우도 많다. 무엇보다도 학부 성적은 전공이 재미있어야 잘 나오기도 하니, 전공 선택 시 적성에 관해 고심해보길 바란다. 일찍 진로를 선택한 것으로 인해 너무 스트레스를 받지 않았으면 좋겠다.

로스쿨 진학이 코앞인 대학생이라면 올해 여름에도 리트를 봤을 것이다. 개인적으로는 로스쿨 공부보다도 리트 공부가 더 오리무중이었다. 리트 결과가 당장 마음에 안 들었다고 너무 낙심하지 않았으면 좋겠다. 본격적으로 로스쿨 준비를 하기 전 '관광'하는 기분으로 리트를 본 이들도 점수에 너무 큰 의미를 부여할 필요는 없다. 처음에는 리트 성적이 생각대로 안 나왔다가 나중에 마음 편히 시험을 보고서 좋은 성적을 얻어 로스쿨에 진학한 경우도 보았다. 내 리트의 전성기가 언제 올지는 아무도 모른다고 생각한다. 로스쿨에 진학해 자기만의 스트레스 관리 방법을 가지고 든든한 동료들과 함께하면서 공부할 나날을 응원한다.

사람을 위해 일하는
변호사가 된다는 것

서울대학교 법학전문대학원 14기 예단

공익·인권 단체 실무수습에 참여한 이유

권리를 보장받지 못하는 비정규직 노동자를 돕는 변호사, 성소수자의 인권 보장을 위해 혐오와 싸우는 변호사, 열악한 환경에서 일하는 이주 노동자의 권리 실현을 주장하는 변호사. 나는 이러한 선배 공익 전담 변호사님들을 보며 로스쿨 진학을 결심했다. 로스쿨에서 변호사로서의 전문성을 쌓고, 그 전문성을 통해 권리를 보장받지 못하는 사람들을 돕고 싶었다.

로스쿨에 진학하며 가졌던 이러한 생각은, 입학 후 진로에 대한 현실적인 고민으로 연결되었다. 특히 공익 전담 변호사가 되는 것과 로펌 변호사가 되는 것 중 어느 길을 택할지 많은 고민을 했다. 어느 정도의 안정적 생활이 보장된 로펌 변호사 생활과, 나의 가치 지향에 맞는 일을 할 수 있는 공익 전담 변호사 생활 사이에서의 고민이었다.

이러한 고민을 해결하기 위한 실마리를 찾으려면 공익 전담 변호사가 구체적으로 어떤 일을 하는지 알아볼 필요가 있었다. 공익 전담 변호사라는 직업에 대해 탐색할 수 있는 최적의 기회는 공익단체에서의 실무수습이라고 생각했다. 실무수습을 진행하며 선배 공익전담 변호사님들의 생활을 가까이에서 볼 수 있고, 공익 관련 법률 업무를 직접 경험할 수도 있기 때문이었다.

물론, 로스쿨에서는 실무수습 외에도 다양한 방법으로 공익·인권 관련 활동을 할 수 있다. 인권법, 한국의 공익인권소송 등 공익·인권 관련 과목이 개설되며, 프로보노(법률 봉사) 활동에도 참여할 수 있다. 관련 학회에서 공익·인권에 대한 활동을 할 수도 있다. 그러나 공익단체에서의 실무수습은 현실에서의 공익 법무 활동이 어떻게 이루어지는지 직접 경험해볼 수 있다는 점, 현직 공익 전담 변호사님들과 유대관계를 형성할 수 있다는 점에서 꼭 경험해보고 싶었다.

이러한 동기를 가지고 로스쿨 재학 기간 동안 공익단체 실무수습에 두 번 참여했다. 1학년 여름 학기에는 '공익인권법재단 공감'(이하 공감)에서 실무수습을 진행했다. 1학년 겨울 학기에는 기후 환경 단체 '플랜1.5'에서 실무수습을 진행했다. 두 번의 실무수습 경험은 진로에 대한 고민을 이어가는 데 도움을 주었을 뿐 아니라 법 공부에도 중요한 밑거름이 되었는데, 이러한 실무수습 경험을 자세히 다뤄보려 한다.

공익 전담 변호사의 삶을 들여다볼 수 있었던 공감 실무수습

나는 1학년 여름 학기에 공감에서 실무수습을 진행했다. 공감은 공익 전담 변호사님들이 활동하고 계신 비영리재단이다. 2004년 설립된, 우리나라 최초의 공익 변호사 단체인 공감은, 장애인권, 노동인권, 이주민 인권, 성소수자 인권 등 다양한 인권 분야에서 활동하고 있다. 이러한 공감 변호사님들의 모습은 내가 법조인이 되겠다고 결심한 중요한 계기이기도 했다.

공감에서는 여름방학, 겨울방학에 로스쿨생을 대상으로 실무수습 프로그램을 운영하고 있다. 내가 실무수습에 참여한 2022년 여름 학기에는 각 로스쿨에서 최대 한 명의 실무수습생을 선발하였다. 나는 자기소개서와 지원서를 학교에 제출하여 실무수습에 지원하였고, 일정 기간 후 선발 여부가 안내되었다. 실무수습은 2022년 8월, 약 2주간 진행되었다.

공감에서 진행한 활동은 크게 서면 과제, 작은세미나, 외부 강연 등 기타 활동으로 나누어볼 수 있다. 그중 가장 주된 활동은 서면 과제 수행이었다. 나는 성소수자 인권 관련 사건의 항소이유서를 작성하는 과제와, 성매매 단속 현장에서 경찰이 여성을 촬영하는 행위의 위헌성을 주장하는 헌법소원심판청구서를 작성하는 과제를 수행하였다.

법을 공부한 지 겨우 한 학기가 지난 시점에 서면을 작성하는 것이 쉬운 일은 아니었다. 아직 배우지 않은 법리도 많았고, 서면을 어떤 형식으로 작성해야 할지도 잘 몰랐기 때문이다. 그렇지만 서면을 작성하는 과정은 즐겁고 보람 있었다. 서면에서 주장해야 하는 바에 깊이 공감했기 때문이다. 나의 가치관에 부합하는 주장을 하기 위해 법률에 기반한 논리를 세우고, 이를 차근차근 글로 풀어내는 과정이 재미있었다. 서면 작성은 실무수습에서 진행한 활동 중 가장 많은 것들을 배울 수 있었던 활동이었다.

작은세미나는 공감의 변호사님들이 자신의 전문 분야를 소개해 주는 시간이었다. 거의 매일 아침 진행된 작은세미나 시간에는 변호사님들의 생생한 소송 경험부터 인권 이슈 전반에 대한 내용까지 폭넓게 배울 수 있었다. 변호사님들께서 유익한 시간을 만들기 위해 많이 고민하시며 열심히 세미나를 준비하셨다는 것을 여실히 느낄 수 있었다.

이러한 정규 일정 외에도, 변호사님들께서 실무수습생들의 관심사를 고려하여 추가적으로 마련해주신 활동들이 있었다. 예를 들어, 나는 기후위기 등 환경문제에 관심이 많아 이를 자기소개서에 적었는데, 그 내용을 확인한 실무수습 지도 변호사님께서 나를 기후위기

관련 세미나에 데려가 주셨다. 이처럼 실무수습 기간 동안 공감 구성원들의 배려 덕분에 실무수습생들은 자신의 관심 분야에 대한 다양한 경험을 할 수 있었다.

나는 공감에서 닮고 싶은 선배 변호사님들과 동료 로스쿨생들을 만날 수 있었다. 공감의 변호사님들은 한눈에 보아도 자신이 하고 싶은 일을 행복하게 하고 있음을 알 수 있었다. 일을 할 때, 업무 경험을 나눠줄 때 변호사님들의 모습은 열정으로 빛났다. 이런 모습을 보며 자신의 가치 지향에 맞는 일을 하는 것은 분명 행복한 일이라는 점을 확인할 수 있었다. 또 나와 비슷한 고민을 가지고 법을 공부하고 있는 동료 로스쿨생들을 만난 것도 소중한 경험이었다.

변호사님들의 모습을 가까이에서 보면서, 자연히 공익 전담 변호사의 삶에 대해 진지하게 고민해볼 수 있었다. 먼저 공익 전담 변호사 일이 행복하고 보람 있다는 것을 분명히 확인할 수 있었고, 한편으로는 공익 전담 변호사님들의 고민과 어려움도 느낄 수 있었다. 특히 자신이 가장 중요시하는 가치를 위해 싸우는 일이 큰 부담이될 수도 있겠다는 생각을 했다. 공익 전담 변호사의 활동 하나하나가 인권 보장에 큰 영향을 끼치기에, 변호사님들의 어깨 위에 놓인 짐이 무겁게 느껴질 것 같았다. 더불어 근무 환경이나 업무의 성격 등 세부적인 부분에 대해서도 외부에서 바라볼 때보다 훨씬 자세히 알 수 있었다.

마지막으로 법 공부에도 큰 도움이 되었다. 이는 실무수습을 진행하기 이전에는 예상하지 못했던 장점이지만, 결과적으로는 실무수습이 좋은 선택이었다고 생각하는 가장 큰 이유 중 하나가 되었다.

사실 1학년 1학기에는 학교에서 배우는 법 지식이 다소 피상적으로 느껴지기도 했었다. 그러나 실무수습에서 법이 실제 사건에 적용되는 생생한 모습을 보며 법 공부를 하는 이유를 다시 발견할 수 있었다. 실무수습을 다녀온 후 2학기부터는 법을 공부할 때 실제 사건에 어떻게 적용될 수 있을지를 많이 생각하게 되었다. 또한 내가 공부하고 있는 법리를 서면에 어떻게 써낼 수 있을지를 고민하게 되었다. 이처럼 실무수습 경험은 법학도로서 성장하는 중요한 계기가 되었다.

변호사의 역할과 자세에 대해 고민한 플랜1.5 실무수습

1학년 겨울방학에는 기후 환경 단체인 플랜1.5에서 실무수습을 진행했다. 서울대학교 법학전문대학원의 경우, 졸업을 위해 재학 중 한 번 이상 공익 법무 실습을 진행해야 한다. 이 때문에 대부분의 학생들이 1학년 겨울방학에 공익단체 등에서 실무수습을 진행한다. 여름방학에 공감에서 소중한 시간을 경험했던 나는, 겨울방학에도 의미 있는 활동을 하고 싶었다. 그래서 어느 기관에서 공익법무 실습을 진행할지 깊이 고민했다.

학생들은 기후, 장애인권, 국제 인권 등 다양한 분야에서 활동하고 있는 단체에서 실무수습을 진행할 수도 있었고, 서울가정법원 등 공공 기관에서 실무수습을 진행할 수도 있었다. 나는 고민 끝에 기후 환경 단체인 플랜1.5 실무수습에 지원했다. 기후위기에 많은 관심을 가지고 있었고, 기후 및 환경 분야에서 활동하는 변호사들은 구체적으로 어떤 일을 하는지 궁금했기 때문이다.

친구 한 명과 함께 경복궁역 근처에 있는 플랜1.5 사무실에서 2주 동안 실무수습을 진행했다. 우리는 기업을 상대로 한 기후소송에 적용될 수 있는 법리를 검토하는 일을 맡았다. 기후소송이란 기후위기로 인해 발생한 피해에 대한 책임을 묻는 소송을 말한다. 우리나라에서는 주로 정부를 상대로 한 기후소송이 진행되었는데, 우리는 기업을 상대로 기후소송을 제기한다면 어떠한 주장을 할 수 있을지를 검토하였다.

기업을 상대로 한 기후소송의 주요 선례들은 해외 소송 사례였기 때문에 주로 해외 소송 사례를 검토했고, 영어로 된 각 사건의 소장, 답변서, 판결문을 한국어로 번역하고 요약 자료를 만들었다. 또한 이를 기반으로 해외 소송에서 주장된 법리가 우리나라의 법제하에서도 적용될 수 있을지 검토했다.

많은 관심을 가진 주제였기에 친구도, 나도 2주 동안 정말 열심히 과제를 수행했다. "시험공부만큼 열심히 과제를 수행했지만 그보다 훨씬 덜 힘들다"라는 얘기를 친구와 나누기도 했는데, 평가에 대한 부담 없이 자발적으로 열정을 발휘한 일이었기 때문일 것이다. 우리는 과제 수행에 긴 시간을 들였고, 함께 토의도 하며 깊은 고민을 했다. 지난 1년 동안 배웠던 법적 지식을 적극적으로 활용했고, 판례, 법령, 논문, 서적, 수업 필기 자료까지 열심히 조사해 과제를 수행했다.

사실, 로스쿨 수업에서 해외 소송 사례를 접할 기회가 많지는 않다. 수업에서는 주로 국내 법령과 판례, 학설을 공부하는 데 집중하기 때문이다. 그래서 실무수습 기간 동안 해외 소송 사례를 자세히 살펴본 것이 매우 유익한 경험이 되었다. 로스쿨 졸업 후 변호사가 되면 해외 소송 사례를 조사해야 할 일도 생길 텐데, 그때 실무수습 경험이 큰 도움이 되지 않을까 생각한다.

공감에서의 실무수습과 마찬가지로, 플랜1.5에서의 시간을 떠올리면 당시 만난 소중한 사람들이 가장 먼저 생각난다. 항상 따뜻하게 맞아주시던 활동가님들, 따뜻한 조언을 아끼지 않으시던 변호사님들, 같이 열정적으로 과제를 수행한 친구 모두 소중한 인연이었다. 반 년이 지난 후에도 실무수습에서 만난 변호사님들과 지속적으로 교류를 이어가고 있다. 이처럼 소중한 인연을 만날 수 있다는 점이 실무수습의 가장 큰 장점 중 하나라고 생각한다.

또한 플랜1.5에서의 경험을 통해 기후위기에 대해 막연하게 가지고 있던 생각을 가다듬을 수 있었다. 실무수습을 진행하기 이전까지는, 기후위기가 심각한 문제라는 점은 알고 있었지만 그 문제에 대응하기 위해 어떠한 노력이 필요한지에 대해서는 잘 알지 못했다. 그러나 플랜1.5에서 실무수습을 경험하면서 각국의 법조인들이 기후위기에 대응하기 위해 법정 안팎에서 어떠한 노력을 하고 있는지 알게 되었다. 더 나아가 우리 사회가 기후위기에 어떻게 대응해야 할지 좀 더 깊이 고민하게 되었다.

과제를 수행하며 기후위기에 대응하기 위해서는 정부, 산업계, 시민의 역할이 모두 중요하겠다는 생각을 했다. 특히 많은 양의 온실가스를 배출하는 산업계의 변화가 필수적인데, 그 변화를 이끌어내기 위해 정부와 시민사회가 어떠한 노력을 해야 할지 폭넓은 고민이 필요하겠다는 생각이 들었다. 무엇보다 일련의 대응 과정에서 사회적 합의를 이끌어내고, 합리적인 선에서 각 주체의 책임을 도출하기 위해서 변호사 등 법조인의 역할도 중요함을 알 수 있었다.

플랜1.5에서의 경험은 변호사로서 가져야 할 자세에 대한 고민에도 많은 영향을 끼쳤다. 기후소송에서 양측이 제출한 서면을 꼼꼼히 읽어보며, 정의의 관점에서 볼 때 변호사가 사건에서 누구의 편에 서는지도 중요하지만 어떤 방식으로 논리를 전개해가는지도 중요하겠다는 생각을 했다.

예컨대, 기후소송에서 기업의 입장을 변호하는 변호사가 기후위기에 대한 책임을 사회 구성원들이 합리적으로 분배해야 한다는 주장을 한다면 법정은 합리적인 책임 분배의 장이 될 수 있을 것이다. 반면, 기업 측 변호사가 기후위기 자체를 부정하는 주장을 펼친다면 법정은 소모적인 다툼의 장이 될 수도 있다. 이러한 생각을 하면서 변호사로서 어떤 주장을 어떻게 펼칠지에 대해 양심과 신념에 비추어 고민하는 자세를 가져야겠다고 결심했다.

실무수습 경험을 통해 얻은 희망과 결심

두 번의 실무수습을 다녀온 이후에도 진로에 대한 고민을 이어갔다. 현재는 잠정적인 결론을 내린 상태로, 로펌 변호사로서 한 분야에서 전문성을 키우면서 공익 활동도 병행하며 사람과 사회에 대한 책임도 잃지 않는 길을 걸으려 한다. 결과적으로는 공익 전담 변호사의 진로를 택하지는 않은 것이다. 그럼에도 불구하고 공익·인권 단체 실무수습은 여러모로 귀중한 경험으로 남아 있다. 경험 자체가 즐겁고 행복했고, 진로에 대한 고민을 더 깊이 있게 만들어주었으며, 법 공부에 큰 도움이 되었기 때문이다.

변호사는 결국 사람을 돕는 직업이다. 그러나 로스쿨에 다니면서 10년 후 변호사가 된 내가 과연 진정 사람을 돕고 있을지 걱정이 들 때도 있었다. 변호사가 가지고 있는 직업인이라는 또 하나의 속성은 '돈을 버는 일'을 할 것을 요구하고, 이는 결국 변호사가 사람 외의 가치에 봉사하는 상황을 만들 수 있을 것이기 때문이다.

실무수습 과정에서 본 공익 전담 변호사님들은 자신의 신념에 따라 사람을 위해 일하고 계신 분들이었다. 그분들을 보며 나도 신념과 양심을 잃지 않은 채 변호사로서 활동할 수 있을 것이라는 희망을 가지게 되었다. 나아가 사람을 위해 일하고 싶다는 다짐을 잊지 않기로 결심했다. 실무수습을 통해 얻은 이러한 희망과 결심은 변호사가 되었을 때 나를 일으켜주기도, 다잡아주기도 할 것이라고 믿는다.

공익 변호사라는 진로에 대해 관심을 가지고 있다면 로스쿨에 입학하여 공익단체에서 꼭 실무수습을 해보기를 바란다. 설령 공익 변호사를 염두에 두지 않고 있더라도 공익단체에서의 실무수습은 매우 좋은 경험이 될 것이다. 좋은 사람을 만날 수 있고, 변호사로서 공익에 기여할 수 있는 방법에 대해 고민할 수 있으며, 법학도로서도 성장할 수 있기 때문이다.

법정에서의 가슴 뛰는
추억을 원한다면

서울대학교 법학전문대학원 14기 우드스탁

로스쿨에 입학한다면 꼭 하고 싶은 일 중 하나가 바로 모의재판에 참가하는 것이었다. 법정에서 열정적으로 변론하고, 치열하게 토론하며, 신속하게 반론을 준비하는 모습이 내겐 정말 멋있게 느껴졌다. 이런 이유로 입학한 지 얼마 지나지 않은 3월부터 각종 모의재판 대회에 관해 알아보기 시작했다. 수상 팀의 인터뷰 기사를 찾아보기도 했고, 결선 영상을 시청하면서 대회의 분위기를 느껴보려고도 했다. 대회에 출전해본 선배들을 만나 준비 과정은 어땠는지, 팀은 어떻게 구성했는지 이야기도 나눠보았다.

대회에 참가할지, 그리고 참가할 거라면 어떤 대회에 참가할지를 정하는 데는 다양한 고려 사항이 있다. 우선 여름방학에 민사법과 행정법 예습에 집중하고 싶다면 준비 과정이 단순하고 비교적 부담이 적은 대회를 선택하는 편이 좋을 것이다. 역동성이나 즉흥성을

즐기기보다는 사전에 준비된 서면으로 승부를 보고 싶다면 구술변
론보다는 서면의 점수 비중이 높은 대회를 선택하는 것이 좋을 것이
다. 이외에도 대회의 규모, 중심적으로 다뤄지는 법제, 대회 개최 일
시를 고려하여 최선의 선택을 내리면 된다.

　당시 나는 지식재산법제에 관심을 가지고 있었고, 지식재산이라
는 무형자산을 법의 테두리 안에서 보호하는 방법에 대해 더 잘 알
아보고 싶었다. 특허나 상표 분야에 전문적인 지식을 가지고 있는
것은 아니었다. 학부생 시절 지식재산 연구 공모전이나 특허법 판
례 연구에 참가하며 과학기술법제에 대한 막연한 호기심을 키워왔
었고, 그 호기심을 채울 수 있는 기회를 찾고 있었다. 고민 끝에 특허
소송변론경연대회에 참가하기로 결정했다. 누구와 팀을 꾸릴까, 언
제부터 준비를 시작할까, 로스쿨에서의 첫 여름방학은 얼마나 바쁠
까를 생각하며 긴장하고 설레던 기억이 있다.

　특허소송변론경연대회는 특허법원과 특허청이 매년 여름 주최하는 모
의재판대회로, 특허 부문과 상표·디자인 부문으로 나뉘어 심결취소소송으
로 경진한다. 각 권리의 무효 여부 또는 권리범위에 포함되는지 여부가 주요
쟁점이 되는 문제가 출제되며, 동일한 법학전문대학원에서 3인 1팀을 구성
하여 참가한다. 매년 약 70여 개의 팀이 참가하는 큰 규모의 대회이며, 각 부
문의 우승팀은 특허법원장상 수상의 영예를 안는다.

특허 관련 분쟁 해결 절차 개괄 (출처: 특허심판원 홈페이지)

지금부터는 대회 참가를 고민하고 팀을 꾸리던 순간부터 우승팀 발표의 순간까지 1학년 여름에 열기와 생동감을 더해준 경험을 소개해보려 한다.

1단계: 팀 꾸리기

대회 출전을 결심한 뒤에는 지체 없이 팀원을 찾아 나섰다. 팀원은 동고동락하며 머리를 맞대고 함께 고심하며 서면을 작성할 전우와도 같기 때문에 합이 잘 맞는 팀원을 만난다면 그만한 행운도 없을 것이다. 지식재산법 강의를 수강하고 과학기술법학회에서 활동하며 지식재산법에 관심 있는 로스쿨 친구들 여럿을 사귈 수 있었는데, 그중 두 명의 원우가 눈에 띄었다. 둘 다 지식재산법 강의를 수강하고 있었을 뿐 아니라 특허소송변론대회에 참가해 여름방학을 알차게 보내려는 같은 목표를 가지고 있었다. 그렇게 세 명이서 마음을 모아 특허 부문 우승이라는 열매를 맺어보기로 했다.

지식재산법제를 다루는 대회이다 보니 일반적인 팀 구성은 이공계열을 전공한 팀원을 한 명 이상 포함한 경우가 많았고, 우리 팀 역시 변리사 자격증을 취득한 원우, 인문계열을 전공한 원우 그리고 사회과학계열을 전공한 원우로 꾸려졌다. 물론 팀원 각각의 전공이나 경험이 필요조건은 아니다. 그보다는 팀으로서의 핵심적 역할을 하는 데 빠뜨린 부분이 없게 팀을 구성했는지를 고민해보는 것이 더욱 효과적이다. 팀이 잘 운용되기 위한 핵심적 역할로는 대회 준비 과정의 전체적 흐름을 조망하고 팀을 통솔하는 역할, 서면의 내용적·논리적 측면을 다듬는 역할, 서면의 형식적인 허점을 꼼꼼히 검토하는 역할, 법률적 쟁점을 도출해내어 활발한 논리적 공방을 이끌어내는 역할 등이 있다. 팀을 꾸리는 단계에서는 이러한 역할 가운데 빠짐이 없을지를 염두에 두고 그 팀이 낼 수 있는 업무 효율과 시너지를 그려보면서 팀원을 모으는 것이 좋다.

2단계: 지식재산법제 틀 잡기

> 권리범위확인심판이란, 말 그대로 특허권자의 특허발명이 권리를 가지는 범위를 확인하기 위한 판결을 말한다. 다른 이가 실시하는 발명이 자신의 특허발명의 권리범위를 침해한다고 주장하는 특허권자는 적극적인 권리범위확인심판을 청구할 수 있다. 따라서 권리범위확인의 심결취소소송이라 함은, 특허심판원이 내린 심결에 불복하는 쪽이 그 심결의 취소를 구하는 소송을 의미한다.

과학기술법과 지식재산법 분야에 관심이 있었지만 권리범위확인심판이 어떤 절차와 법리를 따르는지에 관해서 전문적인 지식을 가지고 있지는 않았다. 기말고사가 끝나자마자 서면을 작성해야 하는데 지식재산법 강의만으로는 충분하지 않을 것 같아 덜컥 겁이 났다. 문제가 공개되기 전에 가볍게라도 지식재산법제에 대한 이해를 높여야겠다는 생각으로 지식재산권법 교과서를 펼쳤지만 양이 방대해 무엇부터 해야할지 난감했던 기억이 있다. 결국 문제의 출제 범위는 권리범위확인심판에 대한 심결취소소송이니, 권리범위확인심판에 초점을 두어 학습 범위를 대폭 줄여보기로 했다.

구체적이고 깊이 있게 교과서를 읽기보다는 권리범위확인심판이란 무엇인지, 어떠한 판단 기준에 따라 권리범위 침해 여부를 판단하는지를 비롯해 굵직한 쟁점들을 위주로 공부했다. 교과서의 서술이 너무 자세하다고 느껴질 때에는 《도해특허법》을 비롯한 수험서들의 목차를 읽으면서 전체적인 체계와 주요 법리를 이해하는 데 집중했다.

절차법적 차원에서는 심결취소소송의 제소기간이나 원고적격에 관해 교과서를 설렁설렁 넘겨 보는 데 그쳤다. 지식재산법제의 틀이 어느 정도 잡힌 뒤에는, 하급심과 특허법원 판결문을 서너 편 읽어보면서 법리가 구체적으로 적용되는 모습을 살폈다. 교과서에서 '결합의 용이성'에 관한 대법원의 정의와 판단 기준에 관해 공부했다면, 판결문으로부터는 확인대상발명의 발명 분야와 구성상 확인대상발명이 비교대상발명과 쉽게 결합될 수 있는지를 구체적으로 판단하는 방법을 알아보는 식이다.

수험서도 펼쳐보고 주요 판례도 일독해봤지만, 아직도 권리범위확인심판이 무엇이며 대회가 어떻게 흘러갈지 말끔히 정리되지 않은 상태였다. '너무 어렵네. 잘 모르겠다' 하는 생각만 머릿속에 맴돌았다. 그런 마음속 불안을 잠재우기 위해 과거에 출제된 문제들과 우수 변론 사례를 읽어보았다. 지난해 수상 팀들의 발표 자료와 서면을 보며 어떤 수준의 기술 문제가 출제되는지, 서면에서는 얼마나 구체적으로 각 쟁점을 다뤄야 하는지 파악했다.

여러 편의 서면을 읽다 보니 반복되는 판례의 인용구와 핵심 법리가 눈에 띠었다. 생소하고 어렵게만 느껴졌던 특허법이었지만, 기본에 충실하면 어려울 게 없을 거라는 생각이 들었다. 새로운 법리를 적용한다는 것은 어려운 일일 수 있지만, 결국 법률 삼단논법에 따른다는 점에서 본질은 같으니 말이다.

3단계: 서면 제출을 앞두고

모든 게 새로웠던 로스쿨 첫 학기가 끝나고 기말고사 기간도 얼추 마무리되어 갈 무렵, 특허소송변론경연대회 홈페이지에 대회 문제가 공개되었다는 알림이 왔다. 확인해보니 문제지, 특허등록원부, 등록특허공보, 심결문 그리고 선행발명들의 명세서가 첨부되어 있었다. 문제지를 살펴보니 문제되는 특허발명은 '무선 충전 기능의 트레이를 구비한 자동차용 컵홀더'로, 원고는 그의 청구를 기각한 특허심판원의 심결에 불복해 이번 심결취소소송에 이르게 되었다는 사실관계가 적혀 있었다. 실제 같은 특허명세서와 심결문을 읽어보니 설렘과 긴장감이 일었다.

모든 팀원의 기말고사 일정이 끝나는 대로 학교 근처 카페에서 모여 일정을 정비했다. 우선 모든 팀원이 문제지와 첨부 자료의 내용을 충분히 숙지한 뒤 각자 쟁점을 한 개씩 맡아 브레인스토밍을 해오기로 했다. 주된 쟁점은 자유실시기술의 항변, 문언침해, 균등침해로 모두 세 개였기 때문에 역할을 분담하기 용이했다. 서면 제출

직전 일주일은 학교 열람실에서 함께 서면을 수정할 수 있도록 각자 일정을 조정했고, 그 일주일만큼은 이 대회를 최우선 순위에 둘 것을 약속했다.

특허소송변론경연대회는 서면 심사, 본선, 결선으로 진행된다. 서면 심사를 통과하여야만 본선에 진출하여 특허법원에서 법정 변론의 기회를 얻는다. 서면은 원고와 피고 측 준비서면, 즉 양 당사자 지위의 준비서면을 모두 제출해야 한다. 그렇다 보니 원고와 피고의 입장에서 가상으로 반론과 재반론을 거치며 일관성 있는 서면을 써내는 작업이 상당히 중요했다. 각자가 구상해 온 논리에 데블즈 애드버킷을 자처해 공격과 방어를 거듭하며 서면을 다듬어나갔다.

즉각적으로 질문하고 답변하면서 쟁점에 대한 이해도를 높였고, 타개하기 어려운 논점이 있다면 팀원들과 공유하면서 준비서면의 허점을 하나둘씩 메워나갔다. 학식 줄을 기다리면서, 또는 산책을 하면서 머릿속에 남아 있는 난제들을 털어놓고 각자의 의견을 제시하니 해결책을 찾는 시간도 점점 단축되었다. 그렇게 서면 제출을 앞둔 2주는 학교 열람실과 집을 왕복하며 팀원들과 함께 서면을 교정하는 시간으로 채워졌다.

완성이 코앞에 다가온 것처럼 느껴지다가도, 재단해야 할 부분이 이따금씩 눈에 띄어 교정을 반복했다. 서면 제출을 하루 앞두고는 계획한 일정보다 늦어져 마음이 급해졌다. 머릿속에서 논리를 구상하고 그 아이디어를 말로 표현하기는 쉬워도, 이를 정제된 법률 언어로 서면에 현출하는 데는 오랜 시간이 걸렸기 때문이다.

형식적인 교정도 마찬가지였다. 오랜 시간과 노력을 들인 만큼 겉보기에도 깔끔하고 읽히기 쉬운 서면이 되도록 예쁘게 포장하는 작업에 공을 들였다. 띄어쓰기, 줄 넘김, 들여쓰기에서 시작해 목차 제목의 통일성까지 세심하게 살피기 위해 눈을 부릅떴다.

새벽 4시가 되자 체력에 한계가 찾아왔다. 열람실 구석에서 쪽잠을 청하며 아침을 맞이했다. 신기하게도 제출 시각이었던 오후 6시까지 수차례 검토를 반복했는데도 이따금씩 오탈자가 나왔다. 당황스런 마음에 땀이 흘렀고 아찔했지만, 기한을 몇 분 남기지 않고 무사히 제출을 마쳤다. 오랜 밤샘을 거치며 지쳐 있었지만, 그 순간 너무나 후련하고 행복했다. 팀원에게 고생했다, 대단했다고 말하며 기쁜 마음을 안고 집으로 향했다.

4단계: 법정 변론

본선 진출 공고를 확인하고 나서는 법정에서의 변론을 본격적으로 대비하기 시작했다. 대회 규정상 서면은 더이상 수정할 수 없었고, 오로지 법정에서의 변론 태도와 질의응답으로 평가될 것이었기에 재판부의 질의에 당황하지 않고 논리적으로 답변하는 것을 목표로 삼았다.

우선 가능한 질문들을 모두 나열한 뒤, 팀원들과 모의로 질답을 연습했다. 즉각적인 답변이 입에서 나올 때까지 재판부와 소송대리인 역할을 번갈아가며 모의 질답을 반복했다. 그렇게 떨리는 마음으로 본선 경연을 준비하다 보니 금세 대회 당일이 찾아왔다.

본선은 대전에 소재한 특허법원에서 치러졌다. 새벽 5시에 눈을 뜬 이후로 시간은 정신없이 흘러갔다. 팀원이 챙겨준 영양제를 입에 탈탈 털어 넣으며 마음을 가라앉혔다. 본선에 진출한 24개 팀이 함께 모인 대기실에서 호명을 기다렸다. 9시가 되자 우리의 첫 번째 경연이 있을 법정으로 향했다. "소송대리인 출석했습니까?" "네. 피고 대리인 출석했습니다." 긴장된 숨소리와 열기가 법정을 가득 채웠다.

주 변론을 마치니 재판부의 질문이 이어졌다. 질의응답을 위해 한 장의 쪽지에 구성요소별 대비표와 원피고 각각의 변론 요지를 적어둔 것이 큰 도움이 되었다. 내 답변이 미흡하더라도 팀원이 보완해 줄 거라는 믿음이 있어 든든했다. 최종변론을 마치고 결선 진출 결과를 떨리는 마음으로 기다렸고, 기다림의 순간은 길지 않았다. 대기실 뒤편에 대진표가 붙었고, 접수번호 003번이 무사히 올라와 있음을 확인했다. 기뻐할 새도 없이 바로 결선 준비를 시작했다.

결선 역시 본선과 동일하게 주 변론, 질의응답과 최종변론으로 진행된다. 다만 결선에서의 질문이 본선보다 더욱 날카롭다는 정도의 차이가 있을 것이다. 변론을 마치자 좌배석 판사님의 말씀이 이어졌다. "피고 측 소송대리인, 확인대상발명 트레이의 수평 배치가 주 선행발명 폰홀더부의 각진 배치에 개시되어 있다고 볼 수 있습니까?" 각 구성요소가 배치된 방식이 다르니, 개시되어 있다고 보기 힘들다는 취지의 질문이었다. 긴장되었지만, 숨을 가다듬으며 주 선행발명의 명세서 원문을 집어 들었다. 명세서 기재에 따르면, 주 선행발명의 폰홀더부는 핸드폰에의 접근성을 확보하는 데 목적이 있으므로 수평 배치를 배제하고 있지 않다고 답변하였다. 좌배석 판사님은 고개를 끄덕이시며 다른 질문으로 넘어가셨고, 나는 속으로 안도의 한숨을 내쉬었다.

당시 내 머릿속은 답변이 설득력 있게 전달되어야 한다는 생각만으로 가득 차 있었지만, 돌아보니 법정의 엄중한 공기와 아직은 어렵게만 느껴지는 특허법 법리 속에서 차분함을 잃지 않고 논리를 풀어낼 수 있는 소중한 기회였다는 생각이 든다.

경연 그 이후

모든 경연이 끝난 뒤 대기실로 돌아와 심사 결과를 기다렸다. 특허법원장님, 특허청장님, 특허법원 수석판사님을 비롯해 수많은 관계자들과 함께하는 자리에서 팀의 우승 소식을 들었던 그 순간의 기쁨과 짜릿함은 어느 때보다도 컸다. 팀원들과 치열하게 의논하고 수차례 서면을 다듬으며 준비한 결과물이 좋은 평가를 받을 수 있어 참으로 뿌듯했다.

이 대회를 준비하는 과정은 책상에 앉아 로스쿨에서의 시험과 변호사시험을 대비하기 위한 이론을 공부할 때와는 결이 다른 경험이었다. 민법 사례형 문제를 풀 때는 중립적인 판단 기준에 따라 객관적인 결론을 내리는 것을 목표로 한다. 반면 대회를 준비하며 준비서면을 작성하는 일은 소송대리인으로서 의뢰인에게 가장 유리한 결과를 안겨줄 수 있도록 논리를 구상해내는 일이라는 점에서 큰 차이가 있다. 원고의 소송대리인으로서는 자신의 특허발명은 통상의 기술자가 쉽게 떠올릴 수 없는 특별함을 지니고 있음을, 그리고 피고가 실시 중인 기술은 자신의 특허발명과 유사함을 강조할 수 있는 스토리를 짜내야 했다. 반대로 피고의 소송대리인은 피고가 실시 중인 기술이 기존의 선행발명들로부터 쉽게 도출되는 자유실시기술에 해당함을, 그리고 원고의 특허발명과는 상당한 차이를 가지고 있다는 전제에서 준비서면을 구성해야 했다.

이처럼 로스쿨 학생으로서가 아니라 예비 법조인으로서 의뢰인을 위한 서면 작성과 법정 변론에까지 나아갈 수 있었다. 또 더 좋은 서면, 더 효과적인 변론을 위해서는 글을 여러 번 고치고 다듬는 힘든 과정을 두려워하지 말아야 한다는 소중한 교훈도 얻었다.

아직까지도 지난 여름날의 경험은 노력과 연습으로 일궈낸 가슴 뛰는 추억으로 남아 있다. 만일 대회 출전을 고민하고 있다면, 망설임 없이 도전해보라고 조언하고 싶다.

소중한 경험이 된 군법무관 생활

서울대학교 법학전문대학원 9기 쭌쭌

군법무관이란?

군법무관이란, 변호사 자격증을 가지고 군에 입대하여 군 내에서 법과 관련된 업무를 수행하는 장교를 말한다. 군법무관은 단기 군법무관과 장기 군법무관으로 나뉜다. 단기 군법무관은 오로지 병역의 의무를 이행하기 위하여 군에 입대하여 장교로 복무하는 반면, 장기 군법무관은 병역의 의무와 무관하게 하나의 직업으로서 군법무관을 선택한 사람들이라는 점에서 차이가 있다. 따라서 여성이나 군필 남성도 장기 군법무관이 될 수 있다. 아직 병역의 의무를 다하지 않은, 병역 미필 남성도 장기 군법무관으로 입대할 수 있는데, 이 경우 원하는 직역에서 근무함과 동시에 병역의 의무도 이행하게 된다.

한편 변호사 자격증을 취득한 미필 남성이 변호사로서 병역을 이행할 수 있는 또 다른 방법으로 공익법무관이 있다. 공익법무관은 법무부를 비롯한 정부 기관이나 각 지역에 있는 법률구조공단에서 근무하게 된다. 아무래도 근무하는 기관이 다르다 보니 군법무관과는 수행하는 업무, 근무 환경 등이 차이가 난다.

나는 단기 군법무관으로 근무했었기에 본 글에서는 단기 군법무관을 중심으로 다루고, 공익법무관과 장기 군법무관에 관하여는 간략하게만 다루려 한다.

군법무관 생활

입대와 군 분류

법학전문대학원을 졸업하고 변호사시험을 합격한 미필 남성은 병역의 의무를 이행하기 위하여 단기 군법무관과 공익법무관 중 어느 길을 택할지 고민하게 된다. 각자의 취향과 입장에 따라서 선호는 갈린다. 다만, 변호사 자격증을 취득한 미필 남성이 줄어들고 있는 데다 국방부는 군법무관을 우선 충원해야 한다는 입장이다 보니 단기 군법무관은 원한다면 우선 지원을 통하여 얼마든지 갈 수 있지만, 공익법무관의 경우 가고 싶다고 해서 다 갈 수 있는 것은 아니다.

단기 군법무관으로 병역을 이행하게 된 이들은 장기 군법무관으로 선발된 이들과 함께 사관후보생으로 입대하여 약 두 달간 교육을 받게 된다. 기초군사훈련을 받는 첫 한 달 정도는 유격, 각개전투, 사격 등 기본적인 훈련을 받는 기간으로 핸드폰 사용, 흡연, 음주 등 사생활에 제한이 가해진다. 이후 사관후보생이 장교로 임관함에 따라 직무교육 때는 그와 같은 제한은 대부분 사라진다.

기초군사훈련 기간에는 군 분류도 이뤄지는데, 이는 단기 군법무관으로서 어디서, 어떤 일을 하게 될지에 아주 큰 영향을 준다. 장기 군법무관의 경우 각자의 선호를 되도록 반영해주는 반면, 단기 군법무관은 그야말로 100퍼센트 임의로 분류가 이뤄진다. 국방부 담당자가 직접 와서 모든 사관후보생들이 모여 있는 가운데 직접 군 분류 프로그램을 돌린다. 프로그램의 주사위 놀음 앞에 원하는 군에 가게 된 이들은 소리 지르며 기뻐하고, 그렇지 못한 이들은 한숨을 내쉬며 망연자실한 표정을 짓게 된다.

육·해·공군으로 분류된 단기 군법무관은 직무교육을 마친 후 각자의 임지로 가서 근무를 시작한다. 임지 역시 기본적으로 임의로 정해지며, 육군의 경우 교육 성적이 일부 반영된다. 첫 임지는 다음 임지로 어디를 선택할 수 있는지에 영향을 준다. 육군과 해군은 매년, 공군은 3년 동안 1회 임지를 옮기게 되는데, 임의로 정해진 첫 임지와는 달리 두 번째 임지부터는 첫 임지가 얼마나 험지였는지에 따라서 임지 선택권이 부여되기 때문이다. 그리하여 첫 임지를 가르는 사다리 타기를 할 때도 많은 이들의 희비가 교차한다.

군법무관의 업무

각자의 임지는 흩어져 있으나 단기 군법무관이 수행하는 업무는 대동소이하다. 먼저, 각 군검찰단에서 근무하게 된 단기 군법무관들은 군검사로서 군 내에서 일어난 형사사건을 수사하고 형사재판을 진행하는 업무를 담당하게 된다. 그 과정에서 영장 청구, 기소 여부 판단, 증거 기록 제출, 그리고 구형 등의 일을 한다.

군검찰단이 아닌 일반적인 법무실로 가게 된 법무관은 주로 송무, 배상, 징계, 법제 업무 중에서 하나 또는 여럿을 맡게 된다. 송무 업무는 대한민국 또는 군을 대표하여 소송을 수행하는 일이다. 통상 피고의 입장에서 국가를 상대로 하는 민사소송이나 소속 부대장의 행정처분을 다투는 행정소송을 진행한다. 송무 장교는 서면의 제출, 증거의 수집, 상소 여부에 관한 의견 개진 등 소송 진행과 관련된 업무 전반을 직접 처리한다. 행정심판을 수행하기도 한다. 배상 업무는 국가의 위법한 행위로 인해 피해를 보았다고 주장하는 이들에 대하여 정말 국가의 위법한 행위가 있었는지, 피해가 있다면 손해액은 얼마인지 등을 판단하여, 국가배상금을 지급할지, 지급한다면 얼마나 지급할지를 결정하는 일이다.

단기 군법무관이 주로 하게 되는 또 다른 업무로는 징계 업무가 있다. 징계란 군인 또는 군무원이 자신에게 부여된 의무를 위반한 경우, 군에서 자체적으로 부과하는 불이익처분이다. 징계 업무는 징계 대상자 및 참고인 등을 조사하여 실체적 진실을 찾아내고 그에 따라 징계의 수위를 결정한다는 점에서 검찰 업무와 유사하다. 다만, 형사 범죄가 아니더라도 징계의 대상이 될 수 있고, 법률 전문가인 군판사가 최종적으로 유·무죄 여부를 판단하게 되는 형사재판과 달리 징계 여부와 그 수위를 결정하는 징계심의위원회는 일반 군인들로 구성된다는 점에서 차이가 있다. 아무래도 일반 군인들로 징계심의위원회가 구성되다 보니 징계 간사로서 참여하는 단기 군법무관의 의견이 결론에 상당히 큰 영향을 준다. 이런 측면에서는 어느 정도 판사 업무와 비슷한 면도 없지 않다.

법제 업무는 법과 관련된 다양한 질의에 대하여 답변을 제공하는 일을 통틀어서 일컫는 말이다. 실무 부서에서 요청하는 계약서들을 검토하고, 실무 부서가 업무를 추진하면서 마주하게 되는 법적인 문제들을 해결하는 것이 주를 이룬다. 법적인 문제는 법령의 내용에 관한 간단한 문의일 수도 있고, 업무의 적법성이나 업무의 범위에 관한 복잡한 질의일 수도 있다. 때때로 군인이나 군무원이 개인적인 법률 상담을 요청하기도 한다.

그 외에 단기 군법무관이 담당하게 될 수 있는 업무로는 장병들에게 군법 및 인권 교육을 진행하는 교육 업무, 군사법원에 소속되어 군 형사사건 피고인들이 재판에서 방어권을 행사할 수 있도록 돕는 국선변호 업무, 그리고 마지막으로 참모 업무가 있다. 참모 업무는 소속 부대의 참모 부서인 법무실의 실장으로서 법무실을 관리하고 부대장 및 다른 부서와 소통하고 협업하는 모든 업무를 의미한다. 법무실 내부의 인원들을 챙기고, 타 부서와의 관계를 정립하는 것이 참모 업무의 핵심이다. 법무실 내외의 인간관계에 따라 법무실원들의 부대 생활과 업무 처리의 난이도가 달라지기에 참모의 역할은 무척 중요하다.

군 분류와 담당 업무

앞서 다룬 여러 업무들 중에서 어떤 업무를 수행하게 될지는 어느 군에 속하는지에 따라서 달라진다. 육군은 상대적으로 군법무관의 수가 많다 보니 담당 업무가 세분화되어 있다. 각 부대에서는 징계 장교, 법제·송무 장교 등으로 직책이 나뉘어 있으며 각자 직책에 따라 업무를 수행하게 된다. 반면 공군과 해군은 법무관의 수가 많지 않고 육군에 비해 상대적으로 업무량이 적기에 통상 한 부대에 한 명에서 두 명 정도의 군법무관이 배치된다. 따라서 참모 업무를 비롯하여, 징계, 교육, 법제 등 모든 업무를 한 명이 전부 또는 두 명이 나눠서 처리한다. 육군의 경우 일부 부대를 제외하면 장기 군법무관이 참모 업무를 수행한다.

군법무관의 장단점

　단기 군법무관 생활의 가장 큰 장점은 본격적으로 법조인으로서의 경력을 시작하기 전에 법조계의 업무를 경험해볼 수 있다는 것이다. 군법무관으로 근무하면서 처리하게 되는 업무들은 그 본질에 있어서 전역 후에 하게 될 업무들과 큰 차이가 없다. 법제 업무는 사내 변호사들이 수행하는 내부 자문 업무와 유사하며, 송무 업무는 분야에 따른 소소한 차이들이 있을 뿐이다. 무엇보다도 군검사로 일해보는 경험은 검사라는 진로를 택하기 전에 수사와 공판을 진행해볼 수 있다는 점에서 정말 값지다. 또한 처음 일을 시작하는 이들이 겪는 시행착오도 미리 겪어볼 수 있다. 상대적으로 부담이 덜한 환경에서 실수를 해보면서 일을 처리하는 요령과 문제가 생겼을 때 수습하는 방법을 익힐 수 있어 전역 후 일할 때 경력직 같은 신입이 될 것이다.

　진로 외적으로도 장점이 많다. 우선 정말 오랜만에 해야 할 일이 정해져 있지 않은 저녁 시간을 갖게 된다. 건강을 챙기고, 평소 해보고 싶었던 일에 도전하고, 잠시 놓아두었던 취미를 다시 시작하는 등 그간의 삶을 돌아보고 자신이 어떤 삶을 원하는지 고민해볼 수 있다. 대부분의 법조인들에게는 이런 여유가 쉽사리 허용되지 않는다.

　무엇보다도 미필 남성에게 군법무관은 상대적으로 수월하게 병역의 의무를 이행하는 방법이기도 하다. 출퇴근 근무를 할 수 있을

뿐더러 일반 사병으로 근무하는 것에 비하여 훨씬 존중받으면서 근무하게 된다. 게다가 군법무관으로 복무한 기간은 대부분의 법조 직역에서 법조인으로 근무한 경력으로 산입해주기까지 하니 경력 단절도 거의 없다고 할 수 있다.

그러나 법조계에서 흔히 이야기하듯 단기 군법무관으로 복무하는 기간이 월급은 받으면서 일은 안 하고, 하고 싶은 일만 마음껏 할 수 있는 인생의 황금기라 생각하면 곤란하다. 과거처럼 법무관이 무소불위의 권한을 갖고 있지도 않고, 근태에 있어 특별한 예외로 취급받지도 않기 때문이다.

실제로 단점도 적지 않다. 가장 큰 단점은 지방 생활이다. 많은 단기 군법무관들이 살면서 한 번도 가본 적 없는 낯선 지방에서 근무를 하게 되는데, 낯선 환경에서, 그리고 군이라는 낯선 조직에서 일해야 한다는 사실은 상당한 스트레스를 준다. 특히 교류할 만한 가까운 사람들이 근처에 없는 경우 그 스트레스는 더 심해질 수 있으며, 실제로 많은 단기 군법무관들이 지방에서 생활하면서 어느 정도는 외로움을 겪는다. 상경할 주말만 기다리며 평일을 버티는 이들도 많다.

군인이라는 신분에서 오는 제약 역시 불편한 점이다. 군인에게는 품위유지, 영리 행위 금지, 정치적 중립 등 다양한 의무들이 부과된다. 따라서 군법무관은 마음대로 유튜브에 출연할 수도 없고, 부업을 할 수도 없으며, 정치적인 견해를 피력할 수도 없다. 이런 점들이 삶에 큰 영향을 주지는 않지만, 과속방지턱처럼 종종 거슬리면서 불편함을 주곤 한다.

3년간 시공간적으로 군에 묶여 있다는 사실도 상당히 갑갑하다. 문득문득 나이는 들어가고 친구들의 경력은 쌓여가는데 나는 아무것도 이룬 것이 없다는 생각이 들면 불안해지곤 한다. 뭐라도 해야만 할 듯한 기분이 들지만 여건상 할 수 있는 것이 많지 않다 보니 무력감이 들기도 쉽다.

공익법무관과 단기 군법무관

본인이 희망하고 약간의 운이 따라준다면 공익법무관으로서 병역을 이행할 수도 있다. 공익법무관은 법무부 및 기타 정부 부처, 또는 법률구조공단 등에서 근무하게 된다. 수도권에 있는 법무부에 자리가 가장 많아서 아무래도 수도권에서 군복무를 하고 싶은 이들의 경우 공익법무관을 선호하는 편이다. 법무부에 근무하게 될 경우, 대체로 법제 업무를 주로 수행하면서 약간의 송무 업무를 처리하게 된다. 법률구조공단에서 근무하는 경우, 많은 양의 송무 업무를 담당하게 되고, 국선변호인이나 피해자 지원 국선변호사 업무도 수행할 수 있다. 다양한 사건들을 수행하면서 송무 능력을 기를 수 있는 아주 좋은 기회가 된다.

법무부와 법률구조공단 간에는 근무 환경의 차이가 크다. 법무부의 경우, 수도권에서 근무한다는 점을 빼면 근무 환경이 열악한 편이다. 법무부의 공익법무관은 파티션을 사용하는 사무실에서 근무해야 할 뿐만 아니라, 무수한 법률 전문가 중의 한 명일 뿐이기 때문에 박한 대우를 받는 경우가 많다. 업무량도 많다. 반면 법률구조공단의 경우, 동등한 변호사로 대우받으며 개인 사무실도 부여되는 반면, 지방 도시에서 근무해야 한다.

군법무관과 비교하면 전반적으로 업무 강도도 높은 편이며, 휴가도 군법무관은 1년에 21일의 연가를 부여받는 데 비해 공익법무관은 연가 일수가 13일에 불과하다. 단, 초과근무를 하면 추가로 연차를 모을 수는 있다. 그 외에도 숙소, 수당, 군 복지시설 등 다양한 복지가 제공되는 군법무관과는 달리 공익법무관에게는 그와 같은 복지가 거의 제공되지 않아 여러모로 아쉬운 부분들이 있다.

예컨대, 군법무관은 임지 옮기기 한 달 전쯤이면 새로운 임지를 알 수 있을뿐더러 임지를 옮길 때 이사비와 이사 기간이 제공되지만, 공익법무관은 이동 직전에 갑자기 통보될 뿐 아니라 시간적·금전적 지원도 전혀 없다.

정리하자면, 수도권에서 머물고 싶거나 송무 변호사로서 전문성을 쌓고 싶다면 공익법무관을 택했을 때 뚜렷한 장점들이 있고, 본인이 속한 집단에서 좀 더 존중받으며 여유롭게 지내기에는 군법무관이 낫다고 할 수 있다. 수도권에 있으면 근무 환경이 안 좋고, 지방으로 가면 좀 더 낫다는 점은 군법무관과 동일하다고 볼 수 있다. 지원한다고 하여 모두 공익법무관이 될 수 있는 건 아니지만, 자신에게 무엇이 중요한지 잘 판단하여 공익법무관 지원 여부를 결정하는 것이 좋다.

장기 군법무관

마지막으로, 장기 군법무관에 대해 간단히 언급하고자 한다. 단기 군법무관과 달리 직업으로서 군법무관을 택한 장기 군법무관은 대체로 단기 군법무관과 비슷한 일을 하지만, 내용이 더 어렵고 책임이 더 큰 일을, 더 많이 수행한다는 점에서 차이가 있다. 예컨대 군판사 업무는 장기 군법무관만 할 수 있다.

곁에서 근무하면서 바라본 장기 군법무관은 장단점이 뚜렷한 직업이었다. 검찰, 법원 등과 비교했을 때 상대적으로 업무 강도가 덜한 편임에도 근무 기간이 늘어남에 따라 점차 비슷하거나 더 높은 봉급을 받을 수 있다. 또한 20년 이상 근속할 경우 군인연금을 받을 수 있어 로펌 변호사들처럼 노후 대비를 걱정할 필요가 없다는 점도 큰 장점이다. 업무적으로도 다른 군인들에 비해 법률 전문가로서 상당히 존중받는 편이다. 유학도 갈 수 있으며, 출산휴가나 육아휴직을 사용하기에도 친화적인 환경이다.

그러나 단점도 분명하다. 일단 임관하게 되면 최소 5년은 근무해야 하며, 5년을 마치고 전역하지 않는다면 10년 차를 마칠 때까지 전역할 수 없어 직업 선택의 자유가 심대하게 제한된다. 또 1~2년에 한 번씩 임지를 옮겨야 하는 것도 큰 단점이다. 특히 결혼을 했거나 자녀가 있는 경우, 자주 이사를 다녀야 한다는 점은 큰 고충으로 작용한다.

무엇보다도 근무하는 조직이 군이라는 점이 중요하다. 경직되고 보수적인 군 조직에 잘 맞는 사람이 아니라면, 근무하는 매일매일이 비효율적이고 불합리하게 느껴질 가능성이 크다.

단기 군법무관, 공동체에 대한 기여의 경험

아마 단기 군법무관을 접하게 되는 이들은 법조인을 꿈꾸는 미필 남성이 대부분일 것이다. 사병의 복무기간이 짧아진 만큼 단기 군법무관의 복무기간 3년은 무척 길게 느껴진다. 그러나 군법무관은 보다 존중받으면서, 법적 지식을 바탕으로 주체적으로 업무를 수행할 수 있고, 또 본인이 내린 판단이 다른 사람의 삶과 업무에 영향을 미치는 것을 보면서 보람을 느낄 수 있다는 분명한 장점이 있다. 이러한 장점은 1년 6개월이라는 복무기간 차이만으로 상쇄하기에는 상당히 큰 장점이다.

　개인적으로는 단기 군법무관으로서 나에게 주어진 권한과 능력으로 공동체에 기여하고 다른 이들의 문제를 해결해주는 경험을 통해 뿌듯함을 느낄 수 있었다. 어느 길로 가도 병역의 의무를 피할 수 없다면 본인에게 가장 잘 맞는 길을 찾아 최대한 많은 것을 얻어 가는 편이 좋을 것이다. 이 글이 선택을 고민하는 이들에게 도움이 되기를, 그리고 모두 좋은 선택을 하기를 바란다.

어느 펌변의 사내변 일기

서울대학교 법학전문대학원 11기 g3
서울대학교 사회과학대학 졸업

로스쿨 이후 변호사로서의 진로는 크게 '펌변'(법무법인, 즉 로펌 소속의 변호사)과 '사내변'(법무법인이 아닌 일반 기업에 소속된 변호사), '개업변'(개인 사무실을 운영하면서 수임과 수행을 모두 하는 변호사)으로 나뉜다. 변호사시험에 합격하더라도 일정 기간 수습을 해야 하고, 수습이 끝나더라도 자기 고객이 없는 상태에서 바로 개업하는 것이 쉽지 않으므로 대부분의 신입 변호사에게 익숙한 선택지는 펌변과 사내변일 것이다.

두 진로는 소속이 엄연히 다른데, 펌변인 내가 어떻게 사내변 일기를 쓸 수 있는지 의아할 수 있겠다. 나의 경우는 고객사에서 우리 로펌에 파견 변호사를 요청하여 로펌에서 고객사로 6개월 동안 파견을 보낸 케이스이다. 나는 여전히 로펌 소속이지만, 6개월 동안은 로펌에서 새로운 건에 배정되지 않고 사내변으로서 고객사에 물리적으로 출근하면서 고객사 사내변들과 동일한 업무를 한다. 그렇게 흔한 케이스는 아니지만 아주 드문 케이스도 아니다. 고객사 입장에서는 휴직자의 자리를 메우거나 까다로운 채용 절차를 거치지 않고도 검증된 인력을 확보할 수 있고, 로펌 입장에서는 고객사와의 관계를 돈독히 하거나 파견 변호사가 맡았던 사건들이 커지면 수임을 하게 될 가능성도 있다.

서론이 길었는데, 그러한 연유로 최근 펌변과 사내변의 일상을 모두 겪어본 나는 양쪽의 일상을 현장감 있게 비교하여 서술할 수 있을 것이라 생각한다. 다만, 이하의 내용은 어디까지나 나의 일상일 뿐, 모든 펌변과 사내변의 일상을 일반화한 글은 아니라는 점을 말해두는 바이다.

펌변의 일상

변호사의 일상도 자문이냐, 송무냐, 혹은 둘 다 하느냐에 따라서 상당히 달라진다. 자문을 주로 하는 변호사는 고객사가 대개 기업이고, 중요한 의사결정 전에 로펌의 의견을 구하는 경우가 많아서 듀 (due date, 업무 마감 기한)가 짧고, 전문성을 필요로 하는 질의가 많다. 특히 사내변을 여러 명 갖출 정도로 큰 기업일수록 내부적으로는 답이 나오지 않는 문제를 로펌에 문의하게 되므로 정확한 진단을 요하는 복잡한 문제가 많다. 그런 일들은 또 갑자기 생기기 때문에 출근할 때 예상한 업무 스케줄이 종종 마음과 같지 않게 꼬이곤 한다.

송무를 주로 하는 변호사는 재판에 출석할 일이 많아 그에 맞춰서 움직여야 하고, 관할이 지방인 사건이 있으면 당일 출장도 종종 다녀와야 한다. 휴가도 법원이 쉬는 휴정기에 맞추어 가야 하는 불편함이 있다. 그러나 한 사건의 판결이 나오는 데까지 짧게는 몇 달부터 길게는 몇 년까지 소요되므로 업무의 호흡이 자문에 비해 길고 상대적으로 예측 가능한 스케줄을 확보하게 된다.

내가 속한 팀은 자문을 주로 하는 팀이고, 스케줄 조절이 어렵다 보니 저녁 늦게까지 일하고 다음 날 오전에 조금 늦게 출근하는 것이 용인되는 분위기이다. 그래서 일어나는 시간은 그 전날 잠드는 시간에 따라 달라지고, 알람을 맞추는 시간도 매일 달라진다. 평소와 같이 잠든다면 8시 전후에 일어나서 나갈 준비를 하게 된다. 샤워를 하는 동안에는 넷플릭스로 짤막하게 드라마나 예능을 본다(이 습관은 따로 시간을 내서 뭔가를 보는 게 부담스러웠던 로스쿨 시절부터 있었던 것 같다). 오전에 회의가 있거나 특별히 해야 할 일이 없다면 집에서 나가는 시간이 5분, 10분 정도 늦어져도 크게 문제가 되지는 않기 때문에 아침에 급한 일을 처리하거나 운동을 다녀오기도 한다.

어제 입었던 옷을 스타일러에 넣어두고, 오늘 할 일이 무엇인지 생각하면서 입을 옷을 정한다. 예를 들어, 외부에 나갈 일이 있거나 고객사 회의가 있다면 재킷과 바지 정장을, 하루 종일 사무실에 박혀 있을 예정이라면 허리가 조이지 않는 원피스를 즐겨 입는다. 친구들과 저녁 약속이 있다면 아껴뒀던 옷을 꺼내 입기도 한다.

출근하면 일단 컴퓨터를 켜는 동안 커피를 내린다. 탕비실에는 생수와 따뜻한 커피, 티백 차 몇 종류가 준비되어 있고, 캡슐커피머신이 있는 경우도 있다. 나는 커피 없이는 공부건 일이건 못하는 편인데, 로스쿨 시절부터 사 먹는 커피값이 아까워서 애용해왔던 캡슐커피머신을 지금은 사무실에 가져다 놓았기 때문에 탕비실에서는 얼음과 커피머신에 넣을 물만 받아다 쓴다.

오전은 사람마다 출근하는 시간이 달라서 비교적 여유롭다. 컴퓨터가 켜지면 그 사이에 새로 온 메일이 있는지 확인한다. 퇴근 이후에도 습관적으로 이메일을 확인하기 때문에 어젯밤까지 온 메일은 이미 확인했을 가능성이 높다. 이메일을 확인하고 나면 오늘의 업무 상황을 한 차례 점검한다. 특별히 계획을 촘촘하게 세우는 것은 아니고, 오늘까지 해야 하는 일이 무엇인지, 외부 일정이 있는지를 확인하는 정도이다. 어차피 계획을 열심히 세우더라도 그 안에 다 끝내지 못해서 지연되거나, 다른 더 급한 일이 갑자기 생겨서 계획이 틀어지는 일이 더 많으므로 간단히 체크하는 것이 더 낫다고 생각한다.

점검이 끝나면 가장 듀가 짧은 일부터 처리한다. 급한 일을 하는 중이었더라도 어젯밤 늦게 결과물을 보내고 퇴근했다면 그 결과물을 요청하신 변호사님도 아직 그걸 검토하고 계실 것이므로 피드백이 오기 전까지는 다른 업무를 살펴볼 짬이 난다. 급한 일이 없다면 하기 싫어서 미뤄뒀던 일을 꺼내 본다. 머리가 가장 맑고 기분이 좋을 때 보면 의외로 돌파구가 보이기도 하기 때문이다. 규제 기관에 전화를 해서 법령의 해석이나 실무적인 처리에 대해서 물어볼 일이 있으면 오전 중에는 전화 연결이 쉬운 편이므로 이를 먼저 처리하곤 한다.

그렇게 오전 시간을 보내다가 배가 고플 때쯤 점심을 먹으러 간다. 정말 바쁘면 혼자서 식사를 하는 경우도 있지만 나는 혼밥을 좋아하지 않고 사람들을 만나서 에너지를 받기 때문에 가급적이면 다른 사람들과 같이 식사를 한다. 팀마다 다르겠지만, 특별히 약속이 없으면 층을 한 바퀴 돌면서 식사할 사람을 모아서 다같이 점심을 먹으러 가기도 하고, 바쁘면 동기들과 주변 상가 푸드 코트에서 30분 만에 식사를 하고 오기도 한다.

오래 생각해도 풀리지 않는 문제가 있을 때에는 식사를 하면서 가볍게 주변인들의 생각을 물어보기도 한다. 생각보다 주변에 비슷한 업무를 해본 동기나 선배가 많이 있기 때문에 점심시간에 생각지도 못한 힌트를 얻어서 돌아가는 경우가 있다.

혼자서 식사를 하는 사람들은 간단하게 먹을 것을 사 와서 유튜브나 넷플릭스를 보면서 식사를 한다고 한다. 물론 납기가 급한 경우나 조금이라도 빨리 퇴근하고 싶은 경우에는 일을 하면서 밥을 먹기도 한다. 혼밥을 하면 좋은 점은 (점심시간이 특별히 정해져 있지 않기 때문에) 사람이 붐비는 시간을 피해서 조금 일찍 혹은 조금 늦게 식사를 하러 가는 게 자유롭다는 점이다. 개별적으로 법인카드가 주어지고 그 카드로 식대만큼 결제를 하면 되므로(초과분은 보통 급여에서 공제된다) 런치플레이션에도 불구하고 비교적 충실한 식사를 할 수 있다.

그렇게 식사를 하고 커피 한 잔을 들고 사무실로 복귀하면 오후 업무가 기다리고 있다. 가장 회의가 많은 시간도 이때 즈음이고, 같이 일을 하고 있는 변호사님들과 가장 연락을 활발하게 하는 것도 이 시간 즈음이다. 간단히 설명을 곁들이자면, 로펌의 변호사는 크게 수임을 하고 고객을 관리하는 파트너와 그 밑에서 실질적인 서면 작업을 하는 어소시에이트(이하 어쏘)로 나뉘고, 규모가 조금 있는 팀에서는 사건마다 업무 상황이나 능력치에 따라 해당 업무에 적절한 인력으로 팀을 구성하여 업무를 하는 경우가 많다.

저년차 어쏘인 나는 보통 고년차 어쏘의 지시를 받아서 리서치나 번역, 간단한 서면 작업을 하게 되므로, 우리 팀의 고년차 어쏘 변호사님들과 소통할 일이 가장 많다. 고객의 질의에 이메일로 회신을 하면 되는 간단한 업무는 파트너 변호사님과 둘이서만 일하는 경우도 있다.

팀 구성은 보통 일을 수임한 파트너가 원하는 어쏘를 지정하는 방식으로 정해진다. 특정 분야에 강점이 있거나 외국어를 잘하는 어쏘는 관련 사건을 할 때 단골 지정 대상이 된다. 펌이나 팀에 따라서 저년차 어쏘에 대하여는 업무를 골고루 배정하고 각각의 능력치를 고루 키워주자는 취지에서 개별 지정을 막고 순번대로 배당하여 팀을 구성하는 곳도 있다.

우리 팀도 일정 연차까지는 지정하지 않고 순번대로 배당하는 형식이어서 나도 파견을 나오기 전까지 다양한 파트너, 고년차 어쏘와 일을 해보고 각자의 업무 스타일을 파악해왔다. 업무를 할수록 점점 전문 분야가 생기고, 주로 같이 일을 하는 사람들이 생겨서 고년차 어쏘가 되면 자연스럽게 누구와 일을 많이 하게 될지 윤곽이 잡힌다.

바쁜 오후 시간이 지나고 나면 그때부터는 혼자만의 시간이 시작된다. 오전은 짧고, 오후에는 여러 군데 불려 다니고 통화를 하다 보면 한 가지 업무에 집중을 하기가 쉽지 않아서 실질적인 서면 작업은 늦은 오후나 저녁을 먹고 온 다음부터 시작하게 되는 것이다.

선배들이 "진짜 일은 저녁 이후부터"라고 할 때 그 말을 이해하지 못했었는데, 로펌에서의 업무 루틴을 겪어보니 곧바로 공감할 수 있었다. 물론 아침 일찍 출근해서 업무를 시작하고 남들보다 빨리 퇴근하는 사람도 있지만(나도 그렇게 해보려고 했지만) 퇴근이 한번 늦어지게 되면 그다음 날 이른 출근이 쉽지 않고 그것이 반복되면 '어차피 늦게 들어갈 건데 늦게 출근하지 뭐' 하는 생각으로 굳어지게 되는 것 같다.

저녁 이후 시간대에는 꼭 사무실에서 업무를 하지는 않아도 되지만 나는 집에 가면 업무 효율이 떨어지는 편이라 급한 일이 많을수록 사무실에서 끝내는 것을 선호한다. 나에게 주어지는 듀는 (고년차 어쏘, 파트너가 차례로 검수하고 수정하는 시간이 필요하기 때문에) 고객사가 원하는 최종 듀에서 하루이틀 정도의 여유를 두고 주어지는 편이다. 내가 작성한 서면은 검수를 한두 차례, 많게는 세 차례까지 거쳐서 고객사에게 전달되기 때문에 그 과정에서 원문이 거의 남지 않고 수정되는 경우도 있다. 오히려 내가 쓴 문장이 거의 그대로 의견서 등에 담기게 되면 다른 변호사님들의 인정을 받은 것 같아서 상당히 뿌듯하다.

그날의 급한 업무들을 마무리하고, 다음 날 해야 할 일을 한 차례 점검한 후에는 방의 불을 끄고 퇴근을 한다. 문을 열어놓고 불을 켜두는 것은 잠시 자리를 비웠다는 의미이고, 방의 불을 끄는 것은 오늘은 이미 퇴근해서 사무실로 돌아오지 않는다는 의미이다. 이렇게 표시를 해주면 다른 변호사님들이 굳이 내 방문 앞에 와서 노크까지

하지 않아도 내가 자리에 없다는 것을 확인할 수 있어서이다(아예 재석 표시 등이 있어 이렇게 따로 표시할 필요가 없는 회사도 있다).

퇴근 시간은 대중이 없다. 운이 좋으면 7, 8시에도 퇴근을 하고 운이 나쁠 땐 새벽 2, 3시까지도 회사에 남아 있어야 한다. 업무가 남았는데 저녁 약속이나 일정이 있다면 그 약속이 끝나고 다시 사무실로 복귀하기도 한다. 주변의 변호사 친구들과 저녁 약속을 잡으면 밥을 먹고 8, 9시 사이에 다들 각자 사무실로 복귀하는 모습을 흔히 볼 수 있다.

운 좋게 일찍 퇴근을 하더라도 업무 시간이 정해져 있지 않은 직업의 특성상 퇴근 후에도 메일은 계속해서 확인해야 한다. 가끔 예상치 못한 추가 업무가 생길 때도 있다. 회사에서 납기하고 온 서면에 대해서 피드백이 오거나 고객사로부터 간단한 추가 질문이 오는 등 간단한 문서 작업만 필요한 업무는 집에서 하고, (그런 일은 정말 드물지만) 아주 급한 일이 들어오거나 아예 마음을 다잡고서 작업을 해야 하는 일이 있으면 회사로 복귀하기도 한다. 위와 같은 불상사가 생기지 않는다면 집에서 평온하게 시간을 보내다가 새벽 1시쯤 잠든다.

사내변의 일상

　사내변의 일상은 펌변에 비해서는 훨씬 예측 가능하다. 일정한 시간에 잠들고, 일정한 시간에 일어나서 준비를 한다. 회사 생활에 조금 더 쉽게 무뎌지고 매너리즘에 빠지기 쉽지만, 그만큼 회사 외의 삶에서도 자기를 찾을 수 있다는 것이 확실한 장점이자 단점이다.

　알람은 두 번 맞춘다. 아침 6시 50분과 7시에 알람이 울리고 나면 미적미적 일어나서 샤워를 한다. 사내변은 출근 시간이 정해져 있기 때문에 아침 준비 시간은 오히려 펌변에 비해서 여유가 없는 편이다. 샤워를 마치고 나와 화장을 하고, 머리를 말리고, 옷을 입으면 대략 7시 40~50분 정도가 된다. 로펌을 다니는 동안 옷장은 온통 정장으로 채워졌는데, 다시 캐주얼을 입게 되어서 기분이 묘하다. 옷을 고르는 시간은 배가 되었지만 편한 옷차림으로 일할 수 있다는 점이 훨씬 좋기는 하다.

　아침 8시가 조금 넘으면 집에서 나온다. 사실 출근은 9시까지고 파견사는 집에서 멀지 않아서 버스로 네 정류장밖에 안 되지만 늦을까 봐 마음 졸이며 출근하는 것보다는 일찌감치 도착해서 커피 한 잔하는 걸 좋아해서 일부러 조금 일찍 나오는 편이다. 파견사는 굴지의 대기업이라 8시 30분부터는 로비에 사람이 아주 많다. 출퇴근 및 점심시간대에는 회사 정책상 엘리베이터가 3층 단위로만 멈추도록 하고 있다. 엘리베이터가 내가 가려는 층에 멈추지 않으면 한 층 걸어 올라가거나 한층 걸어 내려갈 수 있는 층에 내려서 계단을 이용해야 한다. 법무팀은 3n-1층에 있어서, 3n층에 내려서 한 층 걸어 내려간다.

회사마다 법무팀 규모는 천차만별이지만, 파견사는 법무팀이 50~60명에 달할 정도로 크다. 자문, 송무, 지식재산, 공정거래 등 각자 담당하는 업무가 세분화되어 있고, 내부에서 인사이동도 종종 있다. 파견 변호사인 나는 6개월의 단기 근무를 하게 되므로 업무의 호흡이 보다 짧은 자문팀에 배치되어 일하고 있다(같은 이유로 대부분의 파견 변호사가 자문팀에 배치되는 것으로 보인다).

8시 30분 출근이면 조금 이르다 싶지만, 시차출퇴근을 하는 팀원들이 있어 자리가 아예 비어 있지는 않다. 시차출퇴근제는 아예 출퇴근 시간대를 고정적으로 변경할 수 있는 제도인데, 하루 8시간 근무를 기본으로 해서 출근하는 시간을 아침 7시부터 10시 사이에서 30분 간격으로 지정할 수 있다. 우리 팀에는 출퇴근 시간의 러시아워를 피하기 위해 7시에 출근해서 4시에 퇴근하는 분도 있고, 아이를 등교시키고 나서 9시 30분까지 출근하는 분도 있다.

자리에 있는 팀원들에게 인사를 마치고 컴퓨터 전원을 켠다. 컴퓨터가 부팅되는 시간이 꽤 걸리기 때문에 그동안 탕비실에 다녀올 수 있다. 탕비실에는 커피머신과 간단한 간식거리로 빵이 준비되어 있고, 카페처럼 잠깐 앉을 수 있는 공간이 마련되어 있다. 나는 여기서 딸기잼과 버터를 바른 토스트로 간단하게 아침 식사를 하곤 한다.

로펌에 있을 때는 부리지 못했던 여유인 것 같다.

파견사는 대기업인 만큼 보안에도 철저해서 사내망과 사외망이 분리되어 있다. 모든 업무 처리는 사내망에서만 할 수 있고, 사내 DB도 사내망에서만 접속할 수 있다. 사내망에서 출력하는 모든 출력물에는 부서명과 출력한 사람 이름, 출력 일시가 함께 프린트되어 나온다. 사외망에서만 인터넷 접속이 가능하므로 문서 작업은 사내망에서, 법령 정보 검색은 사외망에서 한 뒤 복사 + 붙여넣기를 하는 방식으로 업무를 한다.

업무는 평균적으로 일 2~3건씩 배정되는 것 같고, 휴가철이나 일이 많을 때는 4~5건까지 배정되기도 한다. 자문팀의 업무는 크게는 계약과 자문으로 나뉜다. 계약은 현업 부서에서 체결하려는 계약서를 검토하고 내부 계약 정책에 맞게 수정하거나, 리스크가 있어 계약 체결 시 유념해야 하는 부분들을 짚어주는 건들이고, 자문은 현업 부서에서 실제로 법적인 문제가 생겼거나, 사업 전에 법률적으로 문제가 될 수 있을 것으로 보여 검토 요청한 사안들에 대해서 답변을 주는 건들이다.

계약 업무는 자문에 비해서 상당히 루틴하다. 보통 회사 내부적으로 권장하는 지침이나 표준계약서가 마련되어 있으므로 이에 부합하는 방향으로 수정하라는 지침을 준다. 내부 지침은 자주 쓰이는 항목별로 상당히 구체적인 가이드가 주어져 있어 업무를 하기 용이하다. 물품 공급 계약, 서비스 공급 계약 등 전형적인 형태의 계약은 표준계약서로 제작해두기 때문에(이 업무를 담당하는 팀이 별도로 있음) 검토하여야 할 것이 크게 없다. 그러나 여러 가지 계약의 방식이 혼재되어 있거나, 서비스 구조가 특이하거나, 장비 투자와 결합되어 있어서 계약에서 일정한 매출을 확보하여야 하는 경우에는 이를 이해하고 최대한 사업상 발생하는 리스크를 줄일 수 있는 방향으로 계약 조건을 설정해야 한다. 그리고 중소기업과 거래를 하거나, 개인정보 처리 업무의 위탁이 있거나, 특정 공사를 (하)도급하는 계약 등에서는 리스크 외에도 관련 법령에서 요구하는 바를 준수하고 있는지 확인하여야 한다. 처음에는 비교적 루틴한 계약 업무가 수월하다고 생각했었는데, 오히려 이슈가 드러나 있지 않아서 (묻는 질문에 답을 하면 되는 자문 업무에 비해) 까다로울 수 있다는 사실을 알게 되었다.

자문의 경우에는 난이도가 천차만별이다. 반복되는 문제라 이전 자문 내역들을 참고하여 답변을 줄 수 있는 사안도 있고, 판례나 가이드라인에서 간단한 해석례를 찾으면 쉽게 해결되는 사안도 있다. 현업 부서에서도 이미 답을 알고 있으면서 확인 차원에서(혹은 책임 소재 분산 차원에서) 질의하는 경우도 더러 있어서 이 경우에는 현업 부서와 통화를 하면 쉽게 답이 나온다. 그런데 가끔 현업 부서에서도 무엇이 문제가 될지 전혀 모르는 상태에서 대뜸 "법적으로 이슈 되는 부분이 없는지 살펴봐달라"고 하거나, 생전 듣도 보도 못한 법령에 대해서 질문을 하는 경우들은 상당히 난감하다. DB나 법령 검색, 구글링으로도 답이 나오지 않는 경우에는 동료나 팀장님께 의견을 구하여 어찌어찌 해결하기도 한다.

계약이든 자문이든 내용을 일차적으로 파악하고 나면 궁금한 부분들이 생기는데, 사실관계가 빠진 부분도 있고, 현업 부서에서 사용하는 언어가 달라서 의미를 보다 정확하게 파악하여야 할 경우도 있다. 사업 구조가 복잡해서 부연 설명이 필요한 경우나 필요한 자료가 누락된 경우도 있다. 그런 부분은 현업 부서 담당자에게 전화해서 요청하고 설명을 듣는데, 대화를 하다 보면 검토에 필요한 새로운 사실을 알게 되기도 한다. 그 때문에 법무팀 내부에서도 현업 부서와의 긴밀한 소통을 중요하게 생각하는 분위기이다.

사실 로펌에서는 고객사 담당자와 직접 통화할 일이 그리 많지 않았다. 고객사와의 직접 소통 창구는 파트너(혹은 고년차 어쏘) 변호사님이시기 때문에 내가 외부와 통화를 하는 경우는 거의 없다. 그래서 현업 부서와 처음 통화를 하게 되었을 때는 매우 긴장했었지만, 법무팀 담당자로서는 현업 부서와 통화하는 일이 일상다반사이고 현업 부서에서도 나를 내부 조력자로 생각하기 때문에 보다 편안한 마음으로 통화할 수 있게 되었다. 같은 업무로 여러 차례 통화를 하다 보면 현업 부서 담당자와 친분이 쌓이기도 해서, 다음에 업무를 또 같이 하게 되면 소통이 훨씬 수월해진다.

그렇게 모든 자료를 모으고 나면 검토 의견을 작성하여야 한다. 계약서는 어느 부분이 바뀌었는지 확인할 수 있도록 변경 추적본(검토본)과 클린본을 같이 첨부해준다. 자문은 형식은 따로 없지만, 로펌에서 이메일 회신이나 의견서를 작성하는 것과 같이 줄글로 논의 과정을 쓰고 서두나 마지막에 결론을 요약해서 붙여준다.

로펌의 의견서는 읽는 사람도 고객팀의 법무팀 소속인 경우가 많기 때문에 검토의 과정을 매우 자세하게 쓰고, 법령이나 규제 기관 입장이 명확하지 않아도 이에 대한 설명을 해주어서 의견이 길어지는 편이었다. 하지만 사내변으로서 작성하는 검토 의견은 비교적 간결하다. 현업 부서에서 원하는 것은 명료한 답이기 때문에 논의의 모든 과정을 기재하지는 않더라도 "그래서 어떻게 하라는 거야?"라는 말이 나오지 않도록, 즉 현 상황에 충분한 가이드가 될 수 있도록 의견을 준다.

로펌에서 저년차 어쏘인 나는 사건의 일부만을 담당하고 전체에 관여하지는 않는 경우도 많았는데, 파견사에서는 나에게 배정된 사건을 온전히 내가 맡아서 해결해야 한다는 점이 달랐다. 내가 작성한 의견은 팀장님이 재차 검토하시기는 하지만, 어쨌거나 하나의 완결된 결론에 도달하여야 한다는 점이 처음에는 부담스러웠다. 그러나 그 사건에 대한 담당자가 나 하나라는 점은 업무를 거시적으로 보는 눈을 키워주고, 또 책임감을 불어넣어 주었다.

업무를 시작하면 오전 시간은 금방 간다. 나는 9시에 출근해서 점심을 먹기 전까지 2시간 반에서 3시간 정도를 일하기 때문에 오전이 빨리 가는 느낌이었는데, 시차출퇴근제나 선택근무를 이용하는 사람들은 오전이 더 긴 경우도 있다. 선택근무는 시차출퇴근제처럼 정규 출근 시간을 바꾸지는 않고 그날그날 근무시간을 늘리거나 줄여 유동적으로 근무할 수 있도록 한 제도이다.

예를 들면 월~목에는 매일 30분씩 일찍 출근해서 일을 더 하고, 금요일에 2시간 일찍 퇴근할 수 있는 것이다. 회사 정책적으로 오전 10시부터 오후 4시까지는 코어 타임으로 지정해서 그 사이에는 모든 사람이 업무를 하도록 하고 있기는 하지만, 그 외 시간에는 이런 제도들을 이용해서 임직원들이 생활의 편의를 누릴 수 있도록 해준다. 실제로 이용하는 사람도 꽤 많은 것 같다.

오전 업무를 마무리하고 점심은 팀별로 다 같이 먹으러 간다. 팀마다 주어진 예산이 있어서 함께 식사를 하고 월 단위로 결재를 올려 비용 처리를 한다. 예산 상황에 따라 주변 식당으로 갈 때도 있고, 구내식당에서 식사를 해결할 때도 있다. 구내식당은 이용자가 많고 적은 날에 따라 메뉴가 1~3개 정도 준비되어 있고, 샐러드를 원하는 사람은 미리 예약해서 받아 갈 수 있도록 하고 있다. 식대도 주변 물가보다는 훨씬 저렴해서 특별히 먹고 싶은 음식이 없을 때는 나쁘지 않은 선택지가 된다.

구내식당에서 식사를 하게 되면 2층에 있는 사내 카페에서, 밖에서 식사를 하게 되면 주변 카페에서 커피를 테이크아웃해서 가지고 온다. 회사 근처에 밥집은 그렇게 많은 편이 아닌데, 아기자기한 카페는 꽤 많이 있어서 골라 가는 재미가 있다. 커피를 들고 자리로 돌아오면 점심시간이 조금 남는데, 그런 때에는 책상에 엎드려 자거나 편의점에 다녀오는 등 각자의 시간을 가질 수 있다.

1시부터는 다시 오후 업무가 시작된다. 이른 오후는 팀원들도 현업 부서도 가장 의욕적으로 일하는 시간대이므로 회의나 전화 통화를 하는 경우가 많다. 처음에는 로펌에서와 달리 팀원들이 내가 통화하는 내용을 모두 들을 수 있어 한마디 한마디가 신경 쓰였었는데, 지금은 아무렇지도 않다. 하는 일에 자신감이 붙었기 때문이기도 하고, 각자 일이 바빠서 주변에 신경 쓸 겨를이 없다는 사실을 알기 때문이기도 하다.

이렇게 업무 시간 중에는 대체로 정신이 없다. 한 번에 여러 가지 일을 관리하고 있어서 A라는 일을 하다가도 B라는 일의 현업 담당자로부터 전화가 오면 그 업무를 봐야 하고, 이미 검토 의견을 작성한 건에 대해서도 피드백을 받거나 결론 협의를 다시 해야 하는 일이 많다. 정신은 조금 없지만, (각자 방에 있는 로펌과 비교해서) 보다 즉각적인 소통을 할 수 있다는 점이 좋았다.

오후 시간은 오전보다 길어서 한 번 정도 쉬어주어야 한다. 나도 구내에 있는 편의점에 뭔가 사러 갔다가 오거나, 커피를 한 잔 더 받아 오면서 잠깐 쉬는 시간을 갖는다. 로펌에서는 스스로의 컨디션이나 스케줄대로 쉬고 다시 일하고 하는 것이 가능했는데, 여기에서는 근무 시간을 좀 더 엄격하게 지켜야 하는 것이 장점이자 단점이다. 오후에 식곤증으로 너무 졸리더라도 엎드리거나 잠깐 눈 붙이지는 못하고 커피를 마시거나 껌을 씹으면서 졸음을 쫓아야 한다.

5시가 넘으면 전화 통화는 잦아들고 사무실도 조금 차분한 분위기가 된다. 이제부터는 현업 부서 담당자에게 전화를 할 때도 주의가 필요하다. 시차출퇴근이나 선택근무로 5시나 5시 반이면 퇴근하는 사람들이 꽤 많기 때문에 사내 시스템에서 검색해 담당자의 퇴근 시간을 체크하고 나서 전화를 하는 것이 매너이다.

업무를 마무리하는 단계에서는 오늘 꼭 확인하여야 하는 건은 없는지, 결재 올린 건이 처리되었는지, 내일 오전 회의가 있는지 등을 체크한다. 아주 급한 일이 없다면 6시 땡 하는 순간 모든 일을 내려놓고 퇴근 준비를 하는데, 퇴근하기 전에는 컴퓨터가 종료되었는지, 서랍이나 캐비닛은 잘 잠겨 있는지, 책상에 나와 있는 문서들은 없는지 다시 한 번 확인하여야 한다. 불시에 보안점검을 해서 위반 사항이 적발되면 다음 날 아침에 무시무시한 경고장을 받게 되므로 주의하여야 한다.

　사내변의 가장 큰 장점 중 하나는 퇴근 후의 삶을 확보할 수 있다는 것이다. 팀장 이하의 직원들은 정해진 업무 시간이 종료되면 10분 후에 컴퓨터가 자동으로 꺼지므로 억지로라도 업무를 마무리하여야 한다(아침에도 업무 시간 30분 전에는 컴퓨터가 켜지지 않는다). 꼭 추가 근무가 필요한 경우에는 팀장의 승인을 미리 받아야 한다(파견 변호사인 내게 이런 제한은 없지만, 6시 5분이면 사무실이 텅텅 비기 때문에 나도 눈치보지 않고 퇴근할 수 있다).

　그렇다 보니 퇴근 후에 물리적으로 회사에 다시 출근하는 일은 생각할 수도 없고, 전화도 아주 불가피한 경우가 아니면 하지 않는 분위기이다. 퇴근 이후에도 완전히 마음을 놓지는 못하는 로펌과 달리, 저녁 시간과 주말을 보장받을 수 있다는 점이 아주 좋았다. 그래서 개인적으로는 새로운 취미를 갖겠다는 결심도 할 수 있었고, 그동안 바쁘다는 핑계로 못 만났던 친구들도 만나고 소중한 사람들과 더 많은 시간을 보낼 수 있었다.

예상했던 것과는 다른 변호사 생활

이렇게 사내변의 생활을 체험 중인 펌변의 일상을 기록해보았지만, 사내변과 펌변을 막론하고 자문 변호사라는 직업은 다른 사람의 법률적 문제를 함께 고민하고 답을 내리는 데 도움을 주는 카운슬러에 가까운 것 같다. 돌이켜보면 내가 이 직업을 갖기 전까지 생각했던 변호사는 법정 드라마나 게임 '역전재판'에 나오는 것과 같이 의뢰인 대신 싸워주는 사람이라는 이미지가 있었다. 갈등이나 충돌을 좋아하지 않는 나에게 그런 역할은 어울리지 않을 것이라고 생각했었는데, 실제로 일을 하고 보니 그러한 갈등이나 충돌이 일어나지 않도록, 혹은 일어나더라도 각자의 피해를 최소화할 수 있도록 중재하고 도와주는 역할에 더 가까웠다.

또 한 가지 예전에 생각했던 것과 다른 점이 있다면, 변호사의 일이 생각보다 창작에 가까운 일이라는 것이었다. 로스쿨에 입학하면서부터는 내가 과거에 꿈꿔왔던 PD나 광고기획자 같은 콘텐츠 크리에이터와는 완전히 대척점에 있는 일을 하게 될 것이라고 생각했는데, 변호사가 되고 보니 이 일 또한 논리라는 콘텐츠를 창작하는 직업이었다.

읽는 사람을 설득시키고 이해시켜야 하는 역할이기에 하나의 결론을 두고도 다양한 구성을 고민하여야 했다. 도입부를 어떻게 쓰면 좋을지, 이 판례는 어느 문단에서 사용하면 좋을지, 논리의 흐름이 어떻게 전개되는 것이 좋을지 고민하고 하나의 글을 완성하는 것이 마치 어떤 출연자를 캐스팅하고 어떤 대사를 쓸지, 조명이나 소

품은 어떻게 할지를 고민해서 한 편의 드라마를 완성하는 것과 참 많이 닮아 있다는 생각이 들었다.

이 글에서는 자문 변호사로서의 일상을 주로 다루었지만 이외에도 로스쿨을 나온 사람들의 진로는 아주 다양하다. 물론 일반적인 진로로는 판사(현재는 재판연구원), 검사를 제외하면 변호사가 될 것이다. 그러나 변호사 중에서도 법정에서 변론을 하거나 고객을 만나는 변호사도 있지만 골방에 틀어박혀 서면만 쓰는 변호사도 있고, (소속으로 따지면) 펌변이나 사내변 외에도 개업을 해서 직접 고객들을 유치하는 변호사도 있다. 또 국회의원 보좌관으로 일하거나 시의원으로 출마한 선배도 있었고, 인터넷 강의나 입시 컨설팅을 전문적으로 하게 된 친구도 보았다.

이 글을 읽고 있는 사람들 중 대다수가 과거의 나처럼 치열하게 진로 고민을 하고 있겠지만, 아쉽게도 로스쿨에 가는 것만으로 진로 고민이 끝나는 것은 아니라고 말해주고 싶다(나 또한 진로 고민을 하는 중이고, 앞으로도 계속 하게 될 것 같다). 다만, 이 글이 변호사의 삶을 꿈꾸는 이들에게 실제로 변호사가 되면 어떠한지를 엿보게 해주고, 나처럼 변호사라는 진로를 전혀 생각지 않았던 이들이 '변호사도 할 만한데?' 하고 생각하는 계기가 되기를 바란다.

어느 로스쿨생의 책상

로스쿨생은 각자 열람실 자리를 배정받는다. 공부 습관에 따라 자주 이용하는 사람도 있고 짐칸으로만 사용하는 사람도 있다. 내 경우는, 가족들이 지금 뭐 하냐고 하루에 다섯 번을 물어보아도 다섯 번 다 열람실에 있는 편이다. 그렇다 보니 공부에 필요한 물건부터 공부와는 전혀 관련 없는 '필수템'까지 열람실에 바리바리 구비해두게 되었다. 물건들을 하나둘씩 사재끼다 보면… 새로운 것들이 더 많이 사고 싶어진다! 간단하게 내 책상을 소개한다.

1 책을 읽고 필기해요

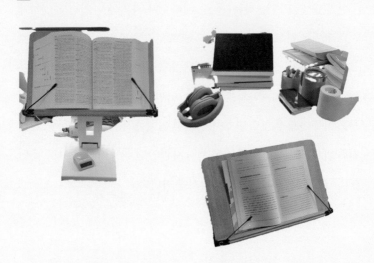

책을 보는 시간이 길다 보니 불편하지 않은 자세로 보는 것이 중요하다. 로스쿨에 한 해 먼저 입학한 친구가 척추가 아프지 않다며 강력히 추천한 높은 방석을 사용하느라 의자 높이가 높아졌기 때문에 작은 독서대를 여러 개 쓰면서 목을 너무 아래로 꺾지 않도록 주의를 많이 기울인다. 나와는 달리 특대형 2단 독서대를 쓰는 사람들도 있다. 하나에 2킬로그램이 넘게 나가서 들고 다니기엔 굉장히 무거운데, 한 개는 많이 눕혀서 필기할 때 쓰고, 다른 하나는 참고할 법전이나 책을 눈높이에 맞추어 올려놓는다. 1월에 선행학습을 시작하면서 '왜 다들 독서대를 쓰지?' 궁금했는데 정확히 사흘 차에 목덜미가 찌릿찌릿하더니 저녁 먹으러 일어났을 때 목을 한 바퀴 돌리기도 힘들어서 다음 날 바로 구매했다.

노트북이나 태블릿도 눈높이에 맞추어 올려 쓰는 사람들이 있는데, 나는 그냥 안 읽는 책들로 대충 높이를 맞춰놓았다. 그 외에도 책을 읽다 보면 다른 일을 깜빡하는 경우가 많아 독서대 사이사이에 메모를 붙여놓는데, 메모지 수집도 묘미다.

이렇게 독서대 장벽에 둘러싸여 있으면 노트북까지 책상에 올려놓기에 비좁을 때도 많아서 잠깐만 타이핑하면 되는 경우에는 블루투스 키보드로 후다닥 치고 도로 넣는다. 수업 내용을 빠르게 받아 적는 경우가 많은데 태블릿이 오래되어 기묘한 딜레이를 일으키고 있기 때문에 블루투스 키보드는 자주 사용하지는 못하고 있긴 하다.

방학 때는 인터넷 강의를 듣기도 하고, 간혹 비대면 수업을 듣거나 세미나를 듣는 경우도 있어 헤드셋이나 이어폰이 필수다. 처음에는 헤드셋이 적응이 안 되어 가벼운 무선 이어폰을 계속 썼는데, 한번 적응되고 나니 헤드셋의 음질이 듣기 훨씬 편안하여 돌아다닐 때만 무선 이어폰을 쓰고 자리에서는 헤드셋을 통해 강의를 듣는다.

필기는 노트북을 이용해서 하기도 하지만 나는 '아날로그' 인간이라 종이에도 많이 하는 편이다. 특히 정말 다양한 형광펜을 사용한다. 로스쿨에 입학하기 전까지는 다양한 색깔을 구비하는 것은 순전히 물욕 때문이었지만, 지금 쓰는 형광펜은 모두 각자의 역할이 있어서 나중에 벼락치기를 할 때 아주 유용하다. 꼭 외워야 할 내용이나 학설 대립이 있는 부분만 따로 표시해두었다가 볼 수 있어 좋다.

2 책장과 사물함

사물함에 매번 왔다 갔다 하기 번거롭기 때문에 책장을 책상 옆에 두고 사용하는 경우가 많다. 나는 졸업하는 선배가 분리수거장에 버린 책장을 주워 왔는데, 책장이 위아래로 흔들리고 못 구멍도 헐거워서 참사를 방지하기 위해 무거운 책일수록 밑에 두고 있다.

사물함에는 먹을거리도 쌓여 있는데, 끼니때마다 식당에서 가서 먹거나 배달을 시켜 먹는 것도 번거롭기 때문이다. 나는 아침에 음식을 먹지 않으면 뇌가 돌아가지 않기 때문에 두유, 컵누들, 에너지바, 과자 같은 상온 보관 가능한 먹을거리를 대량 구매 해놓는다.

3 매일의 생존 아이템

점심을 먹고 오거나 저녁을 먹고 오면 정말 많이 졸리기 때문에 민트 맛이 나는 사탕을 자주 먹는다. 그 뒤에 물까지 먹어주면 정말 잠이 빠르게 깬다. 그 외에 여름에는 긴팔 긴바지를 입지 않으면 시도 때도 없이 모기가 물기 때문에 모기 퇴치 시리즈를 장만했다.

포도당 사탕과 비타민, 유산균 등도 많이 먹는다. 나만 이렇게 먹는 게 아니고, 다른 로스쿨생들도 각자 나름의 조합을 찾아 매일매일 챙겨 먹는 것 같다.

그 외에도 학교에 항상 두는 다양한 세면용품과 화장품 등이 있긴 하지만, 로스쿨생들이 일반적으로 두고 다니는 필수품이라고 볼 수는 없을 것 같아 굳이 사진을 찍어 소개하지는 않겠다. 또 천편일률적인 책상을 예쁜 데스크 매트와 미니 서랍, 수납함으로 정돈하는 경우도 있고, 귀여운 다육식물을 키우거나 가습기를 가져다 놓는 경우도 있다.

99퍼센트 시간의 동력이 될
1퍼센트 고민의 시간

최근에 친구들과 생각을 끝까지 이어가는 것과 생각을 비우는 것에 관한 이야기를 나누었습니다. 로스쿨에서 지내다 보면, 생각이 꼬리에 꼬리를 물도록 두는 건 좋은 일은 아닌 것같이 느껴집니다. 내가 지금 공부하는 방식이 시간 낭비는 아닐지 하는 걱정부터 내가 관심 있는 분야에 막상 들어갔는데 안 맞으면 어떡하지, 내 성적 어떡하지 하는 걱정까지 정말 수많은 착잡한 생각에 갇혀 있으면 그날 능률이 뚝 떨어지기 십상입니다.

그래서인지 로스쿨 입시를 준비할 즈음부터 생각을 비운 삶을 살았던 것 같습니다. 지도 교수님도 스트레스로 골골대는 저를 보면서 일단 하던 일을 묵묵히 하더라도 갑자기 큰일이 나지 않으니, 걱정을 접어두는 건 어떠냐는 조언을 해주셨지요. 부끄럽게도 '어떤 분야를 공부하는 변호사가 되고 싶다' 이상의 구체적인 고민을 미뤄둔 채 로스쿨에 왔습니다. 내 삶에 대한 아이디어나 고민이 튀어 올라도, 지금은 때가 아니다, 그런 것까지 생각할 여유가 없다고 스스로 말해왔습니다.

 하지만 삶의 큰 방향을 정하는 결정들은 생각을 물고 늘어질 때
비로소 가능하다는 생각도 듭니다. 그러니까 생각이 꼬리에 꼬리를
무는 시간을 의미 없고 고통스럽다고만 느낄 필요는 없는 것 같습
니다. 생각의 시작은 허무맹랑해 보여도, 진지하게 고민을 이어간
다면 공상의 단계에 그치지 않고 차근차근 삶에 도움이 되는 결정
으로 반영해나갈 수 있지 않을까 싶습니다. 그리고 중요한 결정들
이 생각을 물고 늘어졌을 때 가능하다면 마냥 미루어둘 일도 아니
라는 생각이 듭니다.

 거기서 나온 결론으로부터 나머지 99퍼센트의 생각을 비운 시간
을 끌어가는 동력이 나온다는 것을 새로운 학교에 입학한 이 시점
에 다시금 깨닫고 있습니다. 이 시점에도 어떤 길로 나아가고 싶은
지 고민을 어느 정도 하고 나면, 다시 생각을 비우고 정신없이 변호

사시험 합격을 향해 가겠지요. 고민을 꼭 해야 하는 타이밍이 있는 것 같습니다.

이 책은 그런 꼬리에 꼬리를 무는 고민이나 의사결정의 면면을 엿볼 수 있다는 데 가치가 있다고 생각합니다. '로스쿨이 어떤 곳이고 누구한테 맞냐'고 물어본다면 속시원하게 답하긴 어렵습니다. 오히려 한마디로 명쾌한 답이 나온다면 편협하고 성급한 결론일지 모릅니다. 하지만 이 책은 로스쿨에 가기 전에 '당신은' 어떤 고민을 했고 무슨 이유로 로스쿨, 법조인을 선택했냐고 묻고, 거기에 '나는 이랬다'라는 답들을 담아내고 있습니다.

저는 여러 저자들을 섭외해 글을 모으는 과정에서 예상치 못하게 많은 것들을 배울 수 있었습니다. 학부, 이르게는 중·고등학생 때부터 진로에 관한 고민을 이렇게 해왔구나, 입학해서는 로스쿨에서의 3년을 어떻게 운용할지에 관한 고민을 동기들과 선배들이 이렇게 해왔구나, 하는 것을 글을 읽으며 배웠고, 제가 앞서 말한 꼬리에 꼬리를 무는 생각에 너무 소홀하지 않았나 하는 생각이 들었습니다.

책을 준비하고 글을 쓰면서 이렇게 배울 점이 많은 분들 곁에서 공부할 수 있다는 것이 행운으로 느껴졌고 새삼 행복하기도 했습니다. 다른 곳에서 쉽게 듣기도 어렵고 친구들과도 평소에 나누어보지 못했던 이야기가 담겨 있다는 것이 이 책의 묘미가 아닐까 합니다.

　책을 다 읽고도 진로에 관한 머리 아픈 생각과 결정은 독자 여러분의 몫으로 남습니다. 의사결정을 하는 데 이 책이 작게나마 도움이 되길 바라는 마음입니다.

　책이 나오기까지 도움을 주시고 응원해주신 모든 분들께 깊이 감사드립니다.

대표 저자 김용길

초판 1쇄 인쇄 2023년 11월 23일
초판 1쇄 발행 2023년 12월 1일

지은이 김성윤, 김용길 외 서울대학교 법학전문대학원 재학·졸업생 14인
발행인 손은진
개발책임 김문주
개발 김민정 정은경
제작 이성재 장병미
마케팅 엄재욱 조경은
디자인 design BIGWAVE

발행처 메가스터디(주)
출판등록 제2015-000159호
주소 서울시 서초구 효령로 304 국제전자센터 24층
전화 1661-5431 팩스 02-6984-6999
홈페이지 http://www.megastudybooks.com
출간제안/원고투고 writer@megastudy.net

ISBN 979-11-297-1121-2 13370

메가스터디BOOKS
'메가스터디북스'는 메가스터디(주)의 출판 전문 브랜드입니다.
유아/초등 학습서, 중고등 수능/내신 참고서는 물론, 지식, 교양, 인문 분야에서 다양한 도서를 출간하고 있습니다.